不能坚持四年的人，最好别当首相。

——福田康夫

新任日本首相福田康夫的形象沉稳而内敛，眼神平静而温和，在“剧场政治”盛行的日本政坛上，自称“平凡”的他确实不是一个很有感染力的政治人物。

大学时代的福田康夫（中）。

福田康夫毕业于早稻田大学政治经济学部。他拥有极为显赫的家世背景，其父福田赳夫曾官至首相，创立了自民党内一大派系“福田派”，并一手培养了森喜朗、小泉纯一郎两位首相。

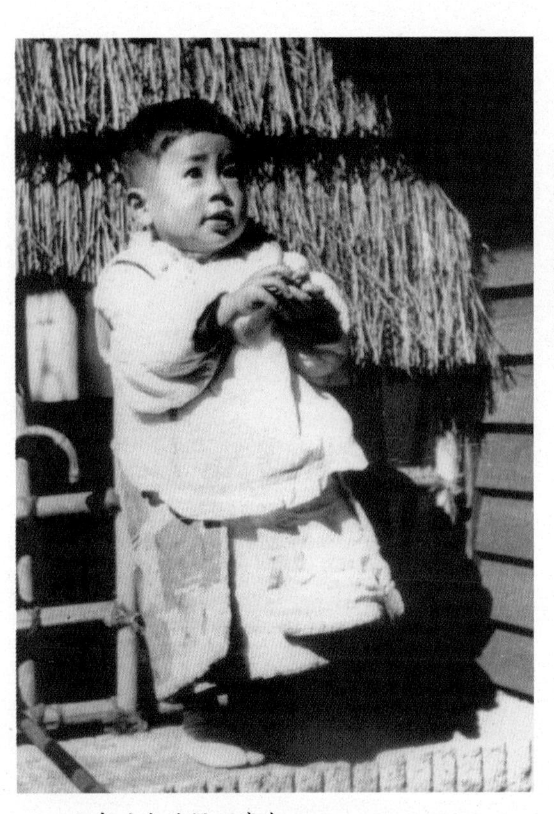

儿童时代的福田康夫。

曾经，有媒体开玩笑地说福田康夫是一位“怕老婆”的政治人物。但福田声称自己只是“敬老婆”。

也许，福田康夫难以改变其一贯的风格和形象，但他的谦虚、成熟务实和懂得进退的态度，却是这个阶段日本政局最为需要的。

在很多日本人心中，有着酷酷长发的小泉纯一郎，俨然是个“偶像”。然而，小泉内阁时代在靖国神社问题上与周边国家的激烈对抗，却让日本与亚洲其他国家的关系出现了很大的倒退。

与小泉纯一郎不同，新任日本首相福田康夫，是为数不多的明确反对参拜靖国神社的主流政治人物之一。他重视构筑日本的亚洲外交，主张与中国发展长期良性关系。

在小泉纯一郎离任后，福田康夫曾被看作安倍晋三出任首相的有力竞争者，而福田康夫最后选择了退出竞争。

在上台之初，意气风发的安倍晋三自我期许“成为一个战斗的人”，随之而来的内阁成员丑闻、参议院选举大败……却让他含泪辞职，成了“逃兵”。

面对执政困局，安倍晋三放弃了自己的责任，怆然离去。分析家认为，在国内外事务上，福田康夫的协调能力将会有很好的发挥。

这位温和的老先生很难得激动。通常，高兴之时也只是微微地抿抿嘴。然而，他最喜欢听的音乐却是贝多芬那部充满了抗争的《命运交响曲》。

2007年9月16日，两名竞选人（前内阁官房长官福田康夫和自民党总干事长麻生太郎）走上东京街头发表竞选演说。与富有煽动力的麻生太郎相比，福田康夫显得相形见绌。

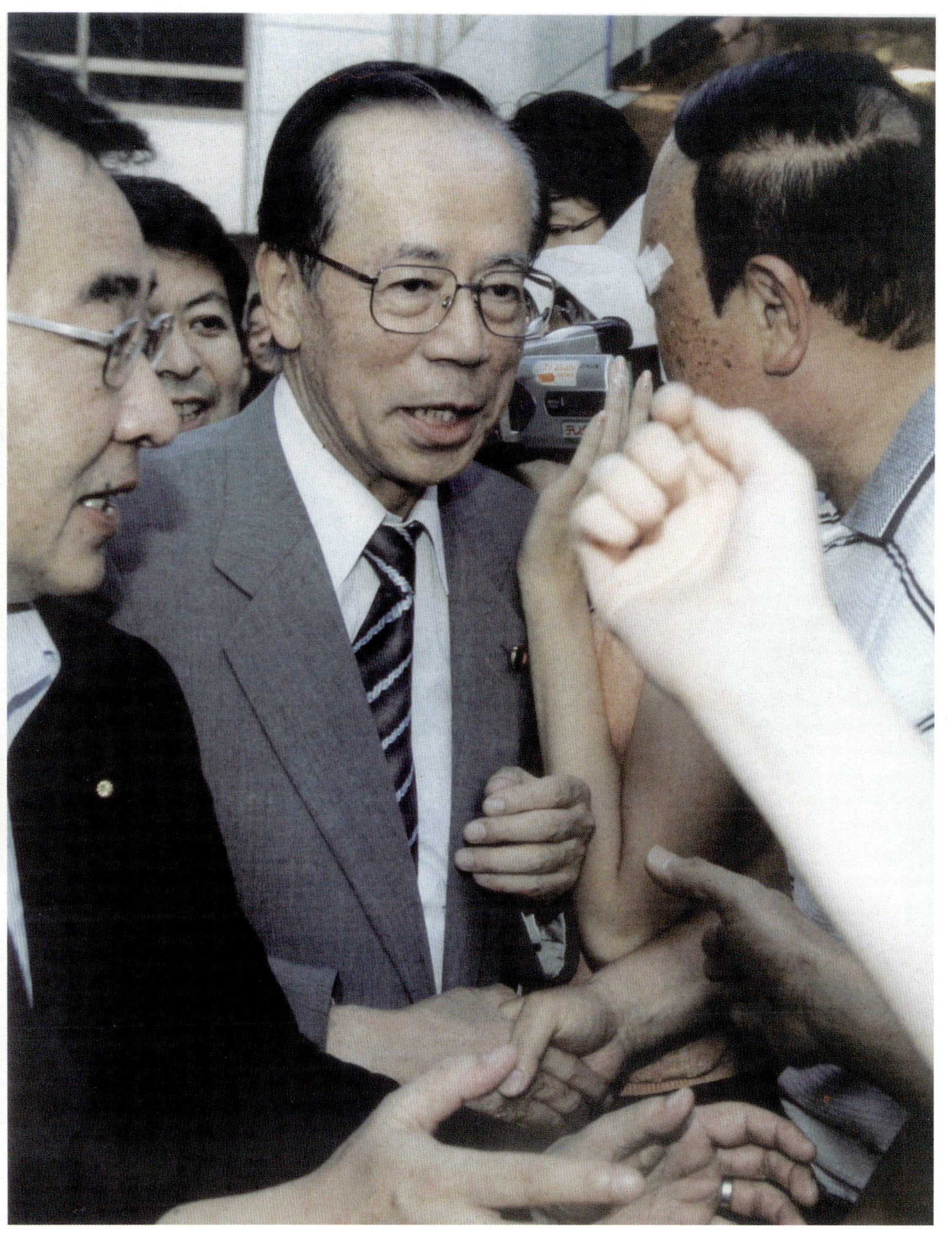

街头演说后，福田康夫来到人群中，对他的支持者说："谢谢大家，耐心听我没意思的讲演。"

2007年9月16日，竞选自民党总裁的麻生太郎和福田康夫在自民党总部发表演说，寻求党内国会议员的支持。事实上，福田康夫已经获得自民党内绝大部分派系的支持。

虽然福田康夫当选了自民党总裁并出任日本首相，但麻生太郎并不是一个轻易服输的人。对福田康夫来说，维持长期稳定政权的一个巨大压力来自党内的麻生太郎。

分析家认为：福田康夫当选自民党总裁，实际是自民党元老与派阀领袖协调的结果。自民党依靠“举党体制”，为避免分裂，才推出了福田康夫这样一个各派阀都可以接受的最大公约数。

福田康夫曾在森喜朗（右）和小泉纯一郎两届内阁中担任官房长官长达三年半之久。据说，安倍晋三辞职当晚，正在巴黎访问的森喜朗立即飞回东京，对福田康夫说了一句话："这次该轮到你了。"

2007年9月26日上午，在日本皇宫举行了首相亲任式及大臣认证式，福田康夫内阁正式成立。福田康夫的上台，为日本将近两个月的政治动荡划上了句号。

日本新任首相福田康夫（左）拜访了著名政治家、前首相中曾根康弘（中）。在福田康夫即将访美的前夕，中曾根康弘为其“加油鼓劲”称：“（福田首相）将右手美国，左手亚洲。”

在谈到日中关系时，福田康夫说："我觉得春天已经到来，并希望尽可能地让这个春天长久持续下去。"

目 录

第四章　大国的博弈

任何一个国家的外交政策，都必须从本国的根本利益出发，然而仅仅只为了本国的利益，而不去考虑和顾及别国的利益，这样的对外政策是行不通的，经济全球化、信息资源全球化就充分说明了这一点。

第五章　政治的“丑闻魔咒”

安倍晋三所面对的国际社会许多杂难问题还没有得到妥善解决，而内阁成员里却频频曝出五花八门的丑闻，把他折腾得昏头昏脑，一方面要迅速“灭火”，另一方面又要不断地向国民道歉，使得本来的良好信誉一落千丈。

第六章　失落的历史记忆

安倍所领导的自民党在参议院选举中惨败。但自民党仍然控制着众议院多数席位。在许多有分歧的问题上，自民党在国会决策上仍旧保持着决策权，但是失去的民意到底靠什么才能挽回呢？

第七章　拿什么“献给美丽的日本”

历任首相所要面对的焦点问题，就是修复与邻国的关系。例如，朝鲜半岛无核化问题，钓鱼岛、独岛争议问题，还有历史教科书，“慰安妇”等复杂问题。这些都是任何一届首相所不能回避的大是大非的问题。

第八章　别了，安倍先生

倘若没有自民党在参议院选举的惨败、没有内外交困的尴尬局面，安倍就有可能牢牢地掌控自民党和他所领导的政府，这种推测虽然是虚拟的，但是，比安倍年长19岁的福田康夫脱颖而出成为继任者，这就是严酷的现实。

第九章　通向首相之路

福田康夫这次意外的上台，刷新了第二次世界大战之后日本政坛的多项记录。特别是“父子首相”令人惊讶，福田康夫的父亲福田赳夫1976年当选为日本首相，时隔31年，福田康夫当选为日本首相，而且父子俩都是71岁出任首相，这里面到底隐藏着什么样的玄机呢？

第十章　真实的威胁，难得的机遇

福田和其他政府高官一样已深刻认识到日本现行的体制存在着严重的问题，例如，政治体制演绎成金权体制等，他想改变这种不良现象，还想发展经济体制，保持和增强国际信贷国地位，在亚太经济领域扮演主角，以推动环太平洋的多项合作。福田的雄心壮志能否实现呢？

第十一章　日本！再出发

从参选至当选，福田就面对着许许多多的挑战，有来自国内的，也有来自国际社会的，特别是控制参议院决策权的在野党接二连三呼吁要提前举行众议院大选的声音越来越大，还有一名内阁成员因献金丑闻被曝光等，福田又如何力挽狂澜呢？

第十二章　用现实方法解决现实问题

为了不得罪盟友美国,一部《反恐特别措施法》闹得日本政坛天翻地覆,福田在加强与美国沟通的同时,也不愿与周边国擦枪走火。纵观时局,他立即调动有利于日本国家发展的国际外交战略,积极拓展多边合作领域,以迅速提高日本的国际地位和影响力……试问他一系列的美妙构想又如何能实现呢?

附录　中日关系重要文件

Prime Minister of JaPan
Yasuo Fukuda

第一章
看透看不透的日本

按常理讲，政权是国民生活的护身符，国民生活是否幸福快乐，是否悲哀烦恼，这都取决于政府对内外政策的优劣。因此，人们对选择一个什么样的人来担任政府首脑特别重视。因为这个首脑人物的素质在很大程度上决定着国民未来的命运。

美丽而暧昧的岛国

日本政坛上，从小泉纯一郎卸任起不到一年时间，其继任者安倍晋三又突然宣布辞职，无疑给日本带来了混乱的政治真空。在这个国家危难的关键时刻，年逾70的福田康夫不负众望担任起自民党总裁、日本国首相。说起日本的历史与现实，人们的心情有轻松的一面，又有沉重的一面。

福田康夫从出生到成长可以说伴随着日本的发展进程，他亲身经历了日本成为世界第二大经济强国的历程，然而他也明白，这个经济强国是战后产生的。日本人的心态错综复杂，虽然日本人不是一个多民族的国家，但国情也不那么单纯，很难用什么好强、争强好胜、创建与毁灭、制造人类战争灾难又把灾难惹引自身等来概括。其实作为世界上唯一一个遭受核武器打击的国家，特别是经历了二战生死存亡，日本对核武器的敏感程度高于任何一个国家和地区。可以说福田康夫也是那场灾难的幸存者，他和其他日本人一样始终被那场阴影笼罩着心灵，常常是“谈核色变”，因为原子弹给他们带来的伤害实在太大了。日本宪法明确禁止在本土引进、拥有以及发展核武器。在60多年后的今天，日本在科技和军事上对核能的使用依然十分敏感。

“反对战争，反对核武器。”日本国内出现这种越来越强烈呼声的原因在于对二战的那次核轰炸心有余悸。一个明显的例子是，日本国民一直反对美国核航母在日本驻扎与部署。

几十年来，在曾遭到过美国轰炸的广岛，那里的人民始终生活在恐惧的阴影之中，他们反对任何国家和地区拥有核技术及核武器，只要世界上任何国家进行核试验被披露，广岛政府就会以各种方式发表强烈的抗议声明。

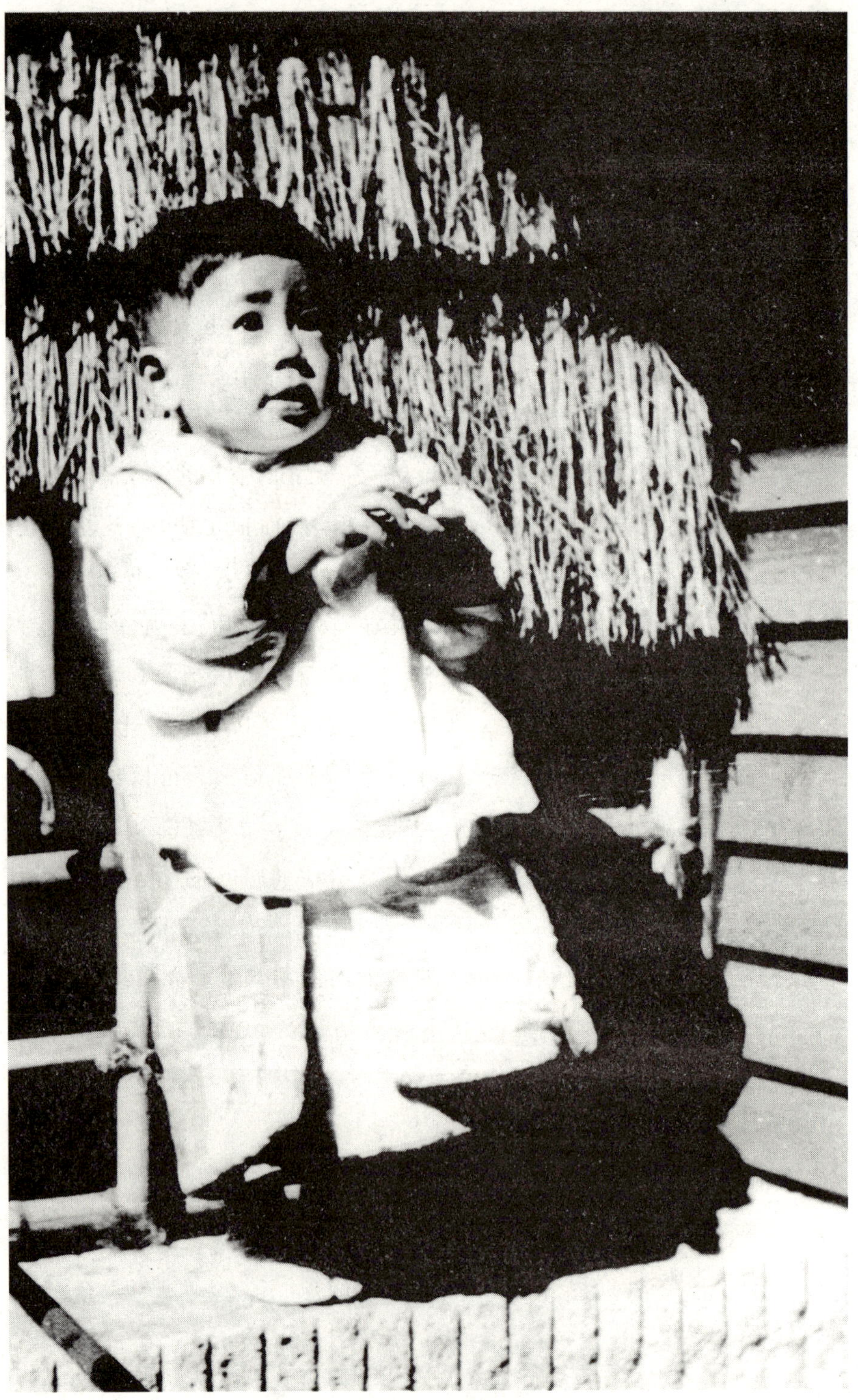

福田康夫幼年时期

尽管日本十分反对核武器的使用，但一项安全协定仍使日本处于美国核武器的庇护下。实际上已经拥有核技术的日本要迈进“核门槛”，需要的仅仅只是一个掩饰的借口。时代已经迅猛发展了，当前，不管是朝核危机，还是反恐和国家安全的需要，都可以成为日本发展核武器的重要借口。1994年6月17日，当时的日本首相羽田孜在国会回答记者问题时说：“日本确实有能力拥有核武器。”

2002年4月6日，日本在野的自由党党魁小泽一郎公开称：现在的日本今非昔比，可以在“一夜之间”制造数千枚核武器。美国的媒体也曾发表文章说：对日本有愧疚感的美国应该考虑支持日本拥有核武器，甚至可以考虑向日本提供核导弹。

美国媒体的报道并非是空穴来风，2006年布什总统访问印度表示要与印度进行核合作。围绕美国计划与未加入《不扩散核武器条约》（NPT）的印度进行核合作的问题，日本商界和政府下属研究机构曾出现了许多忧虑言论，认为这会使日本为追求“彻底废除核武器”而做出的努力化为泡影。

我们要了解日本人民的愿望和要求，要了解这个国家的国情，要了解日本的政治、经济、军事等多方面的情况，要了解日本的新首相福田康夫，我们首先要了解日本天文地理、人文环境等。其实日本是一个美丽的岛国。

日本国土总面积377800平方公里。

总人口1.2745亿人（2003年2月）。其民族主要为大和族，约有2.5万阿伊努族人。日本的天皇和首相，还有内阁成员大都来自大和族。

在日本神道和佛教较盛行。

全国通用日语。日语为官方语言。

每年的12月23日为天皇诞辰日、国庆节。

全国划分为1都、1道、2府和43县（省）。

日本是位于太平洋西侧的岛国，由4个大岛和3900多个小岛组成。西隔东海、黄海、朝鲜海峡、日本海与中国、朝鲜、韩国、俄罗斯相望。属温带海洋性季风气候。

福田康夫中学时期（中）

公元4世纪中叶出现统一的国家——大和国。公元645年通过大化革新，建立以天皇为绝对君主的封建中央集权国家。12世纪末进入由武士阶层掌握实权的军事封建国家阶段，史称“幕府”时期。1868年，革新派实行“明治维新”，建立统一的中央集权国家，恢复天皇统治，发展资本主义。第二次世界大战中战败，于1945年8月15日宣布无条件投降。1947年5月实施新宪法，由绝对天皇制国家变为以天皇为国家象征的议会内阁制国家。

现行《日本国宪法》于1947年5月3日实施。宪法规定：实行以立法、司法、行政三权分立为基础的议会内阁制；“永远放弃把利用国家权力发动战争、武力威胁或行使武力作为解决国际争端的手段，为达此目的，日本不保持陆、海、空军及其他战争力量，不承认国家的交战权”。

天皇为日本国和日本国民总体的象征，无权参与国政，国家的大小决策由政府制定，国会批准。现任天皇为明仁，1989年1月即位。

国会由众、参两院组成，为最高权力机关和唯一立法机关。在权力上，众议院优于参议院，有关首相选举发生分歧时，往往以众议院投票表决结果为准。众议院定员480名，任期4年。参议院定员242名，任期6年，每3年改选半数。

内阁为国家的最高行政机关，对国会负责。由内阁总理大臣（首相）和分管各省、厅（部）的18名大臣组成。内阁总理大臣由国会提名，天皇任命，其他内阁成员由内阁总理大臣任免，天皇认证。现任首相为福田康夫。

战后日本实行“政党政治”，政党是日本政府的主力军又是生力军。政府的权力往往由政党来分享，无论那个政党只要掌握了国会的多数席位，事实上也就控制了政府的决策权。目前主要政党有：

自由民主党：1955年11月由原自由党和民主党合并而成。自民党是历史较长的传统保守政党，在中小城市和农村势力较强。党首任期3年。

民主党：仅次于自民党的第二大政党，1996年8月29日成立，

1998年4月与新党友爱、民主改革联合及民政党合并，成为在野党的第一大党。该党主张推行真正的民主进步、稳健的政治路线，构筑新自由社会。

此外还有公明党、自由党、日本共产党、社会民主党、国民新党等。

日本为仅次于美国的世界第二大经济强国，但20世纪90年代以来，国内生产总值增速较慢，经济持续萧条。东南亚经济危机的爆发和深化进一步加重了日本经济的困难。

福田康夫认为制约日本经济后续发展的重要问题是，矿产资源贫乏。除煤、锌有少量储藏外，绝大部分依赖进口。日本也是世界上进口木材最多的国家。同时，福田康夫也意识到要想日本国民经济可持续发展必须加大进出口贸易，优先发展电子工业及汽车业等，要在全球独占鳌头。

2006年，工业产值占国内生产总值的45%。工业高度发达，是国民经济的主要支柱。目前电子工业产值超过汽车业成为日本第一大产业。

耕地面积504万公顷，约占国土面积的13.5%。主要农牧渔业产品有水稻、小麦、大豆、肉、蛋、奶、水产品等。2001年农林牧渔人口占就业人口的4.8%，食用农产品自给率为43%。

中央银行为日本银行，负责货币政策、货币供给、外汇管理、国际收支等业务。

2006年国内生产总值510.4万亿日元。

2005年国民生产总值516.57万亿日元。

主要贸易对象为美国、中国、中国台湾、韩国、德国等。2006年，进出口总额为112.59万亿元。其中进口额为67.3万亿日元，出口额为45.2万亿日元。

2006年，国际收支中经常收支为19.8万亿日元。

截至2006年12月底，外汇储备为8953.2万亿日元。

通往正常国家的路上

福田康夫意识到在这个世界只要提起日本，人们自然会想到战争，特别是充满血腥的第二次世界大战。那场以日本失败而告终的二战之后，日本旧军队全部解散。1954年，当时只有18岁的福田康夫正在早稻田大学政治经济专业学习，其时，日本国就颁布了《防卫厅设置法》和《自卫队法》，正式建立陆、海、空力量组成的自卫队。日本防卫的基本政策是：在和平宪法下，实行专守防卫，坚持日美安保体制，确保文官统治，遵守非核三原则，自主地、有节制地增强国家的防卫力量。1992年6月，年逾半百的福田康夫以众议员的身份参与了日本国会，决议通过《联合国维持和平活动合作法》，从法律上确定自卫队可出国执行联合国主持的国际维和行动。

无论哪个政党的党首出任首相，首相都对自卫队拥有最高指挥、监督权。安全保障会议是有关安全防卫的决策机关，首相任主席。内阁设防卫厅，统合幕僚会议（参谋长联席会议）是防卫厅长官的辅助机构。自卫队实行志愿兵役制。陆上自卫队服役期限为2—3年，海、空自卫队为3年。

自卫队现有编制26.6万人，实有23.68万人。其中陆上自卫队14.8万人，海上自卫队4.26万人，航空自卫队4.42万人。2001年度，防卫费预算总额约为49550亿日元，占国内生产总值0.93%。

二战结束之后，日本沦为战败国，按国际法的有关规定，美国向日本派驻军队，目前，美军驻日总兵力约4.7万人。

近年来，日本积极展开大国外交，在不断调整的外交战略之中，更加倚重美国，同时稳定对华关系，深化与东盟关系，加强对欧关系，改善日俄和日朝关系，力争成为联合国安理会常任理事国。至2006年3月，日本已承认的国家为189个。

小泉纯一郎

同中国的关系。1972年9月29日，中日实现邦交正常化。1978年8月12日，福田康夫的父亲福田赳夫访问中国，两国签署《中日和平友好条约》。当时，福田康夫已经是首相的秘书。1992年10月23日，明仁天皇和皇后访华，这是历史上日本天皇首次访华，1998年11月，江泽民主席对日本进行了成功的国事访问，这是中国国家元首首次访日，双方发表中日联合宣言，宣布两国建立"致力于和平与发展的友好合作伙伴关系"。2000年10月，中国国务院总理朱镕基对日本进行了正式访问。2002年2月，以日本前首相海部俊树为顾问、党首野田毅为团长的日本保守党代表团访华。同年4月，中国全国人大常委会委员长李鹏访日。同月，中国总理朱镕基会见来华出席博鳌亚洲论坛首届年会的日本首相小泉纯一郎。同月，以党首神崎武法为团长的日本公明党代表团访华。同年6月，以党首鸠山由纪夫为团长的日本民主党代表团访华。同月，以日本社民党党首土井多贺子率领的日本超党派议员代表团访华。同年8月，日本共产党中央主席不破哲三一行访华。同年9月22日，在北京举行了纪念中日邦交正常化30周年友好交流大会，中国国家主席江泽民、副主席胡锦涛等国家领导人出席大会，江泽民主席发表重要讲话。日本前首相桥本龙太郎等13000多名日本各界人士专程来京参加大会。同月，中国总理朱镕基在丹麦出席第四届亚欧首脑会议期间会见日本首相小泉纯一郎。同年10月，中国国家主席江泽民在墨西哥亚太经合组织领导人非正式会议期间会见日本首相小泉纯一郎。2006年至2007年间，胡锦涛主席和温家宝总理多次与安倍晋三会晤，使得一段时间降温的中日关系得到了升温。

日本是中国最大贸易伙伴，中国是日本第二大贸易伙伴。

二战后，日美政治、军事、经济关系十分密切。日本以日美关系为外交基轴，美视日为其在亚太地区的重要盟国。日美军事上属同盟关系。1960年1月，日美签订《共同合作与安全保障条约》。两国首脑一直保持频繁往来。2000年5月森喜朗首相访美，7月克林顿总统出席在冲绳举行的八国首脑会议。2001年至2006年，小泉纯一郎多次与布什总统会晤，安倍晋三与布什总统会见的次数也有三四次，福田康夫当选首相把出访的第一个国家选择为美国，2007 年 11 月 16 日他赴美访问，与布什总统举行了会谈。美是日最大经济合作伙伴。

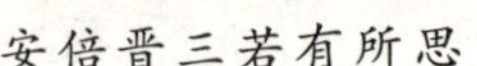

安倍晋三若有所思

1991年12月苏联解体后，日本立即承认俄罗斯联邦政府。之后双方关系发展平稳。1998年11月，小渊惠三首相访俄，这是苏联解体后日本首相首次对俄的正式访问，双方签署了旨在建立“创造性伙伴关系”的《莫斯科宣言》。2000年9月普京总统正式访日，双方进一步推动了两国在经济、技术等领域的合作，后来小泉、安倍晋三虽然都与普京举行过会谈，但在解决领土争端和签署日俄和平条约方面未取得突破。要想真正解决这个悬而未决的历史遗留问题，日本国民期待福田康夫的智慧和能力，他在前几任首相停留的问题上能有所突破吗？人们拭目以待。

同亚洲国家的关系。二战之中，日本给广大亚洲国家带来了巨大的灾难。战后，日本为谋求发展也积极改善与亚洲国家的关系。但由于日本在战后并没有彻底反省自己的侵略行为，所以总是出现各种问题。

2000年4月，日朝双方在平壤恢复建交谈判，这是时隔7年以后，两国政府就建交问题举行的首次正式接触，都未能取得实质性进展。福田康夫当选首相之后，他认为朝鲜要想打破僵局，首先要解决绑架日本人质问题。他在2007年11月16日赴美国访问，与布什总统会晤中也重申了这一立场。日本政府十分重视同韩国的关系，双方首脑频繁往来，日韩经济关系密切。1998年10月，韩国总统金大中访日，双方签署旨在建立面向21世纪新型伙伴关系的联合宣言。但在2001年由于日本教科书问题使得两国关系恶化。2007年11月20日，福田康夫与韩国总统卢武铉共同出席东盟与中、日、韩领导人会议和东亚首脑会议并举行了双边会谈，福田康夫表示一定会谨慎对待历史教科书问题，以免伤害韩国及亚洲各国人民。从福田康夫的态度看，两国关系有缓和迹象。

东南亚地区是日本商品出口、资本输出的重要市场和原材料来源地，又是日本海上运输的重要通道。为此日本长期以来积极以资金援助、技术合作和人员培训等方式密切同东盟国家的政治经济关系，双方高层往来频繁。

日本同中东国家经济关系密切，其石油进口的70%来自中东，中东也是日投资和商品出口的重要市场。为此日本在中东问题上采取了“接近阿拉伯国家的政策”，尽量避免恶化双方的关系。

识时务的右派

福田康夫的父亲福田赳夫与田中角荣在20世纪70年初是自民党总裁和第64任首相的竞争者，当时福田赳夫是佐藤荣作的内阁成员，而年满36岁的福田康夫还未涉及政坛，但是他却对日本政坛的时起彼伏已略知一二，对田中角荣也有所了解。那么田中角荣又是怎样一个人呢？

1918年5月4日，田中角荣出生于新县刈羽郡二田村。父亲田中角次是个农民兼牛马商贩。田中上面有3个姐姐。当田中还在母腹中时，父亲就煞费苦心地为他取了“角荣”这个可男可女的名字，表明想添个男丁的心愿，结果天遂人愿。他是家中7个子女中唯一的男孩。

因父亲生意亏损，家境破败，田中高小毕业后因交不起学费被迫中断学业，16岁便独身一人到东京谋生。他当过建筑公司的学徒、贸易商行的装卸工、《保险评论》杂志的实习记者。他靠着顽强的毅力勤工俭学，拿到了私立中央工学校土木科毕业文凭。1937年19岁的田中创办起自己的“光荣建筑事务所”。正当事业顺利发展之际，第二次世界大战爆发。1938年，田中应征入伍，加入侵华日军威冈骑兵第三旅团，驻扎在中国黑龙江省。1940年因患肺炎和肋膜炎并发症，被遣返回国治疗。次年按伤病军人复员。

1942年，田中与东京一位建筑业资本家的独生女儿、已离婚的花子结为夫妻。花子慧眼识璞，因此在新婚之夜要田中立誓保证做到以下三点：一是不许赶她出门；二是不许用脚踢她；三是将来田中如果走过二重桥（日本皇宫正门过桥）要带她一起去。直到后来兴旺发达，田中深感妻子比自己高出一筹。凭借丈人撑腰，1943年，“田中土木建筑股份公司”成立。由于战后房地产价格暴涨，田中成为实业界富翁。

田中角荣

这时的福田赳夫已随石渡庄太郎到中国主持汪伪“储备券发行工作”并任汪伪政府“经济顾问”。而福田康夫还是一个刚满7岁的儿童，刚刚踏入小学校门。

原东条内阁国务相大麻唯男欣赏田中的财力和才气，劝其出资300万日元帮原民政党领袖町田忠治竞选进步党总裁。作为回报，

1947年田中以进步党候选人身份首次当选众议院议员，从此开始他漫长的政治生涯。进步党后来演变为民主党，民主党中又分裂出“同志俱乐部”。1948年，田中随“同志俱乐部”加入以吉田茂为首的自由党，担任总务委员会委员。

1948年10月，田均内阁辞职，按惯例应由议会第一大党自由党重新组阁。但一批人以美国占领军司令部“暗示”为依据，在党的总务会上企图逼吉田茂下台。身居总务委员末席的田中愤然而起，发表了不许干涉日本内政的演说，使会场形势急转直下，替吉田保住了总裁职务。吉田茂因此认识到田中的才干，组阁时任命他为法务省政务次官，这是田中的第一个内阁任职。

然而仕途多变，田中极力反对国家统管煤矿，日本检察厅怀疑他接受煤矿老板们的贿赂而将其逮捕，两年半后才无罪获释。出狱后田中历任长冈铁道公司总经理、自由党副干事长、众议院商工委员会委员长等职，并于1957年再次入阁任岸信介内阁邮政相，1962年7月至1965年6月，他连任第二、第三次池田内阁和第一次佐藤内阁大藏相，是日本经济高速增长时期国家财政金融政策的主要制定者和实施者。

1955年，自由党和民主党合并为自由民主党。1961年田中任自民党政务调查会长，1965年升任干事长，以他为核心的强大的派系势力“田中军团”逐步形成。1972年6月，佐藤荣作辞去首相和自民党总裁职务，田中被选为新总裁。7月7日，田中内阁组成。

1974年7月，自民党内三木派和福田派首领三木武夫和福田赳夫同时辞去内阁职务，田中政权出现危机。

战后，田中的事业蒸蒸日上，迅速发展。就他当时的心愿而言，还是想在土木建筑上干出更大的成绩。尽管少时的田中就想出人头地，“要使自己成为一个了不起的人物”。但是，那时的田中并没有强烈的从政愿望，是战后日本的动荡时局把他推到了政治的舞台上。

当时以町田忠治、宇垣一城等一批人为中心组建了一个组织——进步党，町田忠治的亲信大麻唯男为筹措政治活动经费而来求助于田中，当时田中才 27 岁，并不怎么懂得政治。但是，他对于日本的重建抱着一腔热血，慷慨出手，向该党捐助了一大笔政治资金。半年之后，在进步党有关成员的鼓动下，田中参加了众议员的竞选，从此开始真正涉足政坛。

田中角荣在首相竞选中胜出

1945 年福田赳夫已任大藏省官房长官，而田中角荣连一官半职都没有。

初出茅庐，还没有多少政坛经验的田中致命的弱点是缺少运筹权力的基本功，他感到很空虚急需要补课充电，为日后在政坛独领风骚打下基础，于是在 1946 年 1 月，田中为准备竞选回到了家乡新潟，请求恩师草间先生指教。当地有包括田中在内的四人参加竞选。多年离开家乡的田中，知名度非常低，在本地是一个连姓名都不为人所知的青年。单凭血气方刚就想竞选众议员，简直是白日做梦吧。挣钱去吧，别浪费时间了。面对着人们的热嘲冷讽，他的竞选活动并不顺利，精心打扮的田中在第一次演说中就引来阵阵奚落和喝倒彩的声音，田中因紧张，脸色变得苍白。尽管包括佐藤荣作在内的政治家专程前来为田中助威，然而，毕竟资历不够，经验不足，田中最终落选。

“这真是受了一次很好的教育。”田中自己总结第一次竞选失利的教训时说了这番话。在第二次举行的日本战后第二次大选中，28 岁的田中角荣终于当选。田中的妹妹幸子说，在开票的那天早上，她家的窗子都拉下防空用的窗帘，其目的是要把丢丑的事限制在最小范围。从此以后，田中连续 16 次当选。

田中当选为众议员之后，开始了向政治家目标迈进的历程。1948 年，田中担任自由党新潟县支部干事长，并出任政府法务省政务次官，跨入了东京这个首都政坛的大门。1954 年，36 岁的田中出任自由党副干事长（翌年自由党与民主党合并为自由民主党），以党的主要领导成员的身份活跃于政界。第二年，田中在当选为众议院商工委员长之后，他就在草间、金井两位先生面前表白：“如果继续做众议员，我决不做一个普通的议员。”

事实确实如此，早在田中刚当选众议员时，在执政党的党务会议上，他就有过搭救首相吉田茂的壮举。当时，任副干事长的山口喜久一郎等人利用这次会议逼宫，以美国占领军不喜欢吉田为由，要吉田首相下台，让位给山崎猛。在这关键时刻，田中出来仗义执言，指责作为占领国的美国不应干涉日本的内政，使吉田茂得以继续执政。田中也因此获得政界送给他的“远山金先生”的美名，成为政坛的侠义之士。

1957 年，田中出任岸信介内阁的邮政大臣，这是他政治生涯的一个转折点。在任内，田中的几个魄力之举，让人感觉到他是一个政坛强人。一是对参加当年日本春季斗争中多达十分之一的邮电工会会员的不同处分；二是果断地处理了 86 个公司 153 个局提出申请设民营广播电台的报告，只批准了 39 家。

1961年，43岁的田中接替福田赳夫出任自民党政调会长，如此年轻就担任党内要职，这是没有先例的。翌年，田中又担任池田内阁的大藏大臣，和大平正芳一起，成为池田的左膀右臂。在大藏省的第一次干部会上，这位新大臣就发表了一番令人十分慑服的讲话："诸位都看到，我是个不学无术的人。幸而诸位都是全国的优秀人才。让我也用最大的努力来学习一下。希望大家痛痛快快地工作，责任全部由我来负。"作为大藏大臣，田中对于数字的直觉和准确的记忆，是别的政治家不具有的。1965年，田中登上了自民党干事长显赫的交椅，成为执政党内有名的实权人物。他尽管年轻，但他在党内的威望是众所周知的，他多次充当党内权力斗争的调解人，有时甚至在党内元老和首相之间充当不可或缺的仲裁者。并不是田中没有想当总裁、首相的宏愿，而是他心里明白：在目前党内复杂频繁的权力斗争过程中，自己的资历还不足，经验也不丰富。有些事情水到渠成总比急于求成好得多。正如他自己经常警戒自己的口头禅："首相、总裁这个职位，必须经过党的推荐，并不是谁想要就可以要得到的。"

在许多公开的场合，田中尽管自己表现得很谦虚，可是强大的社会舆论表明：不管田中自己愿意不愿意，他都开始被人们认为是首相和总裁的候补人物了。日本实业界不少人也奉承他说："今后的日本需要田中这样的年轻有为的领导者。"无党派著名人士渡部恒三曾经因田中在任干事长期间未能批准他入党对这位政坛新星怀有不满，而今也对记者说："我在不到一分钟之间就成了田中的支持者。"看来，田中所追求的是一种众望所归的效应。

随着国内外形势的变化，日益接近权力顶峰的田中，对当首相的看法也有所转变，他认为："如果祖国需要我的时候，我就干。"

到20世纪70年代初，佐藤的内外政策愈来愈不得人心。1972年7月，佐藤内阁终于在国内外的一片谴责声中倒台了。在随后举行的自民党总裁选举中，54岁的田中角荣击败福田赳夫当选为总裁，随即出任首相，成为日本战后最年轻的首相。此后，日本政治进入到了一个大变革的田中时代。

冰释:田中的决断

福田赳夫虽然没有竞选上总裁和首相,但是,他却在田中内阁里任内阁行政管理厅长官(国务大臣)。他对田中的内外政策是支持的。可是,已经36岁的福田康夫仍在石油公司打工。那时的他似乎对政治不太感兴趣。

从经商到参选众议员,再从众议员到自民党总裁,田中给人的总印象是:精于谋算,办事果断。上台后支持率高达61%。很快,田中对日本内外政策进行了大幅度的调整。在内政方面,倡导“日本列岛改造论”,提出了以开发为主导的经济增长政策。在外交上,实行和睦、平衡政策。一方面确认日美之间“不可动摇的友好关系”,出访英、法、联邦德国,加强同西方营垒的合作关系。另一方面,田中于1973年率政府代表团访苏,发表《日苏联合声明》,间接明确了日苏间存在的领土问题。尤其值得称赞的是,田中首相采取重大外交举措,谋求日中和解,在他任内实现了日中邦交正常化。

1972年2月,美国总统尼克松出人意料地访华。已经对政治有了很强判断力的田中,就对佐藤内阁在日中关系上的僵化政策大为不满。受命组阁后,田中深感日本对外政策尤其是对华政策完全落后于时代和形势,不采取果断措施,将“搭不上最后一班车”。因此,田中在7月7日就任首相时的讲演中明确指出:“要加快与中华人民共和国邦交正常化的步伐。在激烈动荡的世界形势中,积极奉行和平外交。”在中国作出反应后,田中立即接受了周恩来总理的访华邀请,为早日实现日中邦交正常化而积极准备。

冰冻三尺,非一日之寒。尽管日中走向和解实现邦交乃大势所趋,但是,由于日中敌对多年,尤其是日本军国主义对中华民族的侵略历史,彼此之间的隔阂很深。日本自民党政府内部矛盾重重,亲台势力频频干扰。如何处理同台湾的关系,是打开日中友好大门的另一个关键所在。同时，美国对此持何种态度，田中政府也不能忽视。为此，田中委托日本公明党委员长竹入义胜充当日中两国政府之间的“牵线人”，传递信息。8月初，田中在审阅“竹入笔记”后抑制不住兴奋地说：“周恩来这人真是深通人情的人啊！这样，实现正常化就是可能的了。”他还认真仔细询问出访北京的最佳季节。他的迫切心情已溢于言表。

毛泽东和周恩来接见到访的田中角荣

1972年9月25日，田中首相抱着“决断与实行”的政治信条，率领大平外相、二阶堂官房长官等人乘专机直飞北京，开始对中华人民共和国进行正式友好访问，受到周恩来总理的热烈欢迎。欢迎的场面很大，友好的气氛十分热烈，在当晚举行的欢迎宴会超过了尼克松访华时的宴会规模。在人民解放军管弦乐队演奏的《樱花樱花》、《佐渡小调》、《金毗罗船》等日本传统歌曲声中，周恩来劝田中喝茅台酒，并亲自用筷子往田中盘子里夹菜。

宴会散后回到谈判桌上的气氛却判若两样，尤其是在第二、三轮会谈中，双方在一些重大问题上仍距离较远，谈判的前途凶吉难卜。田中、大平心里都捏着一把冷汗，因为他们的这次北京之行是冒着很大的风险的。田中后来称“的确是一次豁出命来的旅行”。如果这次的谈判破裂，空手回国，田中很可能在党内受到追究责任，导致内阁总辞职。这对于刚刚上台两个月、前程似锦的田中来说，是无论如何不愿看到的结局。来到北京三天的时间过去了，中国最高领导人毛泽东主席一直未露面，这不是一个好兆头，田中感到事态严峻。

中日双方代表在加紧接触，互作妥协。在第三轮会谈结束后，中方通知日方代表团，毛泽东主席准备于27日晚会见田中首相。双方最高领导人会见达一个多小时。毛泽东的会见实际上已为日中谈判开了“绿灯”，直到这时田中和他的团队成员方才松了一口气。经过谈判代表艰苦努力，双方终于在主要原则问题上达成一致。9月29日上午10时20分，举世瞩目的《中日联合声明》在人民大会堂东大厅举行签字仪式。田中首相和周恩来总理分别代表日中两国政府在文本上签字，至此，标志日中这两个亚洲大国宣布结束了几十年的敌对状态，恢复邦交正常化，这在日中关系史上是一件具有划时代意义的重大事情。

田中在理顺日本对外关系，进一步创造一个良好而有利日本生存和发展的国际环境时，也对国内政策进行了大范围的调整。但是，由于诸多因素的影响，不久，田中的经济政策负面效应反而日渐明显：物价上涨，公害问题突出，再加上1973年的“石油危机”又引来能源紧张，物资短缺，国民的不满情绪增长。在执政党内，参议院选举失利使党内斗争激化。特别是给田中内阁带来灾难性冲击的“田中金权政治”内幕的揭露。

1973年，福田赳夫已不是田中内阁行政管理厅长官（国务大臣）了，改任田中内阁大藏大臣了，回到了佐藤内阁的职位上，不过他还任过佐藤内阁的外务大臣，可惜他没有担任外相，要这样的话，他会随同田中到中国来访问谈判。

田中角荣在答记者问

1974年10月10日，提前出版的《文艺春秋》11月号刊登一篇题为《田中角荣研究——他的金脉和人脉》的文章，揭露田中以权谋私、偷税漏税和隐瞒财产等一系列问题，立即在日本政坛引起强烈震荡，自民党内外掀起了追究田中责任的波涛。昔日还是领导日本有方的政坛强人，一时间成了众矢之的。1974年11月，田中角荣不得不宣布内阁总辞职，黯然下台。

离开首相府后，田中在日本政坛的威信依然存在。号称"田中军团"的田中派是自民党内一支力量最大的派系。田中之后的三任日本首相即大平正芳、铃木善幸和中曾根康弘，都是在他的默许乃至支持下上台的。他本人当时也很年轻，不到60岁，其政治潜能还很大。因此，田中在下野后，重返首相府的愿望并未泯灭，只是在等待机会罢了。

然而，田中本人也没有料到，从太平洋彼岸揭露出来的一桩贿赂案——洛克希德行贿案，不但埋葬了他重返首相府之梦，而且削弱了他在党内强大的政治影响力，甚至迫使他离开政坛。

1974年，田中被迫辞职后，三木武夫当选为自民党总裁、首相。福田赳夫在三木政府里任内阁副首相兼经济企划厅长官，是四任首相的大臣。

田中是中国人民的老朋友，他同中国的几代领导人之间都有着深厚的友谊。1992年，江泽民总书记访问日本时专程去田中寓所，看望了这位前首相。同年8月，田中先生坐着轮椅访问中国，参加中日邦交正常化20周年纪念活动。1993年3月4日，田中先生在家对前来辞别的中国驻日本大使杨振亚表示：希望在日中邦交正常化30周年之际，再次访问中国。只是没有料到，无情的病魔剥夺了他的这一良好心愿。1993年12月16日，田中角荣因病医治无效在东京逝世，享年75岁。中国国家主席江泽民、国务院总理李鹏等中国领导人分别致电田中家属，对他的病逝表示沉痛哀悼，并高度赞扬了这位前首相的远见卓识和非凡胆略，同中国老一辈领导人共同开创了中日关系史的新篇章，为发展中日友好合作关系作出了重要贡献。

Prime Minister of JaPan
Yasuo Fukuda

第二章 政治背后的政治

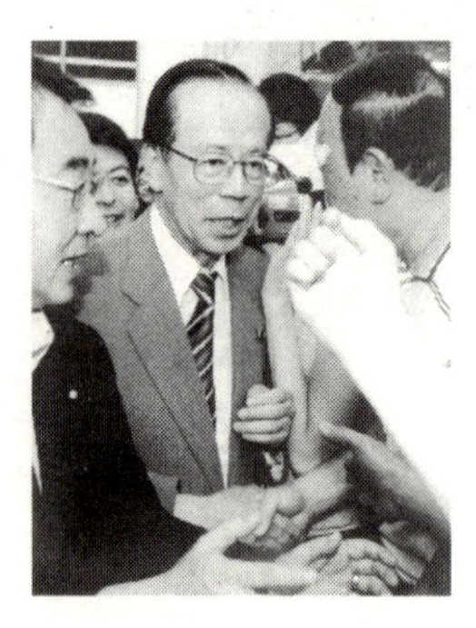

政府所推行的国内外政策能否满足国民的愿望和需求，这个答案很简单，往往偏激的对外政策同样会给国民生活带来许多意想不到的麻烦。说田中角荣打开了中日友好的大门，那么福田赳夫却历史性地签订了《中日和平友好条约》。

净化政治：三木武夫及其政见

福田赳夫与三木武夫曾经都是佐藤荣作的内阁成员，1972年7月，佐藤荣作辞去首相和自民党总裁。同年7月田中角荣接任首相和自民党总裁职务，三木武夫和福田赳夫同时辞去内阁职务。1974年11月，田中被迫辞去首相和自民党总裁职务之后，三木武夫参加了竞选首相和总裁的角逐，这次福田赳夫没有参选。

三木武夫被称为"政界元老"。在自民党内部享有"巴尔干政治家"的美称。生于德岛县农民家庭。明治大学商学院毕业(1929)，后留学美国加利福尼亚大学，1935年毕业。历任日本协同党委员长(1945)、国民协同党书记长、片山内阁邮政相(1947)及国民民主党和改进党干事长、自民党顾问、干事长、政调会长、经济企划厅和科技厅长官、通产相、外相、国务相、环境厅长官、自民党总裁兼首相。在自民党内他较早提出"中华人民共和国是中国唯一合法的政府"，"台湾是中国不可分割的领土"，呼吁恢复日中邦交。他任首相那天就职演说时非常明确地表达了自己的政治外交主张，演说中他对现行的选举方式和政治资金的筹措方式作了批评。任内通过修改公选法，主张在扩大选举公营的同时，强化连座制，取缔违法选举。在对外关系中主张美、中、苏三边并重，维持睦邻友好。并提出同时尊重巴勒斯坦和以色列的生存权利，和平解决耶路撒冷问题，实现永久、公正的中东和平，从而使日本对外政策出现新的转机。对内提出日本经济应"从高速增长转向稳定增长，从量到质的经济素质的变革"。强调"人类的目标是简朴的物质生活与丰富的精神生活交织的新时代"，"人类同乘在一艘地球船上，同呼吸共命运，休戚与共"，成为国内外引用甚广的名言。在与田中密切相关的洛克希德事件中，三木态度明朗，主张彻底追究，严加处理。政治上推行既非社会主义亦非纯粹资本主义的革新保守的路线，试图以不偏不倚的中间道路取得广大国民的信任。

1975年对于日本是战后30年政治、经济、社会和文化发展的一个划时代阶段。从整个世界来看，是迈入本世纪的最后四分之一时期和充满各种矛盾的一年。在1975年召开的第75届国会上，三木代表新组成的政府对日本的外交、内政的基本方针作出了许多有价值的阐述，他希望能得到各位议员及全国人民的理解和支持。三木意识到今天的时代是国际协调的时代，世界各国之间的相互依赖越来越深，而地球却显得越来越小。人类同乘在一艘地球船上，同呼吸共命运，所有的日本国民挤在同一条称为“日本丸”的小艇上休戚与共。

中日友好代表团会谈

然而，遗憾的是从实际情况看这至今没有引起人们的足够重视，能源问题和粮食问题依然困扰着人类的发展。三木产生了一种危机感，认为在不远的将来人类将陷入资源枯竭和无所作为的境地，仅仅依靠一个国家和个人的能力已经无法挽回这一趋势。

他深深地感到，捍卫国家利益当然是日本外交的基本目标，但不能狭隘地理解为眼前的利益。外交方面的重点是中东和亚洲太平洋问题。

中东的和平与战争动向及石油问题，是1974年最大的国际问题。中东的争端与石油问题是分不开的，因此，为了防止再次爆发中东战争，公正和永久地实现中东和平，三木认为有必要从世界各国的不同立场出发，共同合作解决这一问题。在许多公开的国际场合，三木强烈要求有关国家遵守联合国安理会242号决议，这个决议强调不承认通过战争夺得的领土，要求以色列军队从1967年中东战争的被占领土上撤军，同时要求尊重包括以色列在内的各有关国家的生存权利，它是一个公正的决议。

这个决议只涉及巴勒斯坦难民问题。遵照联合国的宪章，巴勒斯坦人民的正当权利应该得到承认，耶路撒冷问题应该通过和平方式解决。日本主张这些问题应通过对话来圆满解决，使中东实现公正而又永久的和平与稳定，当时三木发誓要尽可能地努力促成双方采用和平手段解决中东问题。

三木走马上任的前后，由于原油价格翻了两番，引起世界经济秩序混乱，尤其是对石油依赖程度较高的日本，因为成本增加引起的通货膨胀和国际收支恶化而困惑。他作为首相采取了许多应对性的措施，但是收效甚微。

尽管工业品及其他原材料价格上涨，但原油价格却长期以来受抑而处于极低廉的状况，从而引起石油输出国家的不满。对此他认为日本也可以充分理解。但事实是由于油价猛增四倍，使世界经济秩序没有一个适应余地而导致了混乱，这一点也请产油国给予充分谅解。产油国与消费国家不应用强制手段，而应坚持通过对话和协调来调整双方的利益。日本在很大程度上依赖中东的石油，因此必须格外注意对中东的政策。在当今南北对话的时代，日本的对外经济合作，尽管合作与援助的数量不少，但在质与方法上有不少亟待改善之处。日本的经济合作与援助，不应只为了振兴日本的对外贸易，而应该真正有益于加强受益国的经济、社会基础。毋须重申睦邻友好是日本国外交的重要支柱，日本国要搞好同对世界政治有重大影响的美、中、苏三国的友好关系，是日本国外交的基本立场。在日、美、中、苏四国关系中，日本都有正式外交关系。保持国与国之间的睦邻友好极为重要。正因为日、美、中、苏四国关系直接影响亚洲太平洋地区的稳定，所以日本采取这种立场非常重要。田中相信，日本有理由也有能力进一步促进同其他国家的睦邻友好，为亚洲太平洋地区的稳定作出贡献。

邓颖超与田中角荣及他的夫人合影

日美关系的稳定是日本外交的基轴，三木认为今后日本应进一步努力加强日美友好合作体制，日本和美国之间的相互合作与安全保障条约是日美合作的基本宪章，以往容易给人以片面停留在防卫能力合作之嫌，但在能源和粮食问题日益受到重视的今天，应该欢迎两国之间都有意识地将经济合作与防卫能力并重，恢复条约本来所应有的均衡。按照1972年9月签署的日中联合声明，日中两国的关系发展顺利，两国及两国人民都为亚洲和太平洋地区的稳定而由衷地感到欣慰。田中要在1975年争取缔结日中和平友好条约，为日中之间子子孙孙永远友好的关系奠定基础。此外，维持日本与台湾的事务性关系的既定方针不变。

日苏之间存在着长期作为悬案的解决北方领土、缔结和平条约的问题。在第二次世界大战结束后的30年之际，日本政府派遣宫泽外相赴苏交涉，遗憾的是北方领土问题依然悬而未决。但三木相信，倘若展望今后30年的日苏关系，两国间的合作对世界历史的发展具有重要的意义。以这种日苏间的合作作为大前提，应增进相互间的信赖，而增进相互信任的第一步，则是解决领土问题，缔结日苏和平友好条约。在三木看来，应当紧紧抓住领土问题，以此为契机，努力解决日苏间未能解决的各种悬案。

日、美、欧三边合作关系也应得到重视，从这个意义说，日本对欧洲的关系在今后的一段时期内，必须更加相互理解和更加密切。

大洋洲各国和加拿大作为发达工业国家都存在一些共同的问题，日本同这些国家将更加紧密地维持传统友好关系。

要积极发展同邻邦韩国的关系。日本同亚洲各国之间通过人才与文化的交流，继续为巩固亚洲地区的稳定与繁荣作出贡献。不仅是亚洲，日本还将进一步努力增进同非洲和中南美各国的相互了解和友好合作关系。在广泛展开外交活动的同时，必须重视联合国的作用。最近联合国大学理事会在东京召开。将本部设置在日本的全人类的大学的诞生，使日本人民无不额手称庆。三木认为这是一个难得机遇，并在政府内阁会议上表示说：今后，日本政府将支持联合国大学的发展。

1975年，是联合国决议规定的"国际妇女年"，值此有意义的一年中，日本将进一步努力提高妇女的地位。

国内问题的当务之急在于稳定物价。与1974年同期相比，消费物价的上涨幅度将控制在15%，并将制定强有力措施，尽可能地抑制公用事业费用，它也可以对物价产生影响。

在此紧要关头，迎来了工资谈判的“春斗”时期，三木政府希望劳资双方都注意物价稳定的趋向，定出一个有节制而又适当的谈判方案。

因为经济停滞前景暗淡，西德和美国将把政策的重点从抑制通货膨胀转向对经济萧条的控制。物价涨幅居高不下的日本，三木认为不能简单地避开抑制总需求的对策。在此前提下，政府将制定一系列不殃及中小企业利益的详细对策。同时有重点地分配财政，加强对社会保障、教育、住宅等生活设施的建设，从社会公正角度，认真救济因通货膨胀影响而受贫困的弱者。以往日本经济从量的扩大向质的充实转换很有必要，今天则须更灵活地将经济高速增长方式向经济稳定增长和提高福利的方向转变。支持高速度经济增长的内外条件已经不复存在，“只要有美元，什么都能廉价买到”的时代结束了。发展中国家接二连三地赶了上来，这是历史发展的必然规律，要想恢复原状既不可能也不合理。

三木已清楚看到，这一系列内外形势的变化，正在促进能顺应新潮流变化的产业结构的变革。日本的经济具有特别依赖资源进口的特征，因而必须逐步减少对国外资源的依赖程度。企业也须进一步努力运用智能和情报，尽可能地节约资源和劳动力。要使日本经济从高速度增长转向稳定增长，从量到质进行经济素质的变革，必须重新评价高速度增长时代的各种体制和惯例。三木权衡利弊认为，制度和惯例一旦形成，要变革是非常困难的，但在改革的过程中这些困难又无法回避。这包括财政结构的僵化，应该对行政和财政现状作全面的审查，这绝非轻而易举之事。要改变既存的思维方式，放弃既存的权利，必然伴随着巨大的抵制。但为了实现与新时代相适应的日本政治，必须彻底破除这些传统的习俗和思想，这是时代的要求，也是时代赋以

政治家的重要职责和义务。

为了确保自由市场经济的公平原则，三木武夫政府已向国会提出了禁止垄断法的修正案，为保证社会公平还应重视福利政策，因而地方行政的管理也很重要。三木所必须面对的是，今天，人们的价值观念正在改变，国民追求的不仅仅限于豪华的消费生活，而更注重维护美丽的自然环境、文化的发展、舒适的生活、完善的医疗、教育及其他公共设施。地方行政部门肩负着实现居民愿望的直接责任。由于从经济的量的扩大时代，转向以生活为中心、重视福利的质的充实时代的变革，地方行政部门所起的作用进一步增大。而要实现自主负责的地方行政，劳资双方每年春季关于工资、福利等问题的谈判，就必须从国家同地方的关系着手，对地方的行政与财政方式进行全面探讨，使福利政策能得以实现的是国民的联合与合作观念及互助精神。归根结底高福利意味着高负担，因此如果没有国民合作的基础，就不可能实现社会福利的目标。与福利并重，教育也是三木施政的重点。三木坚信如果想将明治的先驱者重视教育的传统延续到今天，那么我们为了21世纪的子孙后代，有责任重振教育。三木将尽其所能进一步加强教育事业。根据这一宗旨，三木政府加强对民间办学的资助，改善教师待遇，增加育英奖学金的资助额。同时将教育排除在政治争论范围之外，建立安静而又不受干扰的教育环境。

只要是人类，总是在一定的环境中生存。为了充分发挥每个人的潜在能力，必须保证教育机会的均等，要保障使教师专心致志安于教育事业的良好待遇。资源匮乏的日本人所依赖的正是日本民族的创造意识、睿知、技能和勤奋，教育必须以开发这种能力和个性为目标。

维持国防和国内政局的稳定是政治的基础，三木不赞成无防备论。现实的国际常识告诉人们，将具有巨大国际影响的日本防卫能力置于一种真空状态，对恢复亚洲太平洋地区的稳定是有害无利的。但是，日本的国防始终是为了自卫，它不会构成对亚洲邻国的威胁。对日本的核武装问题将不予考虑，而防止核扩散条约则在能够满足与西欧等国平等进行核能的和平利用及检查的条件之后，才考虑签约。核时代国防的首要观念，在于共同制止和不诱发核战争及与核大战相关的争端。民主主义同一切暴力格格不入，三木认为它必须坚决排斥无视法律和秩序及威胁国民生活的各种暴力行为，三木主张必须经常修订各种新的规章制度。

在新内阁重新起步之际，三木首先要对诸位议员表示的即是：政府决心建立起一种实实在在和应有的议会政治制度。为了恢复对日本政治的信任，应对今天的选举方式和政治资金的筹措方式采取果断措施。劳资关系无论怎么说也绝不可能仅仅是劳资对立的关系和相互斗争的方式。企业家和工会会员都是国民中的一员，难道不能在国民的基础上建立一种新的劳资关系方式吗？高速度经济成长已为国民所习以为常，人们对浪费与奢华也有些麻木不仁，三木大声疾呼，今后这种现象再也不能继续下去了。这并非是日本人民在趋于贫困，而是因为人们生活在一个节约使用世界资源和适度稳定增长的社会，日本的发展将与世界脉搏的跳动同步，成为正常、稳定和发展的日本。

人类所追求的目标，是简朴的物质生活与丰富的精神生活交织的新时代的诞生。日本的先辈经历了无数次的考验才建成了今天的日本，三木坚信假如日本国民齐心协力，就一定能渡过难关，建成世界新模式的崭新的日本。

38年来，三木唯以民主政治和国际和平为己愿，在当今国内外形势极为严峻的时刻，为了日本人民，为自由民主政治及世界的和平，三木将竭尽全力担当起这一光荣的重责，决心为实现这一历史使命而鞠躬尽瘁。

三木的很多施政方略是可行的，并且起到了改善日本现状的作用，但是在矛盾化为突出的经济过热过快的问题上只得了50分。

打扫型政治家：福田赳夫

在日本，“世袭政治”可以说是常见的。福田康夫是子承父业，与父亲一样也是在71岁当选日本首相，“弟承兄业”也大有其例子，佐藤荣作就是岸信介的胞弟。他哥哥岸信介下台4年之后，其弟弟又当上了首相，这在世界政治舞台上不可多见，可以说创造了世界吉尼斯记录。

在中日交往的历史中，引人注目的当然要数福田康夫的父亲福田赳夫，他非常熟悉中国，并且与中国签订了《日中和平友好条约》，这个条约对中日两国的正常交往打下了牢固的基础。1976年至1978年间，福田赳夫当选为日本首相时，福田康夫离开石油公司，踏上政坛的征途，当上了首相秘书。据说福田康夫的抉择完全取决于父亲福田赳夫的决定，那么41岁的福田康夫虽然有自己的人生主张，但作为从政十分成功的例子在日本也不多见，他认为与其父亲相比，自己经商并不那么如意，除了薪酬比别的公司高一些，没有别的优厚待遇，不能总是跟老板打工，他也想另择他业，于是在父亲的影响下当了一名首相秘书。福田赳夫到底又是一个怎样的人？其经历如何呢？福田赳夫1905年1月4日生于群马县群马町。1929年东京帝国大学法学学院毕业，后入大藏省任职。1930年起任驻英国和法国大使馆的财务秘书，1933年回国后历任司税官、税务署署长、大藏省调查科科长、大藏大臣官房秘书科科长、情报局情报官、大藏银行监理官和大藏省主计局局长等职。1941年随石渡庄太郎（汪伪政府“经济顾问”）到中国主持汪伪“储备券”发行工作。1942年任汪伪政府“经济顾问”。1945年任日本大藏省官房长官。1946年任大藏省银行局局长，1947年任计划局局长。1952年以来十三次当选为众议院议员。1953年参加自由党，1954年退出自由党参加民主党，并任民主党政务调查会副会长。1955年自由民主党组成后，参加自民党。1957—1959年自由民主党副干事长、政务调查会会长、干事长。1959年6月任岸信介内阁农林大臣。1960年任自民党政务调查会会长，后因批评经济高速度发展政策而辞职。1965年任佐藤内阁大藏大臣。1966年任自民党干事长。1968年任佐藤内阁大藏大臣。1971年任佐藤内阁外务大臣。1972年任田中内阁行政管理厅长官（国务大臣）。1973年任田中内阁大藏大臣。1974 年任三木内阁副首相兼经济企划厅长官。1976 年 12 月—1978 年 12 月任首相和自民党总裁。执政期间，1977 年 8 月发表了日本对东南亚的政策宣言，被称为“福田主义”；1978 年 12 月签订了《日中和平友好条约》。1978 年 12 月起任自民党最高顾问。1981 年来华出席在北京召开的“亚洲议员人口和发展会议”。是自民党福田派的领袖。

邓小平与福田赳夫亲切交谈

福田赳夫是自民党四强派系（三木、田中、大平、福田）首脑之一，对政府和自民党的决策起着举足轻重的影响。与三木的谨慎外交不同，福田在中日复交前素持对华关系慎重论，然而就职后却以极大的热情推进日中关系。任内签订含反霸条款的《日中和平友好条约》，提出重视同亚洲和东南亚各国外交的"新福田主义"。演说中一反其谨慎的哲学思想，大胆提出"转换经济机制"，"根本性变革日本经济社会的思路"，主张在维持日美关系的前提下，将加强同中国和东盟国家的外交和经济关系作为政府的基本方针，使战后一边倒的对美外交出现松动，重申以《日中联合声明》为基础，积极发展日中睦邻友好，强调国际社会应反对超级大国的霸权主义，倡导"所有国家包括超级大国在内，不允许使用武力作为解决纷争的手段"，建议通过"多元化的国际交流"，来"弥补和消除交流的差距"。对内呼吁结束"高速增长梦幻"，谋求"实实在在提高国民生活水平"，实现真正的福利社会。改革党的体制是福田赳夫内阁的另一特色，其任内将预备公选制引入总裁选举制度，成立党改革实施本部，解散党内派系，实行了一系列重大改革举措。

1977年1月31日，福田赳夫发表就职演讲时说："这次我受命出任首相深感责任重大，决心以全新的方式完成国家和人民赋予我的使命，并尽我全部的身心领导日本走正确的发展道路。3年前，我作为大藏大臣曾在这个讲坛上提出应转换经济机制，争取我国经济社会的更大成就，翌年还建议国家、企业和家庭都抛弃'重现经济高速增长的梦幻'，根本性地转变日本经济社会的思路。在迎来资源有限时代的日本国，仍按目前的方式发展，将来还有没有生路？战后30多年来，由于和平与科学技术的作用，整个世界实现了惊人的经济增长和繁荣，其结果产生了大量生产、消耗和遗弃的消费性社会。在这过程中，人类糟蹋了不少贵重资源，不远的将来，部分资源将永远从地球上消失。21世纪初世界人口将是目前人口的2倍，显然它所需要的资源规模更加庞大。这是严峻的事实，是人类有史以来根本变化的时代，人类将不得不意识到资源有限时代的到来。"

福田赳夫深刻认识到，作为资源小国的日本，假如不能顺利地从全世界获得资源则一刻也不能生存。他认为今后的日本社会再也不可能也不应希望出现以往的高速经济增长，无论经济增长的速度如何，唯有经济增长的质才是重要的。能否通过对当今时代的认识采取相应措施？福田赳夫相信如果措施得当，祥和、稳定的社会是可以实现的。今天，人们的选择对日本民族的将来具有重大的意义。翻开人类的历史，人们所看到的是物质文明的发达所带来的无限欲望，但资源却是有限的，解决无限的欲望同有限的资源这一对矛盾的命题，正是当今日本国乃至全世界所关心的问题。它不仅限于物质方面，而且也涉及人类的生活方式以及现代文明的形式。热衷于经济的高速增长，为繁荣所陶醉，“只讲物质、金钱和自我而躲避责任”的社会必须成为过去。互相帮助、相互弥补、责任共担，即“协调与合作”才是今后社会所追求的行动准则。

邓小平与福田赳夫在参观大厅

国际社会也是如此，当今世界正越来越加强国与国之间的依赖，单靠一个国家的力量求得生存和世界和平是不可能的，福田赳夫认为应该通过相互谦让、互相支持及国与国之间的协调与合作，最大程度地实现各个国家的利益。福田赳夫的这一主张在实施的过程中确实给日本带来了收获，使日本经济得到进一步的发展。

无论国际还是国内，1977 年都是经济年。从总体上看 1976 年的日本经济发展大致顺利，但上半年经济迅速繁荣发展，后增长势头减缓。可以看到，若任产业和地区差别及企业破产的多发现象发展，则不能不导致就业不稳定，挫伤企业积极性，削弱社会发展活力。因此，福田赳夫认为，必须未雨绸缪，提早采取复苏经济的措施。

福田赳夫提出，年度的财政预算也有刺激需求的效果，重点在充实提高国民生活水平和发展公共事业的同时，进一步完善稳定就业的政策也取得很好的效果。

1977 年日本的经济增长速度希望能在 6.7%左右，这一目标在整个发达国家中也是最高的，福田赳夫相信作为国际社会一部分的日本经济对所期望的目标是可以承受的。福田赳夫认真地作过研究，并强烈呼吁要求大幅度减税。若从资源的有限性和周围的国际环境考虑，与其像以往那样大幅度扩大消费规模，不如实实在在地提高国民生活的质的水平。福田赳夫采取的措施是，只限于以减轻中小收入者负担为中心的减税方面。与繁荣日本经济并重，他也关心物价问题，政策的基调就是稳定物价，为了更好地控制物价倾向，政府通过制定措施，打算将消费物价的上涨幅度尽可能地控制在 7%的最佳水平。从国民经济和人民生活方面考虑，最重要的是如何确保资（能）源的供应和振兴科学技术，这些问题对资源匮乏的小国日本来说，关系到国家的生存和发展，具有保障安全的重要性。福田政府除了进一步制定确保包含核能在内的能源稳定供给政策、节约能源政策等综合性资源、能源政策外，还将强有力地促进以宇宙、海洋开发为重点的振兴各个领域科学技术的政策。福田赳夫希望国民大众理解和支持。福田赳夫深深认识到，全世界受到两大变化的影响，一是使发达工业化国家都感困惑的严重的经济停滞，再一个是因发展中国家经济自立所带来的烦恼。这两个问题既相区别又相联系，在当今相互依存的世界体系中，没有南北间的协调发展，就没有世界的政治安定，也不可能有发达工业化国家的经济繁荣。另一方面，如果没有发达工业国家的经济增长的稳定，发展中国家所希望的生活水平提高和经济发展也是不可能的。

现实主义者驾驶的“日本号”

福田清醒地意识到，在这种形势下，日本外交的当务之急必须是加强同美国、西欧等主要发达工业国家的合作。显然，当今世界无论是发达国家恢复自身的经济繁荣。还是改善南北关系，都已经超出了一国努力的范围。假如没有分担解决问题的责任和能力的主要发达工业化国家间的合作，要想获得发展就会很困难。福田赳夫主张召开主要发达国家的首脑会议，正是反映了这一时代的要求。

田中角荣发表演讲

福田赳夫还借助新的国际环境，把加强同发展中国家间的经济合作视为日本外交所必须搞好的课题。福田政府在努力将开发援助提高到与其他发达国家相同水平的同时，准备以积极态度对初级产品取得一致意见。

对于日本的外交来说，福田赳夫认为，最具基本意义的是支持战后日本繁荣和安全的日美两国的友好合作关系，日美两国度过了以往不协调的考验期，出现了从未有过的稳定或成熟的伙伴关系。在这种关系指导下，日美两国通过不断协商沟通双方的意见是极其重要的。因此，福田赳夫高度重视在召开发达国家首脑会议之前同卡特总统的会谈，他曾经访问过美国，互相确立双方对不断变化的国际形势的新责任和信赖关系。

东南亚各国的和平与繁荣，对同是亚洲友好国家的日本来说，也是不可忽视的重要方面。对东盟各国以自主发展为目标的种种努力，日本将在人员交流、援助国家建设方面给予支持和协助。

福田赳夫主张以《日中联合声明》为基础，扎实地发展同中国的睦邻关系，这一目标从建设亚洲的和平国际环境来说，具有特别重大的意义。

中日双方一致同意并热切希望尽快缔结日中和平友好条约，福田政府准备进一步努力以双方都能满意的形式实现这一目标。

在国际关系的考量中，福田赳夫认为，日苏两国的友好关系对日本的外交也很重要，日苏两国在经济、贸易、文化和人员交流方面逐步走向顺利。政府将在加强日苏关系的同时，为贯彻实现以北方领土回归祖国、缔结日苏和平条约为目标的日本基本立场，而尽最大的努力。朝鲜半岛的形势对包括我国在内的东亚的和平与稳定有深刻的关系。目前，支持这一地区均衡状态的结构并没有崩溃，南北问题的紧张局势趋于缓和，福田赳夫希望朝鲜南北双方能在和平统一的道路上携手并进。日本四面临海，对渔业资源和海底矿物资源开发利用的国际动态极为关切。联合国海洋法会议尚未作出最后结论，但把经济水域扩大到200海里已成大势所趋。福田政府正密切地注视着这一潮流的变化，根据长期的国家利益，遵照国际协商的原则，冷静妥善地解决这方面的问题。福田赳夫认为，时至今日，国际社会的显著特征之一，即是所有国家包括超级大国在内，不允许使用武力作为解决纷争的手段，防止纷争于未然。万一不幸发生纠纷时，尽可能地阻止其扩大，成为今天外交的重要任务，妥善处理国与国之间不断出现的误会与摩擦，即弥补和消除所谓“交流的差距”，在外交活动中所起的作用是极为重要的。今后，将通过多元化的国际交流，进一步增进相互了解，政府将不遗余力地支持为加强正在发展中的人类之间的联合而共同努力。劳资双方的理解和协调，是经济社会安定的关键。日本的劳资关系迄今不止一次地面对经济危机，发挥出卓越的适应能力。

邓小平与福田赳夫亲切交谈

福田赳夫密切关心和重视冲绳的经济、社会发展和人民生活的安定，将采取必要措施积极促进冲绳的经济社会发展。

福田赳夫相信真正的以及正在实行的福利社会，只有时刻牢记福利二字、紧紧围绕福利二字工作，其目标才能实现。身为首相的福田赳夫已经调整了思路，他认为难以像以往那样指望经济大幅度的增长来解决福利问题是不够的，对真正需要社会同情而未能得到帮助的人，给予温馨和照顾具有格外重要的意义。这就需要个人、社会、政府三位一体，有机协调解决这个老大难问题。福田赳夫将从社会合作与帮助的角度，踏踏实实地促进和完善各项福利政策和措施。

为适应快速发展的老龄化趋势，福田赳夫将提高老年人的养老金和充实医疗制度，对残疾人等需要社会关心和帮助的人，在制定详细对策的同时，家庭、企业和地区社会三方同心协力推动他们参与社会，回归社会，增强他们对生活的信心和希望。随着日本经济的高速成长，公害和破坏生态平衡环境的矛盾日益尖锐，没有健全的产业活动，就不可能有社会的安定。因此，福田赳夫果断地调整各种错综复杂的利害关系，寻求能满足各方需要的合理共同点。福田政府采取了一系列加强和完善防止污染和公害的措施，在发展经济过程中尽量防止环境污染于未然，以保证人类环境的舒适和安全。

为了促进日本社会的进步与发展，福田赳夫动员和提倡在各个领域都必须有妇女的积极参与和贡献，福田赳夫已注意到联合国关于国际妇女年世界大会的决议，并制定了国内的实施计划，福田赳夫还同全国各阶层人士一起，为提高妇女的地位和福利作出不懈努力。

福田赳夫十分明白，大凡兴邦建国靠的是人才，民族的盛衰也离不开人才。作为资源小国的日本经历了无数次考验，能在短时间内建成今天的日本，主要就是通过提高国民教育水平和教育普及程度。人是日本的宝贵财富，教育是国策的根本，福田赳夫将以重视教育为基础，把重点置于促进个人的创造意识、自主性和社会合作精神，培养能对世界的和平与繁荣作出贡献的德智体全面发展的一代日本新人。因此，福田赳夫采取了改革现行偏重知识的教育体制，创立家庭、学校与社会三方结合的综合性教育结构。战后的学校教育，以考试、就职为中心的急功近利的功利主义行为倾向尤为引人注目，遗忘了教育最根本的宗旨在于培养具有自由个性、丰富的知识文化、高尚情操和充满爱心的国民。按新时代的需要，福田赳夫要把学校教育办成生气勃勃并具创造意识的育人摇篮，改变紧张的教育方式和课程，改善现行的考试入学方法，进一步扎扎实实地推动教育改革。此外，福田赳夫将为艺术、文化和体育的振兴，通过每一个国民尤其是肩负未来重任的青少年的自主选择，创造一个更加充实、丰富多彩及更富创造力的生活环境而努力。

福田赳夫同大家一样都有一个心愿，都想积极打开为国内外严峻形势所迫的艰难局面。如果参与国策的所有政治家、中央和地方的公务人员，及一切从事公共事业工作的人们，都能公私分明，清正廉洁，便能重新建立起廉政奉公的信心和责任，福田赳夫也将自慎自戒，约束自己的言行。他认为政治的颓废是同社会、民族的堕落联系在一起的，福田赳夫彻底地清查和追究洛克希德事件的责任，并将结果向国会作出报告，为了不再产生这类事件，防止腐败，福田赳夫采取一系列必要措施。为了度过这动荡时期，日本国民应该同奢侈浪费的享受和个人主义自我欲望的社会弊病诀别，填平代沟，超越人与人之间的不同立场，在人们的互相帮助、合作中，在日本的国土上创造出一个能为全世界所信赖和尊敬的真正安定的文明社会。

在资源有限时代的疾风暴雨中，福田赳夫驾驭的“日本号”航船能否安全地航行，其中重要的一点即是靠日本每个国民的自觉和努力。

福田赳夫相信：“只要日本民族团结一心携手共进，无论多大的困难和惊涛骇浪，都阻挡不了我们。我们要鼓起勇气，开辟‘日本号’的航程，向实现充满希望的21世纪社会前进。”

“狐狸型”政治家：中曾根康弘

1978年12月，福田赳夫结束了3年的执政生涯，大平正芳通过竞选接替了自民党总裁和首相职务。福田赳夫当政时期，他是自民党干事长，同时他与福田赳夫都曾在佐藤时代及田中时期任过大臣，同福田赳夫有过良好的合作与交往，可称得上是政治上的同路人。

中日的合作正朝着多领域进行，不仅包括外交，还有经贸、金融、文化交流，可以说友谊交往的渠道在不断扩宽。这对中日两国的发展都十分有利。那么日本政府首脑在中日友谊发展进程上又扮演着什么角色呢？这里面也有不少阻力和困难，两国领导人又是如何克服和战胜的呢？

中日两国建交的那一刻

铃木善幸从1976—1977年任福田赳夫内阁农业大臣，也曾任过大平正芳时期的自民党总务会长。可以说佐藤荣作、田中角荣、福田赳夫、大平正芳、铃木善幸、中曾根康弘、竹下登等，他们都是同事同僚。特别是中曾根康弘曾先后在佐藤内阁担任运输大臣，防卫厅长官，田中角荣时期又任通商产业大臣兼科技厅长官（国务大臣），福田赳夫时期任自民党总务会长，铃木当政期间他任行政管理厅长官（国务大臣）。铃木执政3年届满，中曾根康弘脱颖而出成了日本首相。

中国人对日本官员参拜靖国神社十分敏感，因为中国人民深受日军侵略的伤害，日本官员到供有战犯灵位的地方去参拜，到底意味着什么？又想表达什么呢？事实上，这种行径严重伤害到了中国人民的感情。我们要说的这位日本首相是中曾根康弘。

中曾根康弘，1918年生于群马县高崎市，东京帝国大学法律系毕业（1941年）。1947年起先后14次当选为众议员，历任民主党组织局长（1954年）、自民党副干事长（1955年）、副总务会长（1958年）、国务大臣、科技厅长官（1960年）、自民党宪法调查委员会委员长、科委会委员长（1961年）、外交调查会亚非小组委员会委员长（1965年）、拓植大学校长（1967年）、运输大臣（1967年）、防卫厅长官（1970年）、通产大臣、科技厅长官（1972年）、自民党干事长（1974—1976年）、总务会长（1972、1977年）、行政厅长官（1980年），1982年起连任两届自民党总裁、总理大臣。有趣的是从福田赳夫之后的几任首相都选择了福田康夫当秘书。这几任首相的演讲稿似乎都经过他的手。可以想象他的位置十分重要，这也是福田康夫日后登上首相宝座的丰厚资源。1984年2月6日，中曾根连任首相发表演说的内容是其以改革和挑战为主题，提出以“自主、合作、创造为旗帜”，创建日本的“宏伟文化和福利国家”。在施政方面他提出三大基本改革设想，即行政改革，精简中央和地方的行政机构，提高政府部门效率及整顿公司团体；财政改革，恢复财政适应能力，协调指导国家与地方及民间的关系，以保持社会经济机制的活力；教育改革，改革教育体制，实行教育内容弹性化，教育方式多样化，强调重视家庭和社会教育的结合。他在演说中称21世纪为日本的世纪，主张将实现高度情报化社会置于面向21世纪中长期经济发展重要战略动因的位置。在经济繁荣的背后，他深谋远虑地提出应开创日本经济发展的新路，建议把物质丰富后日本民族能否尊崇高尚情操，尊重人格和礼仪，维护团结，为世界各国所尊敬，作为建设融合东西方文明的日本未来新社会的必备条件之一。他认为改革和挑战势必遇到对日本民族命运的考验，唯有克服这一难关，日本才有希望。

1984年2月6日，中曾根康弘在就职演讲中说：“我再次担负起内阁首相的重责，常常感到目前正处于重大的历史转折时期，必须加强维护国际间的信赖，坚定地巩固国内的政治体制，为向21世纪迈进做好准备。围绕我国内外环境和时代的潮流，最近明显出现了变革的征

兆，我深信我国也应在政治、经济、文化、教育、福利、外交和安全保障等领域，迎接日本的未来。”

周恩来接见田中角荣

中曾根康弘和其他的在野党不约而同地意识到，要真正实现这一目标绝非轻而易举的事，它必须纠正明治维新以来100多年间积重难返和第二次世界大战后38年中所产生的各种弊端，这是向21世纪的未知世界作挑战和准备铺设轨道的过程。改革和挑战，迟早必定会遇到对日本民族命运的考验，他坚信唯有闯过这一难关，只有这样日本这个国家才有希望壮大、繁荣和发展，中曾根康弘决心与全国同胞携手虚心承担起首相的重责。

首先，中曾根康弘要建立一种政治伦理体系。政治伦理主要应归结于大小政治家的良心和责任感，因此日常行为和处理国家事务都须慎重、公正而又光明正大。另一方面，中曾根康弘充分听取各位国民及各党派的意见和建议，并且通过努力制定出了具体而有实效的政策。前不久实行了阁僚财产公开制度，而一直作为悬案的有关国会议员规定人数的公职选举法修正案，此后将按各党派的一致意见执行。

其次，中曾根康弘将时刻铭记积极推行和展开新的民主政治。刚刚结束的大选给中曾根康弘留下了深刻的印象，中曾根康弘将更加注意同各种新党新派的协调，进一步敞开各党派协作的政治舞台，并同新自由俱乐部在政策上结成国会的院内会派。

中曾根有这样一种紧迫感，至21世纪只有16年的时间，日本必须从现在开始奋起直追，采取必要的措施，目标是以自主、合作、创造为旗帜，创建"宏伟文化和福利的国家"，向以和平为志向的世界性国家日本迈进。因此，中曾根康弘施政的过程中紧紧抓住并积极促进日本国的三大基本改革。

一是行政改革。政府将根据临时行政调查会的咨询意见，认真努力推进改革的进程，以重建国铁为开端推动改革事业。目前，行政改革到了千钧一发的关键时刻，在全国人民的支持下，中曾根康弘将义无反顾地坚决将改革推进到了全国各部、厅及政府机构。

在本届国会上，行政改革的最重要课题之一，是为促进电报电话公司和专卖公司的改革、养老金和医疗保险制度的改革、特殊法人整顿合理化及地方官吏制度的改革等，提出相应法案，并决心调整中央十个部厅的内部结构，大幅度缩减国家公务员的规模。在重新评价和进一步促进国家和地方的关系、地方公共团体的结构编制、工资制度及其运用方面，中曾根康弘希望全国大众理解。下一阶段的行政改革，则根据国铁再建监理委员会的建议，对国有铁道进行大的改革，同时对精简中央和地方行政机构、提高政府机构的办事效率、合理整顿公司和团体、调整公务员的规模编制和补助等行政改革的核心部分，推出了较大的改革动作。

二是财政改革，财政改革的目的，绝不仅仅停留在试图使面临危机的财政收支趋于平衡，它与行政改革一样顺应了新的经济社会形势的发展，目的在于恢复财政的适应能力，协调和指导国家与地方、公共部门与民间企业的新关系，不断调整稳定对外环境条件，为最大限度地发挥民间积极性奠定基础，同时保持经济、社会运行机制的活力，追求新的经济成长道路。在1984年度财政预算中，将继续对支出结构进行彻底估算，尤其是对医疗保险制度、地方财政政策作根本性的改革。

三是教育改革。日本的繁荣昌盛是通过日本杰出的教育制度所培养的无数人才实现的，但以往的教育制度最适合于明治后日本赶超外国先进技术的时代，并非不能改变的划一体制。如今，学校暴力、青少年不良行为不断增多，战后延续至今的教育仅仅注重和依赖学校教育，而对从家庭、社会教育等更广泛的视野重视综合性教育则不够，毋庸说教育乃国家之百年大计，切忌急于求成而片面追求速度。如今展望即将到来的21世纪，中曾根康弘认为下决心全面实行教育改革的时机已经成熟。其教育改革目标，在于探索教育制度、教育内容的多样化、弹性化，重视家庭和社会教育，尊重个性及奖励学生对社会的实践和体验，培养人的知识、情操和意志全面发展，及受教育者的自由选择等综合性的教育方法，追求与世界性国家日本国民相适应的国际化教育。当然，改革基点不能光注重知识教育，培养人的道德性、社会性、崇高理想和强健体魄，丰富个性和创造力的人性、人格的观念也不容忽视。中曾根康弘对教育的理论和概念、幼儿教育、教育的内容体制、教师的素质、考试制度、海外的子女培养、家庭和社会教育等广泛领域进行研究和改革。

日本的经济在缓慢复苏并趋向繁荣后，中曾根康弘把工作重点调整到致力于维持物价的稳定，实现以国内需求为中心，依靠自己的力量扩大繁荣，谋求日本国经济的持续稳定增长和就业安定。

中曾根的外交“狐步舞”

中曾根政府要做的第一件事是努力实现对日本必不可少的良好对外关系。为此，要以扩大贸易均衡为目标继续扩大开放市场，促进进口，为新的多边贸易谈判做准备。在国际贸易保护主义抬头的潮流中，为坚持自由贸易体制而不懈努力，同时为金融资本市场的自由化、日元的国际化和稳定汇率进行充分的国际间协调。

第二是为促进创造性的民间经济活动制定相应的政策。目前，正在制定一部有关国家或公有土地有效利用的法规，为促进民间再开发进一步整治环境，通过创立国家、地方、民间三方协作共同建设公共事业体制等新杠杆，最大限度地利用民间的力量，开创日本经济发展壮大的新路。

福田康夫的夫人与小布什总统的夫人

第三是把实现高度情报化社会置于面向21世纪中长期经济发展重要战略动因的位置，为实现这一目标将细致而又综合地制定一系列政策。密切关注正在开始的向高度情报化社会发展的庞大潮流，给经济结构、社会制度及个人生活等方方面面带来种种影响，应该尽可能地分享其积极方面的利益。因此在取得国民一致意见后，努力形成高度情报化社会所应有的转折，将对尖端技术的研究开发和扩大国际合作，进一步利用情报、通讯技术及新兴软产业的多元化发展，情报的公开和保护个人隐私等诸方面，采取适当的政策措施。

中曾根政府继续全力以赴，通过企业、教育和政府部门三方合作，振兴具有创造性的科学技术，制定以提高生产率为中心的农林水产业政策，确保资(能)源和粮食的稳定供给。由于战后38年兢兢业业的努力，今天日本迎来了中曾根康弘历史上无论哪个年代都不可能实现的、绝大多数国民为现代文明恩惠慈光普照的时代，在社会发展的过程中，政治家的意识和社会结构发生了巨大变化，今天人们所渴求的是丰富的精神食粮及生活的安心、安全和安定。

中曾根政府为建成深入民心的合作与社区文化而不懈努力，在积极振兴地方文化和艺术的同时，创造万紫千红和舒适、滋润的生活环境。必须重视妇女地位，使广大妇女能在广泛的社会生活中更加活跃，从1985年开始有目的地批准实现消除歧视妇女的条约，为确实保障妻子的养老金权等妇女权益而加强政策措施。

在不断加深相互依赖关系的国际社会，中曾根康弘深深体会到没有世界的和平与繁荣，就不可能有日本的和平与繁荣。随着日本国在国际社会中地位的上升，各国对日本寄予莫大的希望与要求，这就是中曾根倡导建设世界性国家日本的理由。回顾战后38年，国际关系的结构和意识也发生了巨大变化，但中曾根康弘对国际情报化时代的到来寄予厚望。世界各地因宗教和民族的对立、外部政治势力渗透而造成的纷争和恐怖主义行为接连不断，对此中曾根深表忧虑。在这些纷争中，如果当事国进一步密切相互间对话和情报交流，大多数争端是可以避免的。

中曾根康弘认为情报与信息的普及可以使双方国民加深相互了解，知道战争是愚蠢的，倘若第二次世界大战爆发的当初，已有通讯卫星或者电视能像今天这样普及，或许不会引发第二次世界大战。

在国际化越来越明显的进程之中，体育、艺术和文化的交流超越了政治、经济和社会的差异，产生了人类的交流，结成了相互依赖关系，从而引起人们的注目。1984年是奥林匹克年，刷新国际体育的世界纪录及精湛的技术，超越了东西方的对立而赢得了国民的掌声。中曾根认为，为了保卫世界和平，就必须进一步扩大同各国的情报和体育、艺术、文化的交流，减少同这些国家在出入境方面的障碍，最终废除这些障碍。

中曾根康弘确信只有在每一个领域中都能超越制度的差别及以往种种隔阂，站在人类共识的立场，呼吁维护和平，才能发挥日本的世界性国家的作用。包括以往发表的主要发达国家首脑会议声明、《东京声明》、日中不再战的誓言等在内的在政治、文化方面所作的种种努力，都表明了日本对世界和平和人类文明的进步作出贡献的决心。

关于日本自身的防卫，中曾根政府遵守和平宪法，贯彻专守防卫，坚持非核三原则，决不当给近邻各国造成威胁的军事大国。中曾根提倡和平与裁减军备，当前必须调整防卫能力。对一个国家来说最重要的是维护独立，保卫人民的生命财产和文化，决不允许外敌的侵入，这便是防卫，也是日美合作互相维护安全的目的。

中曾根主张，为了国家的生存，首先应在确保基本条件的基础上，互相抑制军备竞赛，特别是制止扩展核武器。尤其是美苏两个超级大国应不再互相威胁，逐步降低军事能力和水平，迅速达成削减核武器的协议，最终使双方的核武器数量降低到零，这对缓和国际紧张局势、维护世界和平与稳定是必要的。就连日本这样不拥有核武器的国家，也开始积极地主张和平与裁军。

有国际作用和影响的国家的重要职责和义务之一，即是帮助发展中国家。为了履行这一职责和义务，即使在本年度财政预算极为严峻的状况下，日本也对发展中国家的经济援助给予特别考虑。日本在新中期目标的指导下，努力扩大对发展中国家经济技术的援助，对这些国家的累积债务问题，则尽量通过国际的协调妥善解决，并作出应有的贡献。地球环境的保护是人类生存的基础，大幅度依赖世界资源的日本，也将作出积极的贡献。国际关系方面，日美关系是日本外交的基轴。1983 年中曾根访美和里根总统访日时，双方就建立两国首脑的相互信赖关系、进一步加强日美合作作了积极的努力。中曾根相信日美间牢固的合作与稳定是世界及亚洲和平与稳定的重要基石，中曾根将进一步努力解决日美两国间存在的种种悬而未决的问题，积极维护和发展两国间的密切关系。1983 年联邦德国总理科尔访日时，在两国签署的《东京声明》中指出，日德两国始终以世界的和平与繁荣为目标，东西方两大阵营继续保持不断的对话和谈判、保留交涉的窗口很有必要。中曾根将努力使日本同欧洲各国的友好合作关系更加密切。在 1984 年出席伦敦召开的发达国家首脑会议期间，中曾根出访过欧洲。亚洲地区，1983 年中曾根访问了韩国和东盟五国，继续重视日本同这些国家的关系。

小泉纯一郎与森喜朗等在一起

征得国会的同意，1983 年 3 月中曾根访问了中国。中曾根的意图是进一步加强两国间的友好合作关系。日中两国尽管体制不同，但可以证实两国遵守和平友好、平等互惠、相互信赖、长期稳定的四项原则，决心世世代代永远友好。中曾根确信日中两国这种牢固的友好合作关系，将对亚洲及世界和平作出巨大的贡献。对苏关系，政府准备就解决北方领土、缔结和约、为建立真正相互理解的稳定关系而进行不屈不挠的协商。中曾根认为双方为了世界和平及打开两国间胶着的现状，应该相互跨出对话的第一步，真心诚意地相互协调。越是时代的大转折时期，产生的矛盾也越尖锐，在各位国民心中，不少人对世界和平、日本的未来及生活前景等，笼罩着一层不安的阴影。创造一种对明天充满希望的温馨生活，爱护每一个家庭，这是万世不变的政治责任。为使大众每天都能过上安心而又愉快的生活，中曾根决心将全部身心投入到实现社会和生活稳定及为国民所信赖的政治中去……

中曾根认为，称21世纪是日本的世纪由来已久，为使这一希望真正成为现实，必须具备三个条件：其一，日本能否作为可以协调和信任的国家，而继续得到国际社会的认可；其二，日本民族今后能否依然维持它的勤奋性；其三，物质丰富后日本人民能否推崇人类精神的崇高性，创建相互尊重人格和礼仪的共同社会，维护团结并成为世界各国人民所尊敬的国家。

正像中曾根所说："诚然，目前形势仍很严峻，但只要日本认真去做，光明就在前头。展望未来，作为亚洲大陆东岸明珠荟萃的太平洋国家的日本，正在不断融合东西方文明，开创日本列岛新文明的未来新姿。"

Prime Minister of JaPan
Yasuo Fukuda

第三章
日本政坛步入『战后时代』

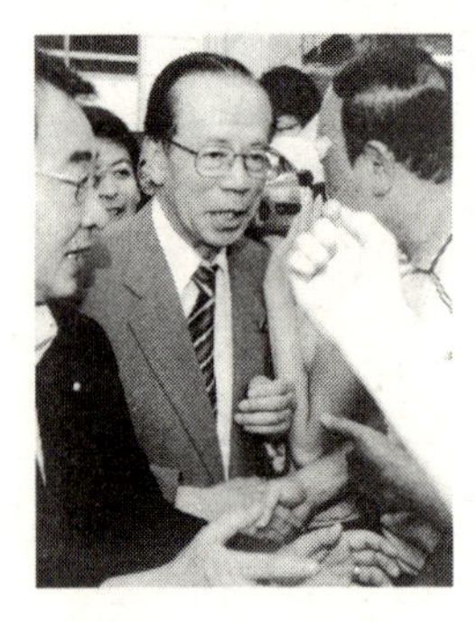

政治派别的明争暗斗，这对充满雄心壮志的新首相来说，应该是一个致命性的麻烦，如何摆平来自各派别错综复杂的矛盾，是作为新首相所急需尽快解决的最大难题，其次才能谈得上实现其远大的政治理想。

安倍新登场

福田康夫在担任小泉纯一郎内阁成员，也是森喜朗内阁官房长官（国务大臣）后又转任小泉纯一郎内阁官房长官，2005 年回众议院当选众议员，2006 年 10 月安倍当选首相之后，福田康夫出任自民党总务长，他目睹了安倍晋三以及日本政坛的什么样的现状呢？2006 年 9 月 26 日，日本国会召开临时会议，选举 52 岁的自民党新总裁安倍晋三为第 90 任首相。似乎告诉国际社会日本的老人政治从此拉下了帷幕。在日本政坛上，安倍不仅是战后最年轻的首相，也是第一个在战后出生的首相。“战后派”的提前登场，也许意味着新保守主义确实开始抬头了。

福田康夫亲身经历了安倍时代的开启，日本国内民众期盼年轻政治家成为日本政坛的风向标，让今后的日本社会再次充满青春的活力，也许能让日本政坛逐渐恢复正常秩序。因为“古怪之人”小泉执掌日本政府五年零五个月时间里随心所欲的折腾，不但让日本政坛持续高度紧张、惴惴不安，连自民党也被折腾得陷入了“半死”状态。

安倍是在小泉政权内成长起来的，现在又以小泉政改路线继承人姿态出现在世人面前，给人的印象自然是如出一辙，人们抑制不住要联想：为什么安倍即使明知有不少政治后遗症，也不公开表明要摆脱小泉路线。事实上，安倍执掌政权的要务：一是要表明将继续推行政改路线，先稳住阵脚；二是设法在 2007 年 7 月参议院选举之前有政绩表现，不然就有可能成为短期的过渡政权；三是积极主动友好地修复日中、日韩以及与其他邻国的关系，改善日本国际形象，以此证明安倍政权的“精励图治”有积极表现。

福田康夫作为安倍领导下的自民党总务长，他非常清楚，按照传统的习惯，人事安排一般成为对前期辅选的论功行赏。在建构政权过程中，安倍对“党三役”势力的人事安排、内阁重要职位的分配，不仅坚守

"能者重用"的原则,而且还要小心翼翼地分配,既不能让任何政治明星掩盖其智慧和才能的光芒,也不能让任何左右两翼的危险人物扩张势力,更不能让有过污点和劣迹的人混到内阁里来。由此而来我们看到安倍政权内没有著名人物,也没有能取代他的突出人物,这样的人事安排对他的权力来说是毫无威胁的。有人说,这是"新人类"的重新组合;也有人说,这是"适才适用"的安排;还有人尤其喜欢说,这是政治权术的最新产物,完全是由政治派别的平衡性所决定,根本没有公正、公平性可言。其实许多明白人可一眼识破,这纯粹是"大恩大惠"的人事安排,志在巩固以自我为中心的政权,根本不能从这个班底看出安倍的政治理想及具体的施政理念。

福田康夫看到了安倍的难处,特别是安倍一方面仿效小泉摆脱派阀牵制的手法,另一方面又使出自认为很高明的一套办法。1. 拒绝接受派阀推荐的成员,但主动分配肥缺回馈支持他的派阀;2. 从各派系中挑选志同道合的人,阻止挑战势力进入权力核心,但他在自鸣得意时忘了这样的"用人原则"会遗忘掉有真才实学的人,有用之才被拒之门外,而让那些唯唯诺诺的人钻了空子,可以说安倍的权力多了随意性因素,而且,这样恩惠的用人政策在很大程度上限制了安倍政权的壮大和前途。

福田康夫发现,前后两任首相的最大差异是,小泉总喜欢哗众取宠,我行我素,安倍则较实事求是,能接受智囊的意见;一个显得"大无畏",另一个显得内敛与城府极深。但他们有个共同点,就是都怀念昔日帝国,宣称要重建一个充满自信又有强烈自豪感的国家。

在竞选阶段安倍已用许多承诺,成功收罗几个派阀,向他们保证党最高领导层的"党三役",即党干事长(中川秀直)、总务会长(丹羽雄哉)、政调会长(中川昭一),以及内阁主要成员,全都以论功行赏方式分配到权力。福田康夫作为森喜朗和小泉纯一郎两任首相内阁官房长官,在安倍的内阁名单里却没有出现,他只是谋了个不起眼的职位——自民党总务。结果,两大派阀——森派和丹羽、古贺派成为最大赢家,其他抗拒与安倍精诚合作的派阀则坐冷板凳。安倍一路领先当选总裁后，立即宣布将退出森派，不再参与任何派阀活动，其实这完全是多此一举的表演。

正在走下坡路的安倍晋三

福田康夫作为安倍政府不重要的参与者，综合各种历史与现实因素，得出这样一个结论，自小泉以铁腕改变派阀政治以来，除了自己所在的森派继续壮大外，其他派阀都被废除了武功。由于独大，森派能长期垄断政权，从森喜朗、小泉纯一郎，到安倍晋三，至今还没有人能站出来叫嚣挑战。这是小泉颠覆自民党传统权力的结果，也是自民党人才凋零的象征。福田康夫掌权之后，小泉式的一言堂现象还会大行其道的时候，在野党就会趁虚而入。

其实这时的福田康夫是安倍政府权力的旁观者，但他十分清楚小泉留给安倍的政治资产并不那么的优良，坏账、呆账和死账不少，除了驾驭派阀的高招，就是扩展首相官邸的权势。安倍匆匆忙忙上台后，一是委任五名首相助理，分管国家安全、经济财政、朝鲜绑架问题、教育再生、宣传等部门；二是向全国全党定向招募一批高级公务员，安插到官邸行政部门。

有人说，美国的国家安全委员会拥有200名成员，日本既然是仿效美国，那么其规模和权势必定还会扩张。从收集情报、分析到制定对策，首相官邸俨然成了另一个权力中心。在首相亲自督导下，官房长官、三名副官房长官，加上五个首相助理，将成为权势最大的核心机构。

日本官邸制度的模式是美国白宫，首相府一旦“白宫化”，日本首相将成为“总统型首相”。2007年9月轮到福田康夫又会如何改、变呢？

在过去有政客鼓吹“首相直选制”，目标是阻止派阀政治干扰首相选举，同时强化首相权势。但是，天皇制不会让首相坐得太大，天皇虽然不涉政，但任何人都得效忠天皇，人的精神和灵魂被束缚了，剩下的还有什么？过去的保守主流也强调“和”的思想，加上派阀政治依然发挥强大力量，这都使“首相直选”在日本一直不能成为社会的主流思想。

福田康夫认为，近几年来，一切都要仿效西方的新保守主义相继抬头，通过看上去近乎合理的方式悄悄扩展首相官邸职能，变相扩大首相绝对权势，“和平宪法”的很多限制，如自卫队的出国、海外派兵等，一一都可以迎刃而解。这次鹰派的安倍上台，将首相官邸“白宫化”的计划付诸实施，难怪世界各国都非常关注日本今后的发展动向。

安倍晋三与麻生太郎在国会参议院选举中造势

福田康夫认为，安倍新内阁人事安排方面有些偏差，只有外长麻生太郎一人留任，其他人全被排除在外，这说明安倍也许有意要摆脱小泉的阴影，展示自我的独立性。但17名内阁成员之中，有11人是新手，而且又不是什么专才。在经验丰富的政治观察家看来，这不是为政坛注入新血，也不是什么“适才适用”。何况内阁成员的平均年龄是60.9岁，单从年龄来看也不比过去的内阁年轻、有朝气。因此，所谓“新人类”、“新新人类”的说法，距离我们眼前的事实是那么的遥远。看来还是新人老套子、老搞法、老样子，没有多少新意。

安倍无论是否有笑容都让人觉得他和蔼可亲，但人们都盼望在施政方面他是只面带笑容的豹子。日本新相安倍缘何君子豹变？针对安倍晋三上台以来对历史认识与外交等问题的言行，《朝日新闻》以致安倍先生一封公开信的方式，发表了理性的社论。

《朝日新闻》表示，“回顾半个月前的情景，我们曾深感不安”，“但在今日看来，我们似乎是杞人忧天”。

到底是安倍的什么表现促使《朝日新闻》从“不安”转变到认为“似乎是杞人忧天”呢？

福田康夫非常关注日本媒体对安倍的评说，他透过综合社论里的一些言论和看法，概括了四点。

一是安倍一改他在上台前的强硬论调，表示接受与继承前首相村山富市为日本在大战中的“殖民地支配与侵略”而道歉的“村山谈话”。

二是接受前内阁官房长官河野洋平承认日本军部参与强制慰安妇事宜的“河野谈话”。

三是在朝鲜宣布核试验之后，安倍首相明确否定日本拥有核武器的可能性，并重申历届自民党政府宣称的“非核三原则”（即“不制造、不拥有和不引进核武器”）。

四是从当局委任“教育再生（即重振教育）会议”的成员来看，该委员会并非清一色是刚强的保守派，同时还网罗了其他政治派别各界颇有建树的人士，称得上较有政权平衡。

《朝日新闻》社论还从不同角度指出，对安倍原有所期待的人士大失所望，甚至也许会有所不满：“这一来（安倍）岂不是与《朝日新闻》的主张没有两样？”

阅兵式上的小泉纯一郎

《朝日新闻》当然欢迎安倍首相的如此豹变，也不认为豹变是件“可耻的事”。但该报认为，作为以“战斗的政治家”形象出现的安倍，理应向国民及支持他上台的自民党党员毫不掩饰而清楚地说明他改变治国执政论调的真正原因。

“论调既然改变，就该有个说法。”《朝日新闻》用非常严厉的言辞催促安倍对自己抛弃一贯的主张有个明确的交代。对日本国民来讲，这种要求可以说是合情合理的。如果新闻媒体的言辞不纯粹是在于挖苦或讥讽首相的“善变”，而是以一种美好的期待，真的相信“新安倍”已经诞生，并期待首相对其最近的言行有进一步的承诺，作为日本的主流媒体《朝日新闻》不能不说是用心良苦，精神可嘉。

诚然，福田康夫并不完全赞成日本媒体对安倍的评价，有些事的宣传依靠媒体，但不能完全相信媒体。当安倍黯然离开首相宝座之后，以“鸽派”著称的福田康夫又会给人留下一个什么样的印象呢？自从担任首相以来，在短短的几十天时间其支持率不断攀升……这说明了日本的主流民意吗？

政坛新人类的豹变

我们透过福田康夫看刚刚成为历史的安倍，人们都很明白问题的关键在于，“新安倍”的上述“新的言行”，究竟有几分是真？又有几分是心底话（日文为“本音”honne）？还是有如《朝日新闻》所说的那样，是考虑到即将访问中韩而发出的表面话、场面话（日文为“建前”tatemae）？倘若事实果真如此，何必另要冠名所谓的“新安倍”呢？

福田康夫很明白地看到，安倍刚刚走马上任，尚未坐稳江山之前被迫诵念“村山谈话”经、“河野谈话”经和“非核三原则”经，这充其量只能表明萧规曹随的老调子。这些“谈话”与“原则”，“与《朝日新闻》早些的主张没有什么两样”，更准确、更客观地说，只能算是安倍在时机尚未成熟，无法呈现其特有色彩时，遵循自民党历届内阁与外务省原有对内对外（重点是对外）宣称的基本政策游戏而已。

其实福田康夫心里也明白，曾经在历史上受到伤害的亚洲民众对日本新内阁是否放心，问题的重点并不在于安倍是否有背诵上述“村山谈话”等“外交经”，关键在于新首相执政理念如何落实在其行动上。

信心十足的福田康夫

“村山谈话”发表迄今已逾十载，而每当与邻国发生史观摩擦时，日本官方惯用的手法就是拿出“谈话”作为挡箭牌，久而久之，即使表现出了所谓的诚意也都无助于改善日本在亚洲的恶劣形象，摆在人们面前的就是这个道理。福田在2007年10月13日表示，日本的外交要以美国为主，意在告诉世人，他首先要访问的国家不是像安倍那样选择的近在咫尺的中韩，而是远隔太平洋的美国。有分析家认为“鸽派”并不软，因此有人对福田政权感到不安并非杞人忧天之举。

从亚洲民众的角度尤其是在历史上受伤害的民众来看，福田不像安倍鹰派内阁那样令人担忧，并不在于他是否会公开表示不去参拜靖国神社。各方注视的焦点仍然是新内阁将如何修改和平宪法，如何把现有的以和平宪法精神为基础的“教育基本法”真正从言行上抛弃掉。由于安倍内阁自我定位十分明确，不少日本政论家索性称之为“安倍修宪内阁”。在安倍及其祖、父辈的智囊看来，只要宪法修改，日本从此就可以如脱缰之马，什么“集体防卫权”是否违宪、参拜靖国神社是否与宪法“政教分离”原则有所抵触等问题都可以迎刃而解了。

所谓“和平宪法即使修改，和平精神将依然存在”的说法如雷贯耳，可以说，纯粹是新政府出于政治的考量用来对外宣传的标语和口号（今后必将成为政府对国内外宣传的重点）。我们都知道政府主张的和平是要看行动的，我们不只是听他怎么说的，更要看他是如何做的。日本政府在和平宪法的大衣还未正式脱下的今天，已三番五次对派兵海外有那么高的兴致，一旦“不得拥有军力”的第九条被国会废除，自卫队就可以名正言顺地改称为“国军”，在这个世界上又有谁敢保证“新皇军”今后之走向呢？

福田认为，国际社会的忧虑，特别是亚洲国家的部分政治家心存疑虑完全是有道理的。我们不妨通过新加坡内阁资政李光耀15年前针对日本当时有意参与联合国维和活动做的一个十分形象的比喻来透视。李光耀当时坦承地指出：“大多数的亚洲人并不希望日本参加武装的维和活动。”他明确表示，让日本参加武装的维和活动，“就犹如给酒精中毒者含有酒精的巧克力糖”。依据日本的政治现状，可以说，对于某些酒精中毒者而言，日本宪法的修改，其实就是向对重振军队情有独钟者大开绿灯，用法律手段解除了戒酒令。

至于福田组成新内阁之后是否将继续推进修改《教育基本法》视为其内阁的当前急务，这个问题有待确证。还有一种明显的危险信号是，福田内阁中相关成员及首相辅佐官等与“新历史教科书编撰会”关系密切。而这一“编撰会”对历史问题一贯坚持“皇国史观”，我们不难知道他们到底想干什么又想将日本拖到什么地方去。当然，对日本新内阁对百年大计之教育的改革方向，显然并不能单看作是《教育基本法》修改前奏曲的“教育重振会议”成员的面孔是否“多姿多彩”，就轻易下定论。

特别引人注目的是，在朝鲜核试验之后，尽管安倍首相及时重申日本“非核三原则”不变的“官方谈话”，但与此同时，负责制定政策的自民党政调会长中川昭一及外相麻生太郎却相继发表或支持诸如“讨论核武器问题并不违背宪法”，或者“在现宪法之内，日本也可以拥有小型核武器”的谈话。尽管这些言论在此时此刻被认为是“不够慎重”和“容易引起误会”，但实事求是地说，不管是在自民党或第一大反对党民主党党内，类似的看法和言论其实早已司空见惯。

大概人们还记得早在1970年，前任首相中曾根康弘还在担任佐藤内阁的防卫厅长官时，就曾狂妄地抛出了第一个防卫白皮书，公开宣称日本即使拥有小型核武器也不违背和平宪法禁止日本拥有军力之条文，从而引起国内外舆论之哗然。当时，福田赳夫担任佐藤内阁的外务大臣，他认为这虽然不是什么石破惊天的消息，但作为对核武器格外敏感的日本国民来说并非完全是个好信息。22年后的2002年，时任内阁副官房长官的安倍晋三在早稻田大学演说时也曾亦步亦趋，重搬此“小型核武器合乎宪法论”。

安倍走了，福田来了，他又如何面对这个敏感的问题呢？

无独有偶，差不多在同一个时期，时任内阁秘书长，一度被日本传媒炒为“鸽派”的福田康夫在国会发言时，也曾表示日本在未来有修改“非核三原则”的可能性。避开政治，从人性的角度讲，一个人被什么武器伤害最惨重，他内心的阴影总深刻在里面，甚至也想得到它，用之防御及报复对方。由此可见在日本的政坛，嗜好核武装论者大有其人。

京都大学教授中西辉政也紧锣密鼓地与评论家日下公人等合著了

一本题为《“日本核武装”的论点》的书，非常明确地表示日本的核武装论不仅可作为对朝鲜和中国，也可作为对美国的一张有效的王牌来使用。

当然，对于充满理性的世人，特别是一直紧盯日本是否有意自己开发核武器的美国，安倍不敢采取犹如他对邻国总是“不说去也不说不去”参拜靖国神社般轻率而又傲慢的含糊态度。福田的态度呢？福田上任后的首访国家是美国，他会与美国讨论海上加油问题，同时也会“明确”重申遵守“非核三原则”，福田的做法是否就能打消美国对“核武装骨牌论”的担忧呢？美日军事同盟关系今后将会有何调整和变化？按说美国拥有核武器，日本还要它干什么呢？从国家安全角度来讲，不管谁拥有核武器都比不上自己本国拥有强。同盟的背后是利益，同时也有阴谋，更有占有。日美两国各自心知肚明，只有用那张同盟的纸包住各自如意算盘罢了。

不久前，对于安倍上台后处理中韩问题与靖国神社问题的含糊态度，有“平成妖怪”之称的中曾根康弘曾撰文大加赞许。他称许安倍将“国益”置于“个人的信条”之上，犹如他在1985年8月15日参拜靖国神社而引起轩然大波一样，由于国内外热爱和平人士的强烈抗议，为了平息风波主动停止参拜活动。

中曾根的这番话，当然不是说他曾经或已经改变了自己的“鹰派”立场，而是勉励和教导“昭和妖怪”岸信介的外孙，安倍要善于利用不同人的价值空间玩弄权术：在无法一步到位时也不要着急，有时也不妨摇身“豹变”一番。但安倍还没有等到良机来临，就被迫辞职了。在中曾根看来，像前首相小泉纯一郎那样不讲战术地横冲直撞，不善利用时空频频突破禁区，固然有其功不可没之处，但有时却是成事不足、败事有余，忘记了作为日本国首相的战略目标之所在，忽略锦囊妙计之策，使得事情适得其反。

福田对这些错综复杂的问题是否有超越的高招呢？我们拭目以待。

“破冰”的旅程

福田在外交上并没有步安倍的老路，他选择美国作为自己上任后的首访国，这让许多人感到意外。作为自民党总务的福田康夫，从1977年担任首相秘书，当选众议员、担任两任首相内阁官房长官，经历了15个首相，他从安倍出任首相的情景，也许能领悟到另外的含义。

在以前人们关注的焦点是，刚上任不久的安倍访华在即，却又引发新的争议。他坚称，遭美国领导下的盟军审判的二战时期日本领导人并非战犯。

接下来两天，安倍就要到中国和韩国访问；为了减少刺激中韩两国，他几天来都按下强硬立场，在回答历史问题时小心翼翼。

但安倍在国会回答询问时却表示，“所谓甲级战犯的人，在东京法庭受审为战犯，但依日本国内法，他们并非战犯”。

虽然安倍把首访国定为中国，但他的讲话刺痛了中国人的心，福田认为外交以美国为主，而他并没有说伤害亚洲邻国的话，他到底心怀何策呢？前后两位首相又有什么不同呢？

在访问中韩的时候，安倍预料到对战犯问题的看法，会给他带来一些“麻烦”。不过，栽培安倍的前首相森喜朗却放心指出，安倍多数不会被逼在靖国神社问题上表态。而在森喜朗内阁担任过官房长官的福田康夫却持相反的态度，他认为，明确表态不参拜靖国神社对增进亚洲邻国的友谊有益无害。

诚然，作为自民党总务的福田康夫的建言对高高在上的安倍不起任何约束作用。日本前外长田中真纪子在国会内十分坦承的发言，却给安倍上了一堂重要的中日友好历史课。识时务的政治家都懂得这样一个道理，任何对别人或别国的伤害都会反过来伤害自己。这是世界历史的经验教训，也是日本的历史经验和教训，难道还要重蹈覆辙吗？

安倍晋三在国会上作演说

田中真纪子拿出了很大诚意来奉劝和促请安倍首先应认清中日友好的两个大前提，她指出，日本能与中国友好，一是在台湾问题上承认“一个中国”；二是历史智慧，中国前总理周恩来将日本国民以及战争责任者分开来看，才使得日本不用对战争进行赔偿。

田中真纪子更一针见血地指出：“我看到你的内阁阵容和自民党的主流势力，与当年日中建交时的反对势力有着不可分的关系。1973年，有一批人组成一个超党派组织‘青岚会’，其中有前首相森喜朗、东京都知事石原慎太郎，还有您的好朋友中川昭一的父亲中川一郎。我担心，这些人的主张会对您的内阁产生影响。”

田中真纪子善意的忠告对安倍来说到底能起多大的作用呢？不管怎么说，作为政治家对敏感的国际话题是很注意的。况且小泉已经伤害了邻国，能否抚平邻国民众心灵的创伤，这就要看安倍的了。2006年10月4日，试图在短时间改变日本政府国际形象的安倍晋三对北京进行了一天一夜的“破冰之旅”，在日本主要报章上都获得了积极评价。

回国后的安倍，在国会内对此行深表满意，并表示中韩两国都是日本最重要的伙伴。

他就靖国神社问题回答说：“如小泉首相一样，我去参拜也是为了对为国牺牲的人致敬，并不代表我持有特别的历史观。”据了解，这是安倍向来在参拜问题上的立论，不过在出访中韩之前，这样的回答很快低沉了许多。因为他明白唇枪舌剑并没有什么实际意义。

安倍这次访华从态度上看是端正的，也是非常积极的，表明他与小泉是有区别的，日本各报都以两国首脑以“战略、互惠”冲破“政冷难关”感到欣慰。与此同时，各报也重点指出日本这次也有了以下收获：1. 中国不深入追究参拜问题。2. 中方答应在年底举行两次首脑会谈，以及在2007年适当时候访问日本。

日本各报虽与此同时报道了中国对日本领导人参拜靖国神社的鲜明立场，但是，在分析上却众说纷纭，有着不同见解。

日本主流媒体《读卖新闻》指出，按以往的惯例，中方在决定举行首脑会谈之前，都会以中止参拜作为前提，可是这次却是做出了“柔软”姿态。或许，中方这次的反应是在暗示，在“非正式”的中日交涉中，已经收到了安倍首相不会去参拜的信息。

胡锦涛主席接见前首相安倍晋三

《日本经济新闻》也认为，受困于靖国神社问题只会让中日民间加深仇视，恶性的中日关系也将给东亚带来不稳定因素。除了朝鲜问题外，台湾问题以及东亚经济的整合，中日都应当有“自制”之明。

《朝日新闻》却不认为参拜问题在中国人民面前那么容易过关。它说，不应视中方此次的“宽容”为最后结论。要全面修复日中关系，模糊参拜问题并非长远之计。安倍首相在过去不断说出怂恿参拜靖国神社的言论，在今后，更有必要以大局为重。

特别是《每日新闻》也发表评论，日中两国此次是在安倍的模糊战略中达成了“绅士约定”，但是不排除今后还会给双方带来不和的危机。

日本媒体都正面评价安倍访华期间，“中国不计较历史”。

属于强硬派的《产经新闻》，开头就以“中国不计较历史”为题，指出："日中走向普通关系的第一步"。它说，中国之所以改变了战术，主要有以下两点原因：第一，中国需要日本的投资以及技术；第二，修复中日关系对中国现政权有利。《产经新闻》最后总结说：安倍新的外交手腕值得赞赏，日本这次是在没有向中国低头的情况下，进行了首脑会谈。此一原则，延续自前首相小泉，显示了小泉—安倍政策的一脉相承，在对华问题上所展开"主张型外交"是正确的。

国家利益、国家价值观和国民的意志是国与国之间的外交根基。日本对中国的依赖很大，既要中国的资源，又要中国庞大的市场，恐怕缺少了这两条，日本经济发展及国民生活都会受到影响。中日两国在困扰双边关系的历史问题上达到了妥协，虽然安倍晋三明确表示并没有承诺不再参拜靖国神社，但他向中国总理温家宝表示"决不赞美军国主义，不美化甲级战犯"。

在温家宝重申中国一贯"以史为鉴"的立场，强调要"妥善处理靖国神社问题"的同时，中国国家主席胡锦涛则把焦点放在"面向未来"，提出愿意与日本一起"为共同开创新世纪中日关系的美好未来而不懈努力"。

胡锦涛更表示，安倍访华之行标志中日关系出现转机，希望安倍这次不同寻常的访问能成为中日关系改善和发展的新起点。

中日双方也在北京发表联合新闻公报，表示将遵守中日三个政治文件的各项原则，正视历史，面向未来，妥善处理影响两国关系发展的矛盾和问题，让政治和经济两个车轮在时代前行的道路上强力运转，把中日友好合作关系推向更高层次。

当天晚上，安倍在北京召开记者会，在回答参拜靖国神社问题是否得到中国理解时表示，日本过去对亚洲人民带来巨大灾难和痛苦，留下伤痕，对此有深切的反省。他表示今后会坚持这个精神，不会改变。

至于他个人是否承诺不再参拜，安倍说："我向中方领导人介绍了我的想法。我将来会不会参拜靖国神社，这方面我不明确我的态度。因为我不愿意让这个问题成为双方政治和外交的问题。在这基础上两国克服政治上的困难，促进两国关系健康的发展，从这个观点出发妥当处理这个问题。我的这些说明，我相信得到中方的理解。”

安倍强调：“我是怀着要建立面向未来、相互信赖的日中关系的心情访华的，这也是我就任后出访的第一个国家。”

宁静一刻的安倍晋三

他用“开诚布公”形容与三位中国领导人就日中未来进行的对话。他表示，双方确认了对亚洲和世界的和平与繁荣作出建设性的贡献，是日中两国应尽的责任。双方对此有一致的想法。

与此同时，中国外交部发言人刘建超在吹风会上也用“坦率”一词形容三场会见。他透露，安倍与三位中国领导人的会晤都超出预定时间，吹风会也因此延迟了半小时才召开。外交部新闻发布厅几乎座无虚席，挤满了中外记者。

日本首相安倍晋三日前的“破冰之旅”将促使中日双方在贸易上有更进一步的发展。中国商务部新闻发言人崇泉表示，中日两国之间的双向贸易，2006 年估计可超过 2000 亿美元。而中日两国从 2006 年 1 月至 8 月份的总贸易量就已达到 1310 亿美元，比 2005 年同期上升了11.8%。

安倍的访华之旅,可以说是打破了中日两国自前首相小泉参拜靖国神社以来的僵局。

首相夫人安倍昭惠更在北京充分施展魅力,帮助首次以首相身份出访的丈夫修补日中关系。

44岁的安倍昭惠身穿一袭灰色套裙,参观了以日语教学为特色的北京月坛中学,与学生们用日语亲切交谈。同她见面的都是曾经到日本浸濡的高中生,他们逐个向贵宾介绍了访日的经历和感受。安倍昭惠还提醒同学们不要忘记在日本结识的朋友和留宿日本家庭的"爸爸"、"妈妈",临走时还说:"大家如果下次再来日本,请一定与我联系!""日中友好就拜托你们了,希望你们为日中友好作出更大的贡献,我在日本等着你们。"

日本前任首相小泉纯一郎离婚多年,这意味着日本已经五年多没有第一夫人了。法新社说,安倍昭惠的出现,有助于柔化其夫安倍晋三的"鹰派"形象。

安倍和夫人在登机启程前往北京和抵达后下机时,两人都牵着手,这样的镜头在历任日本首相里并不常见。

安倍昭惠是名家庭主妇,曾经在广告公司工作过,她自认是韩国文化迷,尤其喜爱韩国男演员裴勇俊。她有一个重要的政治任务,就是要做个贤内助。安倍晋三当选后,日本国民越来越关注他背后清纯美貌的昭惠。尤其是在出访中韩,下飞机时,安倍总不忘紧牵夫人的手,两人恩爱之状宛如一对度蜜月的新婚夫妇。

据日本月刊《文艺春秋》报道,看好安倍将接任首相的前首相小泉纯一郎曾探访了安倍家乡山口县下关市,且在中日甲午战争和谈的春帆楼内,赠给安倍夫人当首相夫人的"良言"。

昭惠问小泉:"当首相,什么时候最苦?"

小泉回答:"每天都很苦……什么事都辛苦。不过,男人最需要的还是女人的安慰,安倍当了首相,你可得更温柔地拥抱他……"

而当上首相夫人的昭惠,也下定决心:"紧拥安倍的政治前途,给他一个舒适的家。”

安倍晋三与夫人昭惠在1983年成婚，当时安倍32岁，昭惠25岁。

那时，正在日本著名广告公司电通任职的昭惠是在上司的安排下，才答应和安倍相亲。昭惠在回忆这第一次见面的情景时说：“我那时并不觉得他长得帅，比起我周围广告界的男士们，他的穿着也很土……因此，我在那次相亲后没有再想过要和他保持联系……可是，好心为我们牵线的人却不死心，总要实现我们的第一次约会……后来，是他给我打了电话……之后，我们就每两周见一次，恋爱了两年多。”

对政治毫无兴趣的昭惠，在和安倍交往后，开始拿起报纸看政治新闻。当安倍向她求婚时，她也担心着是否承担得起嫁到一个政治名门的重任？

她追忆说：“我问安倍，我真的行吗？安倍回答，当然没问题。可是，我后来才知道，原来是他爸爸（前外长安倍晋太郎）告诉他：就是骗，你也要给我骗个媳妇回来。”

安倍初次参选议员时，昭惠最辛苦。出生于日本著名糖果厂商森永家，向来娇生惯养的她必须到选区的农村地带拜票。她说：“陪着安倍站台时，轮到我拿着麦克风讲话，总是紧张得流泪……到养牛的农家拜票时，还没进门，就先在牛棚前发呆，连对那没有投票权的牛，都低头拜票。好就好在，我的酒量比他好，父老乡亲对我又疼又爱。”

不过，昭惠也有一个难以启齿的隐衷。面对着目前生育率日渐下滑的日本，昭慧感到“美中不足”的是，与安倍结婚20年，膝下无一儿半女。为消除周围好奇的眼光，她亲自告白：“我是一个‘不孕的女人’，但是我有更多的时间服务人群。”

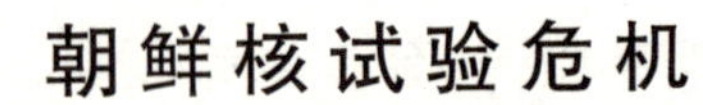

朝鲜核试验危机

日本首相安倍刚刚离开中国来到韩国，一个震惊世界的事件发生了，朝鲜私下进行了核试验。对朝鲜不顾国际社会反对，展开核试爆行动，日本政府决定展开最快速的制裁行动。就在朝鲜私下进行核试验的当晚，日本发布消息称，除决定在联合国提交与国际社会共同制裁朝鲜的方案外，也将个别强化对朝鲜已经展开的金融及贸易制裁。日本当月正好是联合国安理会轮值主席国。日本政府宣称，“将尽全力使得有关的制裁决议案迅速通过。”

小泉与朝鲜最高领导人金正日握手

其实在此之前，日本驻北京大使馆接到中国外交部电话，传达有关朝鲜即将展开核试爆讯息。日方也获悉，中国在朝鲜试验的20分钟前，曾对朝鲜进行了善意劝阻。

日本首相安倍晋三在抵达韩国后，即刻对国内发出指示，敦促日本首相官邸的官员加紧收集和分析有关的核试爆情况。随之对外表示，已经与中国、美国通话，商讨有关的对策。安倍在回国后，连同外长麻生太郎，与美国举行了一次电话会谈。

因为日本是唯一一个受到原子弹侵害的国家，对朝鲜这次以核试验进行“恐吓”，日本政界、执政党和在野党，纷纷发出了强烈抗议。

日本执政两党自民党以及公明党为进一步加强制裁朝鲜，召开紧急临时会议。在朝鲜发射导弹后，日本已经禁止朝鲜商船“万峰景号”停留日本港口。同时，为避免朝方有资金发展核技术，已禁止日本一些与朝鲜有关的个人以及公司汇钱出去，对朝鲜实施金融制裁以冻结户头，禁止资金流入朝鲜。

自民党总务福田康夫表示：“我们决不能允许邻国朝鲜拥有核武器。”

自民党干事长中川秀直不满地说：“我们断然不可原谅朝鲜在首相出访时进行这一核试验举动。”有报道说，朝鲜是在日本首相安倍晋三前往韩国的途中进行的核试验。并且，是在安倍首相抵达后不久，宣布实验成功。在韩国，有记者问安倍，朝鲜为何选这样凑巧的时间？

安倍回答说：“我虽不知道如何解释它（朝鲜）瞄的是什么时机，但可明确的是它（朝鲜）并不愿看到日中、日韩关系稳定。”

另外，日本气象局说，朝鲜实施核试验的时间是10点35分，日本福冈、佐贺、广岛、冈山等10个地区的地震探测器上，都观察到与这起核试验有关的4.3级震动。

日本人民担心朝鲜核试验并非朝方所称的那样“安全”与“成功”，可能使得日本也受到放射线辐射。但是，日核研究家后来表示，即使试验失败散发出10%的辐射能，但这点辐射能虽有害，却不在影响日本的范围内。

最为担心的是日本的军事分析员，他们认为朝鲜此次的核试验虽然最大目的是要使得美国与之直接对话，令人担忧的是难保朝鲜不会将有关核技术搭配在导弹弹头上。

防卫厅也曾表示，将与美方一起关注这次朝鲜的核试验，联合收集情报以及做出详细分析。

韩国总统卢武铉和日本首相安倍晋三一致认为，朝鲜核试验将严重威胁本区域和世界的安全，而针对卢武铉所担心的，朝鲜核试验可能引发核武器竞赛的问题，日本承诺会继续遵守核武器禁令。

小泉与韩国总统卢武铉

卢武铉也说，韩国可能要改变对朝鲜实施的“阳光政策”。

安倍飞抵首尔，对韩国进行一天的正式访问，以准备修复日韩关系，但整个行程却被朝鲜的核试验阴霾所笼罩。

卢武铉和安倍在青瓦台举行韩日首脑会谈后一致认为，应该冷静、客观地应对朝鲜核试验，并同意韩日、韩、美、日之间应该保持紧密的协商机制。

安倍说：“我们同意，朝鲜如果真的进行了核试验，将不只严重威胁日本、韩国和邻近国家，也会影响国际社会的和平与稳定。”安倍已经指示政府官员和联合国磋商朝鲜问题，而日本自身也考虑对朝鲜采取严厉措施，以及同美国合作加速在日本部署导弹防御系统。

卢武铉在另一个记者会上说：“我和安倍对朝鲜核问题没有异议，双方同意以冷静的态度处理这个问题，并认为联合国和有关国家有必要协调意见共同应对。”不过，卢武铉表示担心，朝鲜的危险举动长期来说可能引发其他国家集结核武器。

朝核试验使得日本朝野惶惶不可终日。日本也想保留制造核武器的权力。在东京的日本内阁官房长官盐崎恭久回答记者询问时说，日本的核武器政策不变。

分析家之前曾说，朝鲜如果进行核试验，将让日本“鹰派”找到借口来加强日本的军事力量，但他们也表示这并不意味着东北亚会出现核武器竞赛。

另一方面，卢武铉表示，朝鲜的核试验将迫使他必须改变对朝鲜实施的阳光政策。卢武铉说，朝鲜的核试验威胁朝鲜半岛及东北亚的和平，在国际社会要求制裁朝鲜的呼声中，政府很难继续对朝鲜推行“包容政策”。

卢武铉非常气愤地谴责朝鲜的行为严重危害到东北亚的安全，也背叛了韩国人的期望，并说这将影响南北关系。他说，韩国将同国际社会紧密合作，严厉处理朝鲜核试验问题。

卢武铉也表示，政府会以负责任和谨慎的态度回应朝鲜的核威胁。韩国军队随时准备应付朝鲜任何形式的挑衅行为，而政府也会竭尽所能降低经济所受的影响。

韩国统一部一名官员透露，韩国已经临时决定暂停对朝鲜提供救援物资。不过，这名官员说，这只是暂时性的措施，政府还没有完全决定是否要停止为朝鲜提供援助。

Prime Minister of JaPan
Yasuo Fukuda

第四章
大国的博弈

任何一个国家的外交政策，都必须从本国的根本利益出发，然而仅仅只为了本国的利益，而不去考虑和顾及别国的利益，这样的对外政策是行不通的，经济全球化、信息资源全球化就充分说明了这一点。

换个角度看中日困局

中国有句俗语：新人、新政、新理念。这正是日本同周边邻国，尤其是中韩，对日本新首相福田康夫所持的厚望：期待新首相能在上任后，一反小泉政权在过去5年中，对中韩关系所造成之严重伤害。中国为礼仪之邦，愿以长远利益为重，捐弃前嫌，在新首相选出后，立即致电祝贺，并且已遣外长，就中日首脑会晤之可能性，与日外相会面探讨。这些已充分表明，中国开诚布公，愿与日本共同寻求打开双方僵局之途径。在全球密切关注之下，中国对日本已经诚意尽至。日本是否能以真诚相回报，人们拭目以待。

小泉拒绝回答记者的提问

人们一直期望很高的中日外长会议，就双方首脑会晤之事宜，双方各执一词并未达成共识，许多悬而未决的事情有待继续商议。这无异为中日新气象，蒙上了一层不愉快的阴影。这亦充分暴露双方在诸多问题上，如东海油田之争、钓鱼岛之争、参拜靖国神社之争、日台勾结之争、教科书之争，分歧仍然严重，成见依旧极深，如不尽早妥善处理，将后患无穷。

按常理，两国首脑会晤，必为双方本身利益需求所致。中日上述这些争执，实为燃眉之急，犹如躯体内的癌症，一发则不可收拾。中方秉承公理，与小泉政府据理力争达5年之久，并表现出了中方的大义。无奈小泉强词夺理，尤其在参拜靖国神社上，一意孤行，冒天下之大不韪，以致中日关系进入到冰冻时期，直到小泉政府天数尽时也未能融冰解冻。如今逢新人、新政、新气象之际，中日首脑欲会晤，中方坚持日本新首相的政治态度，是与中国人民为友还是为敌，那就是要在公开场合，公开宣称放弃参拜靖国神社为会晤之先决条件。诚然，中方的立场与日方的立场并没有冲突，关键是中日外长会谈，无法达成共识的原因不在中方而在日方。例如在自民党竞选中，看上去有几分儒雅的安倍在参拜靖国神社问题上，多次拒绝表态，拖延是为了争取选票，最后结果被迫辞职。眼下福田已当选为首相，在世人注目之下，福田不会像安倍那样闪烁其词拒而不答。福田明确表示不去参拜靖国神社。2007年10月18日，有107位国会议员及前高官参拜了靖国神社，福田不仅没有去，而且他的内阁成员也没有去。

安倍晋三长期担任小泉政府的内阁官房长官并兼自民党干事长。政府的决策及运作，均经由他手。论权力，其职位如同实质副首相兼执行长。他深得小泉之信任及器重。对中国之所有决策，安倍均全力参与及执行，因而获得小泉鼎力相助，夺得首相宝座。小泉虽已离去，但其自民党的实力依然如故，犹如太上皇，遥遥控制其政策之延续。新首相如想过河拆桥，推翻小泉在位时制定的决策，闹得不好有被小泉死党扫地出门的危险。此时此刻，羽毛未丰之前，即使有心行新政，出于稳定国内政局的考量，安倍也绝不会贸然行事。

安倍晋三接受媒体采访时的温和而疲备神情

安倍出身名门望族。战后日本首相岸信介、佐藤荣作，均是其外祖父、外叔祖父，其父亦官至外相。因此，可谓家庭政治渊源深厚。安倍政治信仰属于右派，奉行军国主义，因而一些政治评论家认为，他上台后，对中韩会比小泉更为强悍。甚至有专家猜测，他是真正导致近年日本与中韩关系恶劣之幕后策划者。他一向低姿态，鲜为媒体追踪报道。国际社会间，只见小泉首相，麻生外相，风尘仆仆到处访问张罗，而不知安倍留守本土，日夜辛劳，居中策划日本之军国大计。他出生战后，刚满 52 岁，为日本政治史上，除伊藤博文 45 岁任首相之外，最年轻之阁揆。此公政治生涯一帆风顺，外加少年得志，想必一定养成飞扬跋扈、目中无人的气焰。众所周知，小泉为当今日本政坛之怪杰，不按常理出牌，然而安倍能在其帐下效劳多年，并深得其器重，视为左右手，最后顺利继承其衣钵。由此可见安倍十分精通权谋驾驭之术，能屈能伸，应变自如。中韩苦等 5 年之久，才送走小泉。安倍对军国主义之狂热，必会导致他不愿寻求与中韩和平相处之途。当然，历史经验告诉我们，中日合则两利，分则两害。两国不仅一衣带水，而且依赖性很强。

在竞选期中，安倍宣称上任后，将立即推动改宪，务必使自卫队成为正式国家军队，此举是实现军国主义之前奏，司马昭之心，昭然若揭。他也指出改善日中韩关系，亦为当务之急。这只是他一时权宜之计，为安抚党内之温和派。军国主义之象征为参拜靖国神社，扩充军备，抹杀二战暴行，强占邻国领土，此时此刻，脑子里装有军国主义思想的安倍能放弃吗？因此在中日之争执问题上，安倍毫无旋转余地可言。可是，安倍时代很快就结束了，真是昙花一现。福田时代的到来，又如何对待中日关系，是朝着友好合作发展方面前行，还是另有打算，不管怎么样，中国仍然对他寄以厚望。

为防止中国迅速走向世界经济及军事大国之途，美日紧密勾结，打压中国，不遗余力。这是日本军国主义死灰复燃，卷土重来之主因。美日决心要将台湾成为中国永远的"心痛"，为此美日数月前签订之安全条约，不惜投巨资购买最新型战机、反飞弹防空网、新型反潜机，造优于金刚舰之重型驱逐舰及新型常规潜艇，将部署于日本本土及全球。美国之最先进核航空母舰及核潜艇，将云集关岛，与日本相互呼应，日夜监视中国之动向。在美国严控下之日本，早已失去自主权，听任美国摆布，充当其远东打手。人们坚信，在此处境之下，安倍走了，福田来了，人称他是一位温和亲中之首相，是否能改变美国对中之战略性利益的牵制。福田如想解决中日争端，握手言和，日本右翼及美国一定会频频出招来牵制福田善意的行动。

不情愿的"亚洲国家"

小泉辞去首相职务是出于自愿，并且是在他国内声望居高不下之际。因之他拥有选择继承人之特权。因此新首相必须延续小泉的政策作为交换条件。诸如此类，新旧政权交替，实质上正如同老店新开，换汤不换药之障眼手法而已。中国必须做心理及实质上准备：当目睹小泉政策继续推行下去，新首相对中国之态度更趋强硬时，立即能拿出一套妥善应对之策，以免措手不及，穷于应付。有一批国际知名人士认为，日本及台湾问题最后解决之途，操于美国手中。换句话说，当中美问题消失时，日本及台湾也就不再是什么问题了。但是何时中日关系才会有正常态化呢？这就要看福田康夫的了。

小泉纯一郎与他的全体内阁成员

福田康夫当选自民党总裁和当选日本首相前后，他在许多公开场合表示，要加强日中友好合作关系，要加强对日中民间文化交流；宣扬中国军事及经济实力，恩威并济，晓以利害。

继续商业交流合作，充分发挥“以商制政”之策略，以求改变不利日本经济发展的中国政策。

福田认为，安倍为拉拢美日、欧日、印日等战略及经济关系，把中国排除在外是一个很大的错误。安倍在下台前夕提倡建立日美、日印、日澳四国联盟极大地伤害了中国政府和中国人民的感情。福田认为这个提倡要重新考量。

福田更不愿意看到中方全力以赴，促成日本在亚洲遭受全面孤立之苦境。两国更不能在家门口打架，两国应建立长期和平友好合作的关系。这不仅符合日本的利益，也符合中国乃至亚太地区各国的利益。

特别是福田打心底明白不管在什么时候，在什么情况下，中国坚守立场，就中日长期争执之诸问题，绝不会对日本作任何妥协，以不负国人之厚望。因此，福田更明白中日关系不能硬碰硬，更不能针锋相对，要有友好松动。

中日之间关系紧张，分析起来很多人都说是因为“历史问题”。归根到底，中日关系紧张的根本原因，是中国快速崛起导致亚太地区战略平衡被彻底打破，而中、日、美对战略平衡被打破这一点各自都准备不足，或则说是美日所没有想到的，特别是三方又都处在一个快速转变及迅速发展的进程之中，使得三方的政策都有失误，才导致了中日关系的急剧恶化。福田要把中日恶化的关系转为和平友好的关系，在对外关系要作出调整，尤其是在中日关系上要顺应时代发展。

令人不解的是，日本的两大战略举措互相打架。

日本从20世纪80年代末到2004年前后经济停滞，政府的主要精力集中在怎么走出这个经济停滞期，对国际上大的变化没有关注和准备。中国快速崛起尤其是1998年亚洲金融风暴之后发生的一系列事件，像撞机事件、“9·11”……，日本才突然发现这个邻国今非昔比。这时小泉首相采取了两大战略举措，分解开来讲都是有道理的，合在一起就自相矛盾了。

第一，加强与美国的同盟，从1997年开始，到2005年达到高峰，当然这也是中日关系的恶化及低谷时期。他的根本意图，是要以同盟的势力来抵消中国势力的增长——“反平衡”。采取这一战略，代价就是进一步增强对美国的依赖性：20世纪90年代后期日美安保条约逐步升级，自卫队战斗力大幅度提升。与此同时美国亚太快速反应部队的司令部、美国第一航空支队的司令部等，都先后班师移到日本岛上。这就导致了这么一个僵化的局面：从表面上看日本“四肢”更加发达了，但是“脑袋”上被美国套上的“紧箍咒”却更厉害了。有得必有失

福田康夫在发表演讲

嘛，对中国不友好的态势因为得到美国的强力支持，看上去在亚太似乎占据了一定优势，可是依赖性大大加强。福田上任伊始，或者说他在担任首相之前，已经清醒认识到，过分倚重美国而轻中国这不符合日本的长远利益，更不符合亚太国家的根本利益。

还有一个根本的原因，就是致力于不受外来势力左右的“国家正常化”。由于中国崛起带动区域主义的形成，整个亚洲板块不仅在经济上，而且在安全上也日益趋同化，中国提出“共同发展，安全合作”的概念，使亚洲乃至亚太友好合作的色彩越来越突出。福田早已深刻认识到，日本本来是亚洲国家，为了不被这种趋势抛到外面，也就采取“国家正常化”措施——其根本意图，是想让日本从一个亚洲国家自己的利益，而不是从美国在亚洲的一个盟国的利益出发，在日益强大的亚洲起到一定作用，与亚洲邻国搞好关系，保持日本在亚洲的重要地位。要真正成为“正常国家”，除国家保持主体地位之外，还需要从美国“附庸国”的圈子里摆脱出来，真正建立三个方面的主体独立：国际事务中的独立作用、独立的外交、独立的安全国防。但是这恰恰与日本第一个战略即加强与美国的同盟是矛盾的。构建属于日本的三个独立并非是与美国硬碰硬，去分庭抗礼。福田还意识到，不论是在小泉时代，还是在安倍时代，日本在努力争取“入常”，后来突然发现最反对日本“入常”的，并不是中国、韩国，而是所谓的盟友美国；在谋求“国家正常化”过程中限制日本活动范围的也是咄咄逼人的美国，而不是一衣带水的中国。

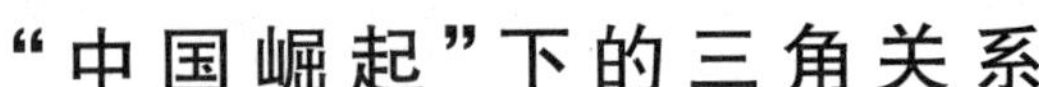

“中国崛起”下的三角关系

日本现任首相福田康夫感到，在前几任首相所制定的相关战略，无论从全球战略利益，还是从国际区域利益来讲，并非对日本有利。当人们把这两个战略分开来看，反而觉得都有合理性的一面，可是当人们把它合并在一起就会发生碰撞。福田似乎早已意识到，日本处在两难境地，具体表现在：联合美国对抗中国，抛弃了更多的独立性；谋求“国家正常化”，又使得日本与美国的矛盾不断加剧。

福田认为中国在制定自己的国际和平发展战略时，没有充分意识到、考虑到日本这个亚洲最大的经济及科技强国的自身利益。

第一个是把处理日本问题与中美关系挂起钩来。从 1998 年江泽

小泉纯一郎在国会上

民访日可以看出，他认为只要中国跟美国搞好关系，中美关系稳定了，中日关系间所存在的矛盾就解决了——他是将日本作为美国的盟国来看的。这与毛泽东、周恩来将日本作为一个单独国家来对待有很大区别。现在看来这是不对的，日本尽管是美国在亚洲的盟友，但毕竟有自己的国家利益和人民利益。现在胡锦涛正在完善中国与日本的友好合作关系。

福田康夫虽然在小泉内阁担任官房长官期间，就明确表示反对日本领导人参拜靖国神社，但是他认为把首相参拜靖国神社与日中高层对话挂钩，只要首相及内阁成员去参拜，高层就不跟你对话，也有些刻意。他还认为韩国所采取的是另外一种处理方式：尽管强烈批评首相参拜——强烈程度超过中国——但从来没有中断与日本的高层交流。许多问题虽然闹得很厉害，可是最后还是能通过妥协的方式解决。而中国2001年以来，与日本在高层几乎没有交流，后果非常严重，有些本来很小的问题也变成了大问题。我们要牢记历史，但不应该无休止地纠缠历史。中日关系友好发展我们高兴，一旦出现矛盾和分歧，就指责对方你曾经打过我。

我们牢记仇恨，但不能把仇恨扩大化，更不能常态化，应该本着牢记历史朝前看。中美关系也可以做个反证：彼此也是很不信任，但是自从撞机事件后，中美之间建立了一套交流机制，像戴秉国和佐利克的高层对话，这不是因人而异，而是定期交流的制度化管道，中日之间就几乎没有排除矛盾和分歧而采取的制度化方式。

此外，中日之间的关系从田中角荣访华开始，到后来的大平正芳和福田赳夫，很大程度上是靠个人之间的关系来维护的，周恩来、张香山、郭沫若、鲁迅……都有很多日本老朋友。这比较符合东方的传统：通过人际交往来推进国家关系的发展。到了20世纪90年代末，由于自然规律以及中日的政治社会变化，以田中角荣和福田赳夫为代表的老朋友都相继退出了政治舞台，一旦两国交恶，高层又不交流，两国之间就没有合适的渠道沟通了。

福田对中国有所了解，知道日本对中国是负有罪责的，因为中国

小泉纯一郎与安倍晋三为选举造势

崛起导致他们产生某种恐惧感和不安全感。对辉煌过去的怀念，对危机四伏的现状灰心，对不可知的未来忧虑——日本人表现出的这种民族主义情绪，又被日本"鹰派"人物加以利用、放大，到现在也成了一个制约日本当权者决策的负面因素。日本进行民意调查：日本首相应不应该去参拜靖国神社？60%以上的人都说"不应该"；但是如果你问：小泉应不应该对中、美、韩反对参拜靖国神社的压力低头？60%多的民众却说：不应该，要坚持下去。这就使参拜等问题自然成了中日两国民众民族情绪和意志的一种较量。日本国家领导人被自己民众的民族情绪所挟持了，不能作出理智的判断和决定。

走出情感之患的政治理性

国家利益是很简单而单纯的，但国与国的利益是错综复杂的。福田心知肚明中国政府和民间组织是想积极改善与日本的关系的，但是参拜靖国神社问题卡在那里，双方都不愿首先让步，这实际上是双方的国内政治制约国际政治。福田当选首相之后，中国领导人跟福田康夫通电话表明中国立场，在此之前也跟安倍晋三谈过，跟麻生外相等官员都谈过，总的感觉，中日双方都想解决，这么对骂僵持对双方都是不利的。到底怎样才能走出来？任何政治问题都是这样的，日本有强硬派，中国也有强硬派，结果却是，实际上双方的强硬派成为对方在国内政治中的最有力的支持者。人毕竟是理性的，强硬是为缓和做的铺垫，理性地示强是为了最后能够更好地握手，福田康夫感到这下子找到合适的契机了。

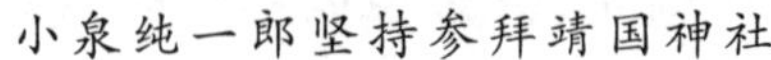

小泉纯一郎坚持参拜靖国神社

安倍反思小泉将日中两国关系带入死胡同，除主动要融冰之外，还找到美国要求帮忙解套，无形之中把自鸣得意的美国胡拉了进来。

美国作为日本的盟友，本来应该站在日本一边，布什政府刚上台时，切尼、拉姆斯菲尔德等一些政客和工商界领袖都认为“联合日本，

抗衡中国”是比较可行的政策，而且符合美国的国家利益。但是随着遏制中国的政策被扬弃，他们似乎突然发现，日本与中国关系的恶化，其实损害美国的根本利益。

若有所思的福田康夫

胡锦涛4月访美，美国本来是准备要跟他谈谈中日关系的，但胡锦涛没有提出来。从种种迹象来看，胡锦涛将日本作为一个单独的国家来对待，这与前国家主席江泽民所推行的外交政策相比有所改变。他会见了小泉，提出了五点建议（当然最后是小泉自己将它搞坏了）；派了戴秉国去与日方进行战略会谈，要建立一些制度性机制；吴仪也去过日本；胡锦涛将外交部主管政策制订的副部长王毅派到日本当大使……可见是要一步一步做下去的。福田康夫早就看到了中国政府的“对日新思维”，和谐外交、和谐世界是国与国合作双赢的新理念，要说这和谐外交的要点就是不要“以牙还牙”，过去的事情就让它过去吧，超越历史，面向将来。

2005年10月17日，小泉没有跟任何人打招呼就去参拜靖国神社，日本两个副部长正巧在中国，15日与戴秉国、崔天凯开始战略对话，他们非常尴尬。崔天凯说：这怎么谈？没法谈，你们回去吧。那次就没谈。2007 年接着谈，谈两个很重大的问题：东海问题上双方应该克制，不要弄成一个政治问题；双方应该进行军事上的交流，建立安全上的互信机制。这些事的意义都很重大，说明中日双方开始为后小泉时期做准备了。

福田康夫深知，领导的交替对外交政策的影响是很大的。一般的规律是，领导在国内的地位越虚弱，外交上反而越强硬——他选择的余地越小嘛。像毛泽东今天说“东风吹，战鼓擂，世界上究竟谁怕谁”，明天就跟基辛格握手，他的“资本”雄厚，想怎么变就怎么变，谁也反不了他。邓小平、江泽民、胡锦涛都可以这么做，不过对美国不要太软，对日本也不要太硬——为了跟美国搞好关系，他在对日问题上不得不强硬，才能从某种意义上修补对美的软弱。中国的民族主义情绪很怪：你不能对所有人软，要是对美国软，对日本硬，大家就觉得比较可以理解和接受。调整日中关系是福田所面对的一个大问题，他认为中国是日本最好的合作伙伴之一，必须建立长期制度化的关系，不能有风吹草动就改变。

中国领导人也对福田政府表现出了善意，强调以史为鉴，开创未来，从发展共赢的角度出发造福两国人民。

美国也要换届了，布什很快就要走人了，福田康夫到底能维持多久？但作为一个比较成熟的大国，外交大政方针定下来后，不太受换届的影响。在内政方面政治意味很强，在外交政策刚制定时，也有两党分野，只要这种机制形成了就比较稳定。美国对中国、对日本的政策，两党在长期的交锋之中已经形成了新的共识。

福田康夫到底要使日中关系朝着什么方向发展，不仅是中国人民关心的问题，也是日本国人民所关心的问题，因为人们都认识到中日两国只有和平发展、和平相处，友好往来，两国人民才会从中得到幸福美好的收获。

福田要出什么样的招呢？人们拭目以待。

Prime Minister of JaPan
Yasuo Fukuda

第五章

政治的『丑闻魔咒』

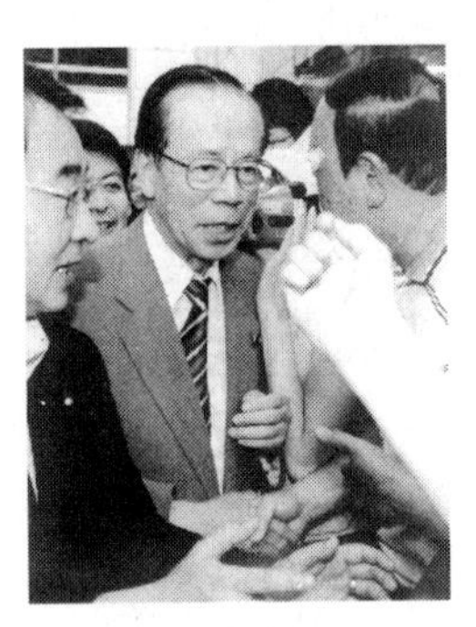

安倍晋三所面对的国际社会许多杂难问题还没有得到妥善解决，而内阁成员里却频频曝出五花八门的丑闻，把他折腾得昏头昏脑，一方面要迅速“灭火”，另一方面又要不断地向国民道歉，使得本来的良好信誉一落千丈。

丑闻频出的内阁

在安倍时代，福田不是其内阁成员，但耳闻目睹了那一幕幕不光彩的画面。不过，透过这一幕幕画面，福田康夫仿佛看到了那丢丑的一幕。2004年5月7日，作为小泉内阁官房长官的福田康夫在定期召开的记者会上突然宣布辞去官房长官职务。

因此，有过这种经历的福田康夫认为，内阁成员的丑闻不仅是新闻媒体关注的焦点问题，也是广大民众愤怒的事情。日本国民纷纷发出质疑，安倍晋三是怎么发现人才、选拔人才，又是如何使用人才的？当人们发问的声音还没有落地时，刚刚上任不久的日本环境大臣鸭下一郎已为自己在有关政治献金的报告中存在违规行为道歉。他成为首相安倍晋三新一届内阁2007年8月27日成立以来曝出丑闻的第二名内阁大臣。

日本《读卖新闻》报道说，根据此前政治献金报告，鸭下一郎下属的政治献金管理团队曾获得一笔800万日元（约合69万美元）的借款，但这个团队难以就这笔资金做出合理解释。“我必须为自己的过失行为谦卑地接受批评，对不起。”《读卖新闻》还援引鸭下一郎的话说。

鸭下一郎成为继前农林水产大臣远藤武彦后遭遇丑闻困扰的又一名新内阁大臣。此时，距离安倍改组内阁仅有一周多时间。几天前，时任农相的远藤武彦被曝出“补助金丑闻”，并向安倍提出辞职。同一天，同样涉及金钱丑闻的外务副大臣、自民党参议员坂本由纪子宣布辞职。

在安倍几次组阁的内阁成员名单里，还看不到福田康夫的名字，他还担任着自民党的总务职务。

2007年7月3日，因发表美国投掷原子弹轰炸日本是“无奈之举”言论，备受批评的日本防卫大臣久间章生也向首相安倍晋三递交辞呈并被接受，安倍随即任命首相国家安全保障问题辅佐官小池百合子出任防卫大臣职务。小池也成为日本第一位出任防卫大臣的女性。小池在 2007 年 7 月 4 日宣誓就职。

安倍晋三因内阁成员曝出丑闻向国民道歉

纵观时局，目前距离日本参议院选举只有不到一个月时间，“大嘴”防卫大臣久间章生的辞职将给执政的自民党的选情造成冲击和影响。

久间在返回防卫省后举行的吹风会上说，他之所以递交辞呈是不希望自己的言论给自民党在 2007 年 7 月底参议院选举的形势造成冲击。

“我对于自己的言论造成的麻烦感到非常抱歉。我告诉安倍首相，我必须承担责任，辞去职务。”久间对媒体记者说。

现年 67 岁的久间章生 1940 年出生于长崎，毕业于日本东京大学法律专业。1971 年，31 岁的久间当选长崎县议员，从此开始步入政坛。

1980年，久间作为自民党候选人当选国会议员，此后历任日本众议院运输委员长、自民党交通部会长和运输政务次官等职务。

从1996年11月至1998年7月，久间在日本前首相桥本龙太郎领导的内阁中担任防卫厅长官。2006年9月，久间进入小泉内阁，再次担任防卫厅长官。安倍晋三在出任首相后，久间得以留任。

有人说倘若福田康夫在小泉时代，他没有因少交养老金问题而辞职，他很可能在安倍内阁里有一席之地，也许也会成安倍参选首相最强有力的对手。当然，现实却作出了另一种安排。

2007年1月，日本防卫厅正式升格为防卫省，久间也由防卫厅长官成为防卫大臣。

2007年6月30日，久间在千叶县柏市的丽泽大学演讲时说，长崎遭美国原子弹袭击后的确经历了悲惨的灾难，但是二战由此而宣告结束，从这个方面想，美国向日本投原子弹是"无奈之举"，而且美国投下原子弹有阻止苏联参加对日作战的目的。

在1945年广岛遭受的核爆炸中，超过14万人瞬间被夺去了生命，成千上万的人由于受辐射而死。同时，在广岛核爆炸一周后，美国又在长崎扔下了一颗原子弹，导致7万人丧生。

久间的这番言论遭到日本朝野的猛烈抨击，久间不得不收回自己所说的话，并且为此多次道歉。

安倍晋三最初试图尽快平息风波，2007年7月2日他约见久间，警告他注意自己的言论，但是并没有要求他提出辞职。

然而，此次的风波却愈演愈烈。其间，福田康夫也对久间的言论提出了批评，认为严重伤害了日本人民的感情。

2007年7月3日，长崎市议会通过一项决议，指责久间的言论。当天上午，长崎市长田上富久前往久间的办公室，向他当面表示强烈的抗议。

久间在办公室向田上富久鞠躬致歉，承认自己的言论不仅让广岛和长崎的民众感到愤怒，而且也伤害了日本所有的原子弹受害者的感情，是一种不负责的表现，请求所有人的宽恕。

紧接着，日本民主党、共产党、社民党和国民新党等四个在野党召集原子弹爆炸受害者团体相关人士在众议院议员会馆举行紧急集会，要求首相安倍晋三罢免久间。自民党内部也对久间十分不满，认为他的荒唐言论“扯了安倍政权的后腿”。

正走下台阶的小泉纯一郎

面对来自四面八方的抨击及巨大压力，出言不逊的久间不得不主动递交辞呈。

“这对安倍来说应该是一个沉重的打击，因为他的第一反应是维护久间，”美国哥伦比亚大学政治学教授格里·柯蒂斯说，“安倍将在参议院选举中面临生死考验。”

作为自民党总务福田康夫却认为，久间的辞职是非常明智的选择，他这样做固然可以在一定程度上减缓首相安倍面临的压力，但是给自民党在2007年参议院选举的前景投下的阴影是短时间无法消除的。

可以断言自民党在日本政坛上已经蒙受了损失。

福田康夫深知，日本参议院共有242个议席，每三年改选一半。7月底将举行的参议院改选是日本政坛2007年唯一的一次选举，朝野各党格外重视。

安倍自从2006年9月上台后，内阁大臣接连给他带来麻烦。2006年12月，行政改革担当大臣佐田玄一郎因政治资金收支报告丑闻引咎辞职；2007年1月，厚生劳动大臣柳泽伯夫在一次讲话中把妇女称为“生育机器”，结果引起众怒；5月28日，农林水产大臣松冈利胜因经济丑闻而自缢身亡，这是二战后日本发生的首起在职内阁大臣自杀事件。

日本媒体普遍认为，此次久间章生发表有关原子弹的言论更令自民党选情雪上加霜。日本《朝日新闻》最新民意调查显示，安倍政权支持率已跌至28％，而不支持率升至48％；50％的受访者表示将在参议院选举中把票投给民主党，45％的受访者表示将投票给自民党。

自民党与其他的党派认为，如果自民党在参议院选举中落败，安倍的首相宝座将面临去与留的考验。

安倍晋三为尽快挽回影响，任命国土交通大臣冬柴铁三疲任海洋政策担当大臣。冬柴由此成为日本根据海洋基本法新设的首位海洋政策担当大臣。

根据海洋基本法，海洋政策担当大臣除负责制定日本的海洋基本计划外，还将负责实施渔业及海洋资源的开发、保护和安全运输等方面的海洋政策。

安倍的内阁成员辞职频率很高，但福田康夫仍在那里坐山观虎斗。

海洋基本法于2007年4月在日本国会众参两院先后获得通过，并于7月付诸实施。根据这项法律，日本除新设海洋政策担当大臣外，还将设置以首相为本部长的综合海洋政策本部。

现年54岁的小池百合子毕业于开罗大学。历任电视解说员、日本新党副代表干事、社会经济国民会议委员。1993年8月至1994年5月任总务政务次官。1992年7月第一次当选参议员。1993年第一次当选为众议员。

小池百合子从2003年9月进入内阁，担任环境大臣；2004年9月连任该职；2006年9月辞职。

2006年9月安倍晋三出任日本首相后，在官邸设立了5名首相辅佐官，小池百合子出任首相国家安全保障问题辅佐官。

小池百合子担任首相辅佐官后的主要任务之一是组建日本版“国家安全委员会”。同时小池百合子负责对日本情报部门实施改革。

2007年7月7日，日本农林水产大臣赤城德彦的政治支持团体被曝涉嫌不当利用政治资金，给近期丑闻不断的安倍晋三政权再添打击。

日本《每日新闻》报道，赤城的政治支持团体“赤城德彦后援会”伪称在其选区茨城县的父亲家设有事务所，并以此为理由，近10年“支出”政治活动资金累计约9045万日元。

赤城德彦现年48岁，历任农林水产省企划官、防卫厅副长官、自民党政调副会长。2007年6月1日，安倍晋三任命赤城出任农林水产大臣，接替5月28日因类似资金丑闻自杀的松冈利胜。

《每日新闻》认为，赤城德彦所涉丑闻将给丑闻不断的安倍政权及自民党参院选举前景蒙上新的阴影。

一系列丑闻加快了安倍政府的倒阁，造成福田政府的提前到来。

大臣自杀疑云

安倍政府官员出现腐败问题，严重损害了政府的形象。2007年5月28日下午2时，现年62岁的日本农林水产大臣松冈利胜在位于东京赤坂的议员宿舍自缢，被紧急送往医院抢救无效并宣告死亡。

当时福田看得出安倍承受能力达到了极限。

松冈利胜的自杀被认为与多项财务丑闻有关，他自杀时距离其事务所涉嫌账目操作不当接受议会质询仅数小时。

松冈利胜自缢的议员宿舍位于东京都港区赤坂二丁目，事发后警方在现场拉起了警戒线进行严密看守。据介入调查的警视厅透露，当

福田康夫式的微笑

天下午1点40分，原本松冈利胜将出席参议院决算委员会议，但因迟迟没有出门，其秘书和随身警卫于12点18分进入屋内，发现松冈已经在客厅内用一条拴狗绳系在门的合页上，并用该绳子上吊，屋内还留有一封遗书。救护人员赶到时，松冈利胜的心跳和呼吸均处于停止状态。其实，按照预先的安排，松冈利胜28日下午在参议院决算委员

会议上，将就其事务所公务收支报告丑闻接受进一步质询。被发现自杀后，松冈利胜被紧急送往东京都内的庆应大学附属医院抢救，警方于下午2点正式确认松冈利胜死亡。

有关方面指证，松冈利胜秘书曾在上午10点左右与松冈本人见面并进行过交谈。5月25日下午，松冈还出席了东京某饭店召开的农产品出口促进磋商会。据熊本县当地事务所称，他在5月26日和27日两次返回了出生地熊本县。

事后，日本内阁官房长官盐崎恭久召开了紧急发布会。他说，警方仍在调查松冈死因，目前还没有正式证实他是自杀身亡。如果自杀事实得以确认，松冈将是日本二战以来第一位在任期间自杀的内阁大臣，也是1998年以来首位自杀的国会议员。

2007年5月28日下午，安倍晋三就农林水产大臣松冈利胜自杀身亡一事表示哀悼，并向记者表示："对此感到非常遗憾和不胜惭愧，希望松冈能够安息。"安倍表示会尽快定下后任人选。

安倍称赞了松冈生前的业绩，称松冈打开了日本向中国出口大米的大门。人总有好的一面嘛，虽然松冈在国会上被严厉追究责任，但他依然继续"发挥特长"。内阁官房长官盐崎稍后宣布，环境大臣若林正俊将临时代理农林水产大臣职责。

松冈自20世纪90年代后期以来，就屡遭涉嫌政治资金丑闻的指控。进入安倍内阁后，松冈更是不时曝出新的政治资金丑闻。松冈利胜的资金管理团队事务所设在不用付租金的众议院议员会馆，但他却宣称自己的办公室花了不少租金并要政府埋单。在松冈利胜最近提交的公务收支报告中，截至2005年的5年期间，他每年将2000万日元（约合16.5万美元）以上的事务所费列入公务收支，其中5年的取暖费用就高达2800万日元（约合23.9万美元），而实际上议员会馆是免交取暖费的。报告曝光后，引发民众强烈不满。

日本媒体报道，松冈利胜曾接受日本商人的政治捐款，从事一些非法权钱交易。松冈利胜本人则一直否认各种指责。据报道，有关目前正在法院审理的众议员铃木宗男受贿案，松冈也曾接受东京地方检察厅的调查，原因是松冈曾与铃木一起接受过北海道一家建材公司200万日元的政治献金。另外，松冈的秘书曾要求某特定非营利活动法人组织出资购买价值100万日元的政治资金集会券，却未将这笔钱款写入政治资金收支报告书中。

沉思之中的麻生太郎

农水省下属独立行政法人“绿资源机构”也涉嫌招标暗箱操作。现已查明，截至2005年的3年中，松冈的资金管理团体曾从熊本县14家建设公司处获得总计约1300万日元的献金，这14家公司则在特定农业区域保护修复招标项目中中标。在森林道路修建项目的暗箱操作事件中，被捕者供出的中标企业也在截至2005年的10年期间共向松冈支付了约850万日元的政治献金。为此，在野党方面强烈要求追究松冈的责任。据《朝日新闻》报道，东京检方的搜查触角已深入到松冈家乡熊本县所在的建设公司，相关人士揣测，搜查很快将波及到松冈本人。

福田康夫认为，现任内阁成员自杀身亡，而目前距离日本参议院选举只有不到两个月时间，这无疑给首相安倍面临的困境雪上加霜。日本政府一名官员对媒体说：“这会带来严重的政治后果，但目前还无法确定后果有多严重。”日本《每日新闻》公布的一项民意调查结果显示，目前安倍内阁的支持率已经降至32%，比4月份降低了11个百分点，创下他2006年9月份执政以来的最低点。

其实早在2007年3月，松冈利胜曝出办公室费用丑闻时，就已经严重地影响了安倍内阁的支持率。日本发行量最大的《读卖新闻》2007年3月24日公布的最新民意调查显示，将近三分之二的被调查者给安倍政府执政6个月来的表现打出低分，其中首要因素是以松冈利胜为代表的内阁成员丑闻不断。在松冈屡屡曝出政治资金问题时，安倍一直为松冈辩护，说农林水产大臣已经向他报告，所有问题都得到了妥善解决，没有必要将松冈解职。

松冈利胜1945年生于熊本县，农家出身。自当地县立高中毕业后考入鸟取大学农学系，1969年进入农林水产省工作，1986年升任林业厅宣传官，1988年辞职，1990年参加众议院选举并首次当选议员，至今已经六次当选。2006年安倍晋三上台组阁，松冈以农林水产大臣身份首次进入内阁。

小泉内阁时期，松冈积极推进邮政民营化改革。他是自民党内的农业政策通，主张保护日本农业和农民利益，反对农业自由化。在自民党总裁竞选时，松冈是安倍的推荐人之一。他政治立场保守，主张参拜靖国神社。

束手无策的首相

福田康夫在森喜朗和小泉执政时期都做过官房长官，他对人事的安排特别地敏感，他深深感到内阁大臣的丑闻对首相权威来说是致命的打击。

日本农林水产大臣松冈利胜自杀，成为日本二战以后首名自杀身亡的内阁大臣。日本许多媒体披露，松冈自杀前给首相安倍晋三等人留下6封遗书，松冈死前几天还流露出想辞职而未能获允的意思。

此外，与松冈利胜所涉政治资金丑闻有关的一名嫌疑人已在早些时候跳楼自杀，使松冈自杀事件更显疑云重重。福田康夫认为，日本媒体在批评安倍用人不察的同时，指责安倍为保住政权，一再庇护丑闻缠身的内阁大臣，最终导致悲剧事态是有说服力的。

日本媒体报道，警方在松冈卧室的桌子上发现6封遗书和2份便笺。遗书均用信封装起来，其中一封上有“总理大臣安倍晋三阁下亲启”字样。另外几封分致农林水产省事务次官、农林水产大臣秘书官、与松冈有亲戚关系的一名国会议员等人，落款均有松冈利胜亲笔签名。

两份便笺写在印有农林水产省抬头的公用信笺上。一份致“国民和后援会诸君”，上面写道：“我为自己的蒙昧无德深表歉意。给大家添了麻烦，实在对不起。”另一份应为写给发现遗体的相关人士：“内人深知内情。那些放在只有内人知道的地方，请勿再找。”

其中一张便笺上记有“平成19年5月28日”的日期，应为上吊当天所书。媒体报道，遗书用圆珠笔写成，字迹未显潦草痕迹。

人们还尚不清楚写给安倍首相的遗书内容，但日本媒体各种报道已经纷纷把矛头指向安倍首相，认为他对松冈利胜的一再庇护导致了这一悲剧性事件。

走下飞机的安倍晋三

事件发生之后，安倍坦承，他对松冈之死深感“羞愧”，并表示在任用松冈方面负有责任。日本《朝日新闻》说，松冈在进入安倍内阁前就曝出多起政治资金相关丑闻，但出于自民党总裁选举后的“论功行赏”，安倍仍把松冈招入内阁。松冈入阁后又曝类似丑闻，受到在野党严厉追究时，安倍担心松冈辞职对政权不利，总是想方设法袒护松冈。

随后，与松冈生前关系密切的众议员铃木宗男在自己的网站上披露了这么一段“往事”。24 日晚，他与松冈碰面说事。知道松冈正陷于丑闻漩涡，铃木劝说道，如果公众不能接受你的解释，你就干脆向国民谢罪，直言“没有尽到责任”。但松冈“无力”地表示，“上面有指示，让我现在保持沉默，我只能遵从”。

松冈丑闻并未随其自杀而烟消云散。而且所产生的连锁反应愈演愈烈，尤其是与农林水产省下属独立行政法人“绿资源机构”相关的一名人士在横滨一处公寓跳楼自杀。“绿资源机构”涉嫌暗箱操作建设项目招标，而松冈利胜的资金事务所接受过中标单位的大量政治献金。自杀者与“绿资源机构”的非法招标有染，因此，在这之前受到东京地方检察厅的搜查。

日本《每日新闻》在社论中说，松冈事件是安倍政权成立以来的“最严峻事态”。报道认为，松冈自杀事件与最近的养老金记录混乱问题将改变7月参院选举的风向，安倍极力鼓吹的“修宪”议题届时可能被“养老金”和“金钱与政治”问题所取代。

在野党也从中窥探到安倍政权的“软肋”。他们一面强调要继续追究松冈丑闻和安倍用人不察的责任，一面就“养老金”问题向内阁厚生劳动大臣柳泽伯夫发难。民主党、社民党、国民新党29日联手在国会提出不信任案，要求柳泽辞职。

袖手旁观的福田似乎已经看到安倍政权的摇摇欲坠，在这种四面楚歌的情况下，安倍若不主动辞职，在野党也会朝他猛烈开火的，这样会对自民党造成更大的伤害。

面对接连不断的丑闻，安倍已是束手无策了。无独有偶，早在2006年2月16日，民主党众议员永田寿康根据一份假电子邮件，指控执政的自民党干事长武部勤的次子接受了日本三大网站之一的活力门公司前总裁堀江贵文3000万日元（约合25.6万美元）捐款，作为众议院选举的咨询费。3月31日，民主党代表前原诚司宣布辞职。

还有2006年3月，3名日本防卫厅官员和一些公司管理人员受到指控，罪名是暗中操纵与两个驻日美军基地有关的建筑工程的招投标活动。涉案官员把招标信息透露给8个建筑公司，以帮助它们在竞标中胜出。防卫厅长官额贺福志郎自愿放弃一月工资作为惩罚。共有85名防卫厅官员因涉嫌这起招标丑闻遭到惩罚，3名受指控官员中已有2人被免职，还有1名官员被降职。10名官员被停职，6名官员被罚工资，另有数十名官员被处以口头警告。

忧虑中的福田康夫

更令人恶心的是，2006年4月18日，日本警方以违反《禁止儿童卖淫色情法》为由，逮捕了涉嫌猥亵16岁少女的日本外务省职员松田幸明。日本外务省当天免去松田的职务，并表示“将努力整肃外务省纲纪，全力挽回信任”。

安倍内阁政绩平平，丑闻却接二连三曝光。2006年9月，日本岐阜县政府曝出高达17亿日元的“小金库”丑闻。该县知事古田肇宣布对4421名职员给予减薪、训诫或者严重警告处分。除该县的警察和教职员工外，相当于57%的其他职员受到了处分。古田还宣布一年内自我减薪一半，古田的予取予求的做法有用吗？安倍政府的官员东窗事发之后，他们所采取的措施已经是鱼游釜中。

安倍政权举步维艰

仍然站在后台的福田康夫感到自民党政治前途到了关键时刻，因为日本国会参议院选举投票即将举行。不过这种选举是自民党干事长、总务长的事，跟身为总务的福田康夫没有多大关系，不过他似乎已察视到参议院选举，是安倍晋三赢得执政以来所面临的最大挑战。最新民意调查显示，自民党和公明党组成的执政联盟可能无法赢得参院半数席位。倘若这次自民党选战失利，日本政坛将持续动荡不安。

单纯从民意调查结果看，安倍和自民党形势不妙。2007年7月29日，共同社公布的最新民意调查显示，大多数选民对自民党不抱任何希望。56.3%的受访者表示，他们希望看到丑闻不断的执政联盟丧失参院多数地位，只有27.2%的选民仍看好执政党。

民意调查还显示，安倍政权的支持率为29.2%；不支持率则上升到59.7%，创下安倍上台以来的“新高”。

企图孤注一掷的安倍对民意调查结果半信半疑。据《产经新闻》报道表明，选战后期，安倍曾告诉心腹，根据他在各个选区拉票时的感受，选民对自民党并没有民意调查所显示的那么“冷淡”。

安倍晋三与李肇星

一名政府高官称，尽管退休金记录丢失、内阁大臣贪渎等丑闻对政权打击太沉重了，安倍依然“斗志昂扬”。他举例说，最近安倍给人发短信时，署名附上了一个握拳头的图形。

2007年7月28日，安倍兴师动众把拉票活动安排在东京。当天，他挥动手臂在九处繁华街头大呼小叫地演说拉票，最后一场活动安排在上班族云集的东京新桥电车站前。

与安倍反其道而行之，最大反对党民主党党首小泽一郎把选前最后一天的活动安排在比较偏远的日本西北部小县鸟取县和岛根县。

面对有利于民主党的各种五花八门的民意调查，在日本政坛沉浮数十年的小泽反复强调，党内一定要戒骄戒躁。

现年65岁的小泽已为这场选举赌上政治生命。他满怀信心地说："如果反对党没能赢下参院选举，我不仅会辞去民主党党首一职，还将彻底退出政坛。""这次选举是改变日本政治的最大机会，也是最后机会。一旦错过，时不再来。我的政治生命系于其中。"小泽说。

来势凶猛的对手几乎押上了政治生命，相比之下，安倍却始终不愿明确选战失败的政治责任。政府和自民党内高官倒是提前放风说，即使选战失利，安倍也不会辞职。

根据权威部门所做的民意调查显示，自民党所获议席少于51席的可能性较大。在这种情况下，安倍政权的前景充满未知数。可以断言东窗事发的日本政坛免不了又会闹得车翻马跳，动荡一番。日本媒体设想了三种可能的前景：

1. 自民党拿下45至50个议席。安倍政权应无大碍。自民党可能选择与国民新党等小党派联手，但由于国民新党由反对小泉邮政改革的前自民党议员组成，作为合作条件，国民新党可能会对邮政改革提出新的要求，从而加剧自民党内部的倾轧。此外，自民党提出的重要法案肯定要多考虑反对党的声音，双方分歧严重的法案则无望通过。自民党内着眼于"后安倍"时代的政治斗争开始浮现。

2. 自民党所获议席为40至44席。安倍政权亮起"黄灯"，反对党通过在参院搁置重要法案的审议，将使安倍政权举步维艰。自民党和民主党开始互挖墙脚，以图重新整合政治势力。

3. 自民党所获议席少于40席。安倍政权亮起"红灯"，党内要求其下台的呼声高涨。即使安倍恋栈不走，反对党通过反复提出政府不信任案干扰政局，可能迫使安倍内阁辞职甚至提前举行众议院选举。

日本第21届国会参议院竞选7月12日正式启动。共计376名候选人竞逐121个参院议席。竞选活动为期17天，7月29日投票。

这是日本首相安倍晋三2006年9月上台后迎来的首次全国性选

举。由于近期政权运营不力，内阁丑闻迭出，这次选举对安倍政权构成严峻考验。

小泉纯一郎回答记者提问

身为自民党总裁，安倍晋三与联合执政的公明党党首太田昭宏在东京秋叶原拉票。

福田康夫没有上街去拉票，保持着自己的沉默。

安倍面对创新高的不支持率及很低的民意调查，坚信自己不可能输，一定要胜出。“我不会输。”蒙蒙细雨中，安倍挥舞手臂，扯着嗓子给自己打气，“请用你手中的票支持我。”

提到本届内阁的“软肋”养老金记录丢失问题时，安倍首先向国民表示歉意，发誓在自己任内解决这一问题，请日本国民放心。

日本媒体说，安倍政权在此次选举中的胜败分水岭是执政党能否取得64个议席。日本参议院共有242个议席，每三年改选一半。联合执政的自民党和公明党现在参议院拥有132个席位。

日本《朝日新闻》把“64席”视为安倍政权的“胜败线”。如果执政党确保64席，加上在众议院占据的三分之二以上绝对多数，现政权有望成为长期政权，安倍提出的修改宪法、准许行使集体自卫权等倡议便会一帆风顺地加快落实。

鉴于选前民意支持度低迷，选情凶多吉少，安倍不愿明言选举成败的底线。日本《读卖周刊》认为，“胜败线”还不是“生死线”。如果自民党所获议席少于51席，但在45席至47席之间，自民党可考虑与国民新党等小党联合，确保半数；如果这一目标也未达到，安倍可能会在党内遭遇“逼宫”，但自民党内未必能找出比安倍更合适的人选，除非自民党遭遇惨败，所得议席不到40席，否则安倍马上下台的可能性不大。

安倍与小泽势均力敌，两股参选势力形成了鲜明的对照，民主党党首小泽一郎把赌注堆得很高。小泽明确表示，如果在野党未能夺回半数，他不仅辞去党首职务，还将从此退出政坛。

一夜之间，日本政坛的颜色发生了巨大的变化。

日本第21次参议院选举结果30日凌晨揭晓，执政党自由民主党把占据50多年的参院第一大党地位拱手让给最大反对党民主党，后者联合其他在野党以多数席位一举控制参议院，与执政党控制的众议院形成分庭抗礼之势态。

选举结果明朗化之后，年轻气盛的安倍晋三深更半夜发表讲话承认，他是自民党败选“第一责任人”，但表示无意辞去首相职务。

作为承担责任的一种方式，安倍将择日改组内阁和自民党人事。

此时此刻，安倍仍然没有考虑启用福田康夫。福田康夫还是做着自己的总务工作，既没有被安倍重用，也没有被削官为民。

自民党干事长中川秀直和参议院自民党领袖青木干雄已表明辞意，自民党领导层因而将会有较大调整。日本《朝日新闻》报道说，现任外务大臣麻生太郎或自民党国会对策委员长二阶俊博有可能接替中川秀直。

自民党且战且退，力图减轻败选带来的来自方方面面的冲击；民主党则步步紧逼，力争进一步扩大政治战果。

作为参议院第一大党，民主党不仅觊觎参议院议长席位，还希望控制参议院预算委员会、国会运营委员会等重要权威机构。特别令人眼馋的是参议院议长握有召开全体会议、主导议程等权限。

各委员会的委员长则对具体议题、议程拥有绝对发言权。一旦如愿以偿，民主党将在下次参议院二分之一改选前的今后 3 年内有效牵制乃至对抗执政的自民党。

控制参议院后，民主党的下一个目标是逼安倍下台或迫使安倍解散众议院，提前举行众议院选举。

自民党党内也涌现出安倍应对选举失利负责的呼声。一些选民对安倍的"执著"颇为不解。

日本《每日新闻》认为，作为逼安倍下台的手段之一，在野党主导的参议院可以视形势需要提出并通过"首相问责决议"。尽管这一决议没有法律约束力，但是，其政治分量颇重，对政权的"打击"将不可估量，可能促使安倍下决心解散众议院。

参议院选举失败，为挽回政治影响，安倍决定改组内阁成员，并改组自民党领导层。2007 年 8 月 19 日，安倍晋三说："我将在结束对南亚和东南亚三个国家的访问后，于 8 月 27 日公布新内阁和自民党新领导层成员名单。"

当天，安倍出访启程前在机场说，他"正在考虑"重组内阁。"我将从不同的观点认真考虑这件事。"

自民党领导层的名单里会有福田康夫吗？再则，内阁成员的名单会有他吗？

安倍没有详细说明内阁成员的去留，但日本《读卖新闻》说，日本自民党政治调查会长中川昭一及日本前外务大臣町村信孝都可能加入新内阁。

日本自民党干事长中川秀直在自民党参议院选举失败后已表明辞职意向。他同时表示，希望防卫大臣小池百合子能在新内阁中留任。

是否可以相信，安倍试图将内阁重组治乱作为其政治生涯的一个新起点，把挽回民心作为转败为胜的落脚点。他这样做能让心里都有一本账的民众接受吗？

Prime Minister of JaPan
Yasuo Fukuda

第六章
失落的历史记忆

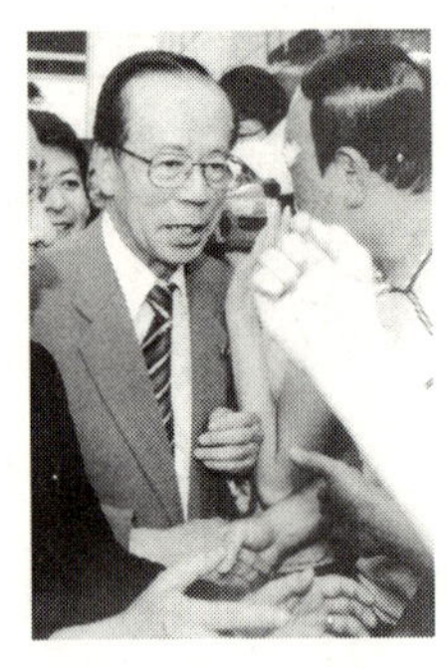

安倍所领导的自民党在参议院选举中惨败。但自民党仍然控制着众议院多数席位。在许多有分歧的问题上，自民党在国会决策上仍旧保持着决策权，但是失去的民意到底靠什么才能挽回呢？

危险的外交表演

在国内，安倍政权已经到了四面楚歌的境地，为了挽回丧失的民意，他企图通过卓有成效的外交从政治上捞分，谁知因出口不慎反而引出了更大的麻烦。

2007年8月23日，安倍晋三乘专机离开印度首都新德里，前往印度东北部港口城市加尔各答。安倍在此会晤了在远东国际军事法庭上称日本战犯"无罪"的印度法官拉达比诺德·帕尔的长子。

历史早已定性，安倍想干什么？

安倍专程前往拜会帕尔后人的"表演"引来不少争议。韩国和日本的媒体质疑，安倍此举难免给外界留下有意替"东京审判"翻案的印象，剩下的对安倍本人没有什么好的帮助。

安倍在新德里说，帕尔法官在远东国际军事法庭上表现出"高贵的勇气"，"至今赢得许多日本人的尊敬"。抵达加尔各答后，安倍与垃达比诺德·帕尔的长子普拉桑塔·帕尔的会晤持续约20分钟，他在气氛热烈的席间又重复了上述"评价"。帕尔何许人也？为何"许多日本人"对他没齿不忘？"高贵的勇气"又是什么？事情要追溯到日本在第二次世界大战战败后。1946年1月19日，经盟国授权，远东国际军事法庭在一片声讨战争罪犯的高呼声下设立，同时公布《远东国际军事法庭宪章》，指出法庭有权审判犯有反和平罪、普通战争罪和反人道罪的日本甲级战犯。审判团由来自美、中、英、苏等国11名法官组成，帕尔法官是当时仍为英国殖民地的印度代表。

1948年11月12日，法庭对25名甲级战犯公开宣判。"战争狂人"东条英机等7人被判处绞刑，16人无期徒刑，2人有期徒刑。判决结果由11名法官投票决定。

帕尔是唯一一名对审判结果持有异议的法官。他的理由是，二战开始时，国际法上尚未有反和平罪和反人道罪的罪名，不能在事后予以定罪并追究刑事责任，他因此从“法理”上坚持主张25名甲级战犯全体“无罪”。

忧心忡忡的安倍晋三

帕尔的无罪“逻辑”并没有得到到其他10名法官认同，国际司法界也普遍认为，这种思维忽视了国际法中有关战争罪行的起始脉络和潮流。但是，帕尔的“战犯无罪论”虽然没有得到远东国际军事法庭的采纳，却得到一部分日本人的热烈追捧，成为他们试图逃避战争责任、歪曲历史的“救命稻草”。在日本战后一次又一次掀起的“翻案”浊浪之中，那些人总会捧出“帕尔判决书”，以此否认“东京审判”的正义性和权威性。

日本右翼势力更把帕尔奉为法界历史“英雄”。1966年，帕尔应时任日本首相岸信介邀请，第四次访问日本。当然，有战争倾向的人把他视为活宝，特别引人注目的是岸信介本人就是甲级战犯之一。在日逗留期间，一些日本人把帕尔捧为“法界尊神”，当时的裕仁天皇还授予帕尔一等勋章。

2005年6月,祭祀有14名甲级战犯牌位的靖国神社还专门立起一个帕尔的“表彰碑”。实际上,日本右翼出于本位的政治目的,对“帕尔判决书”有断章取义之嫌。帕尔主要从“法理”层面质疑有罪判决,并非要把日本的战争罪行正当化。“帕尔判决书”特意指出,日军在“南京大屠杀”中的暴虐行为有“压倒性的证据”。

安倍称自己前往加尔各答会晤老帕尔的长子普拉桑塔·帕尔,目的之一是“叙旧”。当年邀帕尔访日的岸信介正是安倍的外祖父。安倍政府方面则称,这是“日印友好关系的象征”。

韩国和日本诸多媒体对此表示质疑和不安。在传出安倍欲会晤帕尔后人的消息后,韩国《朝鲜日报》大篇幅发表社论,质疑安倍的真实用意。这篇题为《日本甚至跑到印度“喊冤”》的社论说,安倍不辞劳苦,跑到印度“拥抱被日本军国主义者视为英雄的一名法官的后人”,目的是“宣扬甲级战犯无罪”。

日本《韩日新闻》评论说,与帕尔后人会晤是安倍本人的“强烈愿望”。事情的发生并非是偶然的,有着历史原因,过去安倍就因对“东京审判”的暧昧立场招致外界不安,这次会面有可能引来一场“风波”。

一波未平,一波又起。在菲律宾首都马尼拉举行的东盟地区论坛外长会上,日本外交官大力展开游说行动,希望在亚太地区组建新的战略对话机制,并与美国、澳大利亚、印度三国在马尼拉举行外长级磋商。

对于日本积极推动的“四国战略同盟”,澳大利亚和印度表现出来的态度很消极,四国间的下一轮磋商连日期都未能敲定。安倍就任首相后,日本政府除了巩固同美国的传统盟友关系外,还全力发展和其他大国的关系。在亚太地区,安倍政府将印度和澳大利亚锁定为结盟对象。福田康夫觉得安倍的思路出了毛病,其实安倍政府希望组建“四国战略同盟”的构想在启动伊始就遭遇了很大的挫折。

其实二次世界大战的挑起国之一日本,在这场战争中并没有获得对国民有利的生活,反而让国民生活在恐惧的阴影下。这就叫战争发动者在伤害别国时，本国的民众无论从精神和肉体同样蒙受了莫大的伤害。这是毁灭生灵的教训。已故的前任官内厅长官富田朝彦曾表示，已故昭和天皇裕仁曾对靖国神社供奉二战甲级战犯表示强烈不满，担心以战争来教育下一代不利于日本发展和其他国家的关系，也不利于日本社会未来的健康发展。

安倍晋三向媒体公众说明内阁丑闻

富田朝彦在一份笔录中说，昭和天皇对靖国神社供奉二战甲级战犯表示忧虑，并反对这一做法。

根据笔录，昭和天皇反对供奉甲级战犯的原因有二。第一，他认为供奉二战甲级战犯改变了设立靖国神社的初衷。第二，他认为此举会留下祸根，为日本将来和二战中的其他交战国发展关系制造麻烦和阻碍。笔录中还提到，昭和天皇为避免他的反对言论在当时造成消极影响，没有公开发表言论反对靖国神社供奉二战甲级战犯。

昭和天皇在战后共 8 次参拜靖国神社。如今的平成天皇明仁自 1989 年即位以来，一直未参拜靖国神社。

“慰安妇”议案:迟来的正义

安倍的教训对福田来说应该是宝贵的经验。安倍企图在亚太寻求结交新盟友却没有成功,而传统盟友美国却给他出了一道难题,这无疑给想为战犯洗刷罪名的安倍当头一棒。福田康夫还会重蹈覆辙吗?

2007 年 6 月 26 日,美国国会众议院外交事务委员会以 39 票赞成、2 票反对的压倒性优势通过日本“慰安妇”议案。外交事务委员会主席汤姆·兰托斯表示将继续致力于把这一议案提交众议院全会表决。

这项编号为“H. Res. 121”的议案由民主党众议员迈克·本田于 2007 年 1 月 31 日提出。决议要求日本政府“以清楚、明确的方式正式承认‘慰安妇’问题、正式道歉并承担历史责任”。决议还要求,日本政府应以首相发表正式声明的方式进行道歉;明确驳斥一切针对“慰安妇”问题的疑义和否认言辞;加强对年轻一代的教育。美国众议院共有 435 名议员。截至表决前,这项议案得到 146 名众议员联署,同年 8 月 21 日,外交事务委员会主席兰托斯也加入联署行列。

2007 年 6 月 26 日 13 时左右,在兰托斯做完最终审定发言后,众议院外交事务委员会以 39 票赞成、2 票反对的压倒性优势通过这项议案。

投票结果出来后,议案的支持者之中响起一阵热烈鼓掌和欢呼声。

这是 2006 年 9 月以来,众议院外交事务委员会(原国际关系委员会)第二次通过谴责日军强征“慰安妇”的议案。当年在日本政府的大力游说下,议案最后未能提交共和党控制的众议院全会表决。

这次安倍政府也做了游说工作,似乎要故意给安倍添乱的众议院根本不予理会。

在外交事务委员会表决通过后,议长南希·佩洛西等众议院领袖将决定是否将议案交全会表决。外界预测,一旦在众议院表决,民主党占多数的国会有望首次通过“慰安妇”议案。兰托斯曾表示，他有责任把“慰安妇”议案呈交众议院全会，在9月中旬提交众议院表决。佩洛西说：“我希望众议院能通过这一议案，从而（向日本）发出一个强烈信号，即我们不会忘记‘慰安妇’们经受的苦痛。”

福田康夫答记者问

兰托斯在最终审定发言中说，尽管日本是美国在亚洲和世界的“最紧密”盟友，安倍政府在“慰问妇”问题上不愿“正式、明确道歉”的态度有悖于日本在世界上的地位。

“当一个国家必须去面对本国历史上最黑暗的篇章时，才是对那个国家的真正检验。它是有勇气直面历史真相，还是逃避历史，绝望而愚蠢地指望历史真相随时光消逝而湮没？”兰托斯说：“事实非常清楚：日本军队强征慰安妇——主要来自中国和韩国——的事实不容否认。”

兰托斯指出，日本与德国在对待战争历史上的态度截然不同。“战后德国作出了正确的选择，而日本则积极推动历史遗忘症。”

“在日本，有些人一直试图扭曲历史，玩弄谴责受害者的把戏。最近，也就是6月14日，日本政府中的一些人在《华盛顿邮报》刊登广告，中伤‘慰安妇’中的幸存者……广告说，那些日军暴行受害者是‘官娼’，在当时普遍存在。这种可笑的论调完全有悖事实。”兰托斯说。

兰托斯最后说，“慰安妇”议案不是为了“打压”日本，而是为“暴行的受害者代言”，“承认可怕事实是为了避免类似暴行重演”。

历史学家普遍认为，二战期间，约20万各国妇女沦为日军“慰安妇”。1993年，时任日本内阁官房长官河野洋平发表讲话，承认日军强征“慰安妇”的事实，并向受害者表示道歉。但是，在此后多起幸存“慰安妇”赔偿诉讼中，日本政府以种种借口，拒绝作出赔偿。日本领导人还曾于2007年3月诡辩道，没有记录证明日军强迫亚洲妇女充当“慰安妇”，招致国际社会一片声讨。美联社说，“慰安妇”议案的支持者希望，日本政府能像美国处理战时日裔美国人关押事件那样，向“慰安妇”受害者正式道歉。

太平洋战争爆发后，美国曾在国内设立拘留营，专门收押日裔美国人。美国国会1988年通过法案，并经时任总统罗纳德·里根批准，向日裔美国人道歉并提供赔偿。

2007年6月26日，美国国会众议院外交事务委员会以压倒性优势通过“慰安妇”议案，要求日本政府正式承认“慰安妇”问题，正式道歉并承担历史责任。对此，日本的一些民权组织表示欢迎，并希望安倍政府能够借此契机彻底解决“慰安妇”问题。

小泉纯一郎在人群里

面对国内外强大的压力，安倍政府却用含糊的言辞低调应对。一名日本政府官员告诉共同社记者，如果日本政府每次都对这样的举措进行回应，只能“使情况变得更糟”。

福田康夫对此没有发表任何观点性的言论。也许他认为美国国会通过这种议案是对安倍先中国后美国行为的回应。

美国众议院外交事务委员会通过的“慰安妇”问题议案在日本朝野引起强烈反响。安倍政府虽然不高兴，但是，日本的多个民权组织对这项议案表示欢迎，敦促日本政府为“慰安妇”问题正式道歉，并要求日本国会邀请受害者出席相关的听证会。

一个代表20多个团体和个人的民权组织“日军‘慰安妇’问题行动网络”发表声明说，希望美国众议院全体会议能够通过众议院外交事务委员会通过的议案，向全世界宣告“国际社会不能容忍日本政府忽视受害者人权，必须恢复那些当年受到伤害的妇女的尊严”。

该民权组织的一名成员壶河广幸（音译）说：“对于那些‘慰安妇’来说，她们的痛苦一直延续到至今。日本政府必须明白，有多少受害者在等待一个正式道歉，能够恢复她们的尊严。”

同民间高涨呼声形成鲜明对比的是，安倍政府却采取了低调和观望的态度。

保护我们的记忆

美国众议院外交事务委员会通过“慰安妇”议案的第二天，安倍内阁官房长官盐崎恭久在举行的例行新闻发布会上说，每个国家的议会都有独立行事的权力，日本政府不应擅自发表评论。2007 年 4 月，安倍晋三访问美国时已经向美方表明了日本政府在“慰安妇”问题上的立场，那时候他要说的话都已说过，现在安倍政府已经是“无话可说”。

盐崎恭久同时强调，日美盟友关系不会因为上述一议案“受到影响和动摇”。

美联社驻东京记者稻垣金江认为，盐崎恭久的这番话已经表明，安倍政府不会再为“慰安妇”问题正式道歉。

议案开头说，由日本政府强行推动的“慰安妇”制度是一种性暴力行为。无数“慰安妇”被集体强奸、强制流产、玷污，导致身体遭到残害甚至死亡，或最终自杀。

议案说，日本学校正在使用的新教科书均对“慰安妇”悲剧和日本在二战中犯下的战争罪行只作轻描淡写的叙述，试图减轻其罪行。

议案最后对日本提出 4 点要求：

1．日本政府以明确的态度正式承认日军强征“慰安妇”的事实，进行道歉并同时负起历史责任。

2．呼吁日本首相发表正式道歉声明。

3．对类似否认日军强征、性奴役“慰安妇”的任何主张，日本政府必须予以明确、公开的反驳。

小泉纯一郎与布什总统

4．日本政府必须按照国际社会提出的有关“慰安妇”建议，对这一代和下一代进行事实教育。

7月30日，众议院议员以口头表决方式一致通过这一议案。

议案要求日本政府以正式、明确的方式承认“慰安妇”问题，就这一问题道歉，并承担相应的历史责任。

这份议案虽然没有法律的约束力，仅仅具有象征性意义的道德伦理上的指责，但是，一石激起千层浪，仍引起日本社会极大关注。美联社说，这份议案已经引起日本朝野的不安，并使美日这两个盟国的关系紧张。韩国联合通讯社评论说，通过这一议案对安倍政府来说是“重重一击”。

福田康夫觉得这种没有法律效力的议案，对日本政府的打击却很大。特别是安倍晋三领导的自民党刚刚在日本参议院选举中遭遇惨败。还没有从失败中喘过气来，美国国会又出这一招，使得安倍防不胜防。其实在此之前，日本驻美国使馆曾要求美国在日本参议院选举后再表决这一议案，以免表决结果影响选举。可是，美国国会并没有按日方的要求行事。

韩国联合通讯社报道说，过去几个月来，来自美国各个地区的韩裔美国人民间团体为使这一议案获得通过进行了大量游说工作，而日本也进行了“反游说”活动，日本驻美国大使在一封信中说，如果众议院通过这一决议，将给日美同盟关系造成“持久且伤害性影响”。

美联社说，这一议案的支持者希望安倍政府能像美国处理二战时日裔美国人遭关押事件那样，向“慰安妇”事件中的受害者正式道歉。

长期以来，日本一些右翼政客妄图掩盖日军当年的罪行，他们发表言论称外界夸大了“慰安妇”问题，称不应该用“慰安妇”一词形容那些受害妇女，因为她们“得到了报酬”。

美国众议院的议案出台前，一些日本议员和保守派人士要求美国国会撤销这一议案，他们称这一议案“基于与历史事实完全不同的错误信息”。

7月30日，美国众议院外交事务委员会主席、民主党众议员兰托斯说，有些日本人试图歪曲和否认历史，并把责任推给受害者，这“令人恶心”。

他说：“不能否认当年日本军队强迫过成千上万的亚洲妇女，那些假定所有‘慰安妇’欣然合作并自愿行动的人一定不理解强奸一词的含义。”

“必须承认残忍的事实。”兰托斯说，“整个世界等待安倍政府全面清算历史。”

兰托斯表示，安倍政府应该明确就“慰安妇”问题道歉，缺乏这种道歉对任何重视美日关系的人都是“烦扰”。

当天，前“慰安妇”李金洙在美国众议院观看了辩论和表决过程。

这位韩国老妪 2007 年 2 月曾在美国国会作证，陈述日军当年对她施加的暴行。

小泉纯一郎由飞机舱往外走出

加利福尼亚州民主党国会众议员迈克·本田是这份议案的主要倡议者。这位日裔美国人说，面对这一议案，李金洙唯一能做的就是哭泣和说谢谢，因为这给了她极大的精神安慰。

见证过那段历史的前“慰安妇”已经越来越少，仅存的一些人都已进入暮年。众议院外委会成员伊利安娜·罗斯—莱赫蒂宁说：“对于每个幸存下来的‘慰安妇’来说，这一问题不是历史性的，绝对是切身问题。”

李金洙说：“这一决议能带来治愈亚洲伤痕的程序……我每天都能想起那些如今已不在我们身边的人。”

本田说，鼓励日本政府正式道歉是正确之事，这“存在于我的脑海中，存在于我的心中，也存在于所有那些关心人权的人的脑海中和心中……今天，众议院将向日本政府传递信息。日本政府必须要为‘慰安妇’承受的屈辱正式且明确地道歉”。

决议通过后，议案支持者鸿日晟说：“这显示正义依旧存在，日本应该真诚为自己过去的错误道歉……如今这一决议给了它机会。”

7月31日，韩国外交通商部表示，韩国政府对美国国会众议院通过有关“慰安妇”问题议案表示欢迎。

韩国外交通商部发言人说，韩国政府同时期待日本能以美国国会众议院此次通过有关“慰安妇”问题议案为契机，虚心接受国际社会的劝告，作出正确反应。韩国政府期待日本政府在美国国会众议院一致通过有关“慰安妇”问题的议案后，能展现给世人一个新的面貌。

同一天，日本内阁官房长官盐崎恭久在新闻发布会上表示，美国国会通过的谴责日军在二战时期强征慰安妇议案是“令人遗憾的”。据美国媒体消息，盐崎恭久明确表示，日本对此已做了大量的解释，“该议案的通过是很令人遗憾的”。

同一天中午，安倍晋三在回答记者提问时，他说了很多话，但是他并没有说自己会代表日本政府向“慰安妇”表示谢罪。

日本“日本战争责任资料中心”等民间团体要求日本政府向“慰安妇”表示正式谢罪和调查“慰安妇”问题的真相，并向“慰安妇”支付赔偿金。这些民间团体认为，日本政府以往在“慰安妇”问题上所表示的所谓“谢罪”并没有得到被害者们的理解。

美国众议院以口头表决方式一致通过了谴责日本在二战期间强征“慰安妇”的决议案。这是美国国会第一次以如此明确的语言批评日本回避或企图逃脱历史罪责。

面对国际社会和当事国而言，美国众议院此举无疑表达了两个明确的信息：一是日本对“慰安妇”等战争罪行负有不可推卸的历史责任，这一点早已是国际社会的共识；二是日本右翼近来刮起的妄图为二战罪行翻案的歪风招致了国际社会的反感。美国舆论认为，此次“慰安妇”决议案得以在国会一路顺利过关，在议员当中一呼百应，与近来日本右翼妄图抹杀和篡改历史事实的举动有很大关系。

美国众议院外交事务委员会主席汤姆·兰托斯指出，“慰安妇”问题铁证如山，无可抵赖，日本应无条件地承认这一罪行，全世界正期待日本政府对其有关历史进行彻底反思。也有议员指出，如不追究日本在“慰安妇”问题上的历史责任，那就“等于容许此类暴行再次发生”。

“慰安妇”制度是日本军国主义违反人道、违反人性伦理和违反战争常规的国家犯罪行为，是人类文明史上罕见的暴行。在“慰安妇”问题上，日本少数右翼分子试图抹杀历史，到头来却弄巧成拙、欲盖弥彰。其实，不只在“慰安妇”问题上，在其他历史问题上，几乎都是日本右翼势力首先挑起事端，或否认历史，或歪曲事实，但结果也都是“搬起石头砸自己的脚”。这次来自盟友的“直谏”应该让患有战争病的人深刻反省。

广岛的和平祈祷

福田康夫不会忘记，也不应该忘记。1945 年 8 月 9 日，他正在东京学大艺学附属小学读书，那时就明白美国空军向日本长崎投下的名为“小男孩”的原子弹太可怕、太恐怖了。这团蘑茹云的阴影直至现在还没有完消失。2007 年 8 月 4 日，美国国家核安全局（NNSA）和日本科学家表示，美国和日本研究机构将进行核反恐合作。日本的研究机构曾对广岛和长崎原子弹爆炸受害者以及比基尼岛氢弹试验受害者进行调查，他们将调查数据提供给美方，帮助美国制定应对核恐怖威胁的措施。

日本共同社报道，美国负责反核恐怖主义的“生物学辐射量推定细胞学研究所”（CBL）已和日本放射线影响研究所展开合作。

2006 年美国政府在田纳西州橡树岭设立了 CBL，其主要工作是在恐怖分子使用核武器或其他放射性炸弹的情况下，确定受害者遭受的辐射量。

美国国家核安全局官员说，过去 5 个月里，日本放射线影响研究所专家阿波章夫帮助 CBL 的戈登·利文斯顿博士进行针对核恐怖威胁的生物学研究。

阿波章夫是一名研究染色体异常的专家，曾对当年的广岛和长崎原子弹爆炸受害者进行过详细调查，研究过核爆炸幸存者的100多万个细胞。退休之后，阿波章夫在日本著名科研机构放射线影响研究所担任顾问，是活跃于这一领域的权威。

小泉在广岛核爆炸死难者墓前献花圈

日本放射学研究协会也参加了同美方的合作项目。该机构专门研究了1954年比基尼岛氢弹试验造成的辐射影响，当时严重的核辐射造成23名日本渔民死亡。

美国官员说，美日两国这一合作项目具有重要意义。如果恐怖分子使用核武器或放射性炸弹发动袭击，紧急救援人员可以根据相关研究结果快速妥善地治疗核辐射受害者。

共同社报道说，利文斯顿在阿波章夫的帮助下，已制作了发生核恐怖袭击时所需的基础数据。这组基础数据反映了染色体异常发生概率与被辐射量之间的关系。在发生核恐怖袭击的情况下，救援人员将抽取受害者血液样本进行检查，确定某染色体异常程度。然后通过推定辐射量的数据模型，推断受害者所遭受的辐射量，确保受害者根据轻重缓急的情况获得妥善治疗。

美日两国在核反恐领域的合作是基于两国的军事战略同盟，但许多当年的核爆受害者却感到心情特别的复杂。

福田康夫刚刚 9 岁时，广岛和长崎在 1945 年 8 月遭受美国投掷的原子弹轰炸，在日本国民中留下挥之不去的阴影。2007 年 6 月，日本前防卫大臣久间章生公开表示，美国向日本投原子弹是“无奈之举”。这一言论遭到日本国内舆论的猛烈批评，久间被迫提出辞呈。

日美之间的这次合作是建立在日本放射线影响研究所的研究成果基础之上，广岛和长崎的核爆受害者指责这家研究所只顾搜集数据取悦美国人，对于受害者治疗技术的研究根本漠不关心。

现年 68 岁的弘至原田是广岛核爆炸受害者，曾担任日本和平纪念馆馆长。他说：“我的心情很复杂。美国人有理由认为他们需要采取积极主动的措施以应对当前局势。但我还是很难接受这一道理。”

美国国家核安全局称，将采取严格措施确保日本核爆受害者的个人调查数据不会被滥用。但是，该机构同时表示，一旦发生核恐怖袭击事件，医生会借助对核爆受害者调查获得的知识，帮助受害者进行短期和长期的治疗。

2007 年 8 月 6 日，数万人在日本广岛和平纪念公园举行活动，纪念广岛遭原子弹袭击 62 周年。安倍晋三在致辞中说，日本将继续坚持“无核三原则”，并将为在世界范围内废除核武器努力。

参加纪念仪式的人有当年原子弹爆炸的幸存者，也有儿童和来自世界其他国家的参观者。他们满脸悲伤开始了一分钟的默哀。62 年前的那一时刻，为敦促日本在侵略战争中迅速投降，美国轰炸机向广岛投下了人类历史上第一颗原子弹。

据估计，约有 14 万人在原子弹投放当天和其后几个月内丧生。广岛原子弹爆炸几天后，日本长崎市也遭原子弹袭击。

广岛市市长在纪念仪式上描述了原子弹爆炸后的恐怖情形，他说：“即使那些设法幸存下来的人，那里对他们来讲也是他们祭祀死者的地狱。”

原子弹的余毒仍旧在扩散，广岛迄今每年还有人死于因原子弹爆炸而引发的各类疾病，政府最近在广岛原子弹受害者名单上又加上了5221个人的名字，这使广岛市因原子弹伤害而死亡的人数达到25.3万人。

福田康夫来到国会议员之中

"我们永远不能忘记原子弹爆炸幸存者为阻止第三次原子弹爆炸所做的工作。他们说出了那些对他们来讲宁愿遗忘的经历,为的是希望其他人不再遭受他们遭受过的灾难。"

参加纪念仪式的人还放飞了1000只和平鸽。

安倍晋三在致辞中说:"自从第二次世界大战以来,日本62年来一直在走通向和平之路,世界上任何一个地方都不能重复广岛和长崎的悲剧……我们将全身心地为废除核武器和实现世界和平而努力。"

2007年广岛遭原子弹袭击纪念活动处于敏感时期,因为一些日本政坛人物以朝鲜2006年10月核试验为由,建议政府至少应就发展核武器进行讨论。这在日本朝野引起巨大争议,并引起日本周边国家的警惕。

福田赳夫曾是前首相佐藤荣作内阁大藏大臣,他听过佐藤1968年1月在国会发表施政演说时提出"不制造、不拥有、不运进核武器"的"无核三原则"的讲话。当福田赳夫改任外务大臣时已是1971年了。就在这一年,"无核三原则"在众议院全体会议通过,从此成为日本政府关于核武器的基本政策。

安倍重申日本将继续坚持"无核三原则"。"我们保证将遵守宪法的规定,真诚地谋求世界和平并坚持'无核三原则'。"

许多日本民众呼吁美国弃核,日本地方官员在纪念仪式上还批评世界上的核大国不肯放弃核武器。他们还在讲话中点了美国的名。

"由于某些过时的领导人无视原子弹爆炸现实与受害者所传信息,人类依然面对着毁灭的危机。""日本政府必须对美国的政府说'不',因为那(原子弹爆炸)已过时且是错误。"

日本在反对核武器的行动中应该发挥主导作用。人类有目共睹的是,"日本是唯一一个遭受原子弹攻击的国家,日本政府应该恭谦地从受袭击的现实中学到东西,并传播受害者的观点"。

当天,安倍在敬献花圈后说,日本作为世界上唯一一个遭过原子弹袭击的国家,有责任告诉国际社会,日本从这一悲惨经历中得到的经验,要把悲剧留下,把和平带回家。

邻国：历史的宿怨

福田当选之后首先面对的是如何修复与周边国家的友好合作关系。中日关系涉及钓鱼岛归属问题，还有靖国神社等敏感政治历史问题；日韩关系牵扯独岛所有权等问题，这些既是历史遗留问题，也是现实急需解决的问题。

中国人都知道，钓鱼岛问题，即日本非法对我国领土钓鱼岛列岛提出主权要求而引发的中日两国在钓鱼岛列岛上的领土争端。

众所周知，钓鱼岛等岛屿是中国的领土，位于中国东海大陆架的东端，在地质结构上是附属于台湾的大陆性岛屿。钓鱼岛列岛位于台湾岛东北约120海里处，东西分别距中国大陆和日本冲绳各约200海里，附近水深100至150米，与日本冲绳群岛之间隔有一条2000余米深的海沟。它由钓鱼岛（面积约5平方公里）、黄尾岛（1080平方米）、赤尾岛（154平方米）、南小岛（463平方米）、北小岛（302平方米）和冲南岩、飞濑小屿以及一些礁石组成。岛上盛产山茶、棕榈、仙人掌、海芙蓉及珍贵药材。自古以来，中国台湾、福建等沿海及内陆人民常到这里捕鱼、采药。这里还是中国东海的一个大渔场，周围一带海底还蕴藏着丰富的石油资源。因岛上无淡水，向来无人居住。

1894年日本发动甲午战争，清朝政府战败。1895年4月17日，日本政府强迫清朝政府签订《马关条约》，把"台湾及所有附属岛屿和澎湖列岛割让给日本"。1896年4月1日，日本天皇发布第十三号敕令，把钓鱼岛等岛屿划归冲绳县八重山郡管辖。从此以后，日本政府于1900年把袭用了几百年的钓鱼岛等岛屿的名称，改为尖阁列岛。第二次大战后，日本政府只把台湾岛和澎湖列岛归还了中国，但将附属于台湾岛的钓鱼岛等岛屿以归冲绳县管辖为借口交由美军长期占领。1951年，美、日等国背着中国，非法签订了《旧金山和约》，美国政府根据这一条约片面宣布对钓鱼岛等岛屿拥有所谓的"施政权"。当时周恩来总理发表声明，表示中国政府坚决不承认《旧金山和约》，并强调指出，中国人民准备随时给予妄图侵犯我领土的人以严重打击。1958年，福田康夫还在早稻田大学政治经济部经济学专业念书，中国政府就发表关于领海声明，宣布日本归还所窃取的中国领土的规定"适用于中华人民共和国一切领土，包括台湾及其周围岛屿"。

胡锦涛与小泉交谈

1968年，经勘察发现钓鱼岛周围海底蕴藏着丰富的石油资源。1970年7月，一艘琉球海岸巡防船开到钓鱼岛等岛屿，在岛上设立表明这些岛屿属于冲绳县的标记，并无理驱逐前去捕鱼的中国渔民，非法摧毁岛上原有的表明这些岛屿属于中国的标记。1971年，美、日两国达成归还冲绳的协议。美国国务院无视中国主权，援引《旧金山和约》，把钓鱼岛等岛屿划入"归还区域"。为此，中国外交部一再发表声明，严正指出：钓鱼岛、黄尾屿、赤尾屿、南小岛、北小岛等岛屿是台湾的附属岛屿。它们和台湾一样，自古以来就是中国领土不可分割的一部分。

1972年9月，首相田中角荣访华，中日两国建立了外交关系。在恢复邦交的谈判中，周恩来总理从中日友好的大局出发，提出把钓鱼岛等岛屿的归属问题挂起来，留待将来条件成熟时再解决。当时双方就这一点达成了协议。中日建交以后，日本官方从未提及钓鱼岛等岛屿的归属问题。1978年，邓小平副总理赴东京签署《中日和平友好条约》，再次阐述了中国政府有关钓鱼岛问题的立场和主张："尖阁列岛"我们叫钓鱼岛，这个名字我们叫法不同，双方有着不同的看法，实现中日邦交正常化的时候，我们双方约定不涉及这一问题。这次谈中日和平友好条约的时候，双方也约定不涉及这一问题。他指出，"我们认为两国政府把这个问题避开是比较明智的。这样的问题放一下不要紧，等十年也没有关系"。他表示将来总会找到一个大家都能接受的方式来解决这个问题。

但从1978年开始，日本政府及右翼政治团体背弃中日建交时双方把钓鱼岛等岛屿归属问题搁置起来的协议，一再对外宣称钓鱼岛列岛是日本的领土，对中国渔船到钓鱼岛列岛海域捕鱼提出"抗议"。福田上任之后又将如何处理这个历史遗留问题呢？

日本与中国有钓鱼岛之争，与韩国也有一争。例如，独岛（日称"竹岛"）争端，即韩国和日本之间的领土纠纷，成为影响韩日关系的重要问题。两国因"独岛"问题有时甚至达到剑拔弩张的地步。

独岛位于日本海西南部，总面积约0.23平方公里。在日本海西南部，靠近朝鲜以东海域，还有个较大的岛即郁陵岛，该岛距韩国本土约113公里，独岛距郁陵岛有145公里左右。由于郁陵岛在公元6世纪初成为韩国领土，韩国据此认为作为郁陵岛的附属岛屿，独岛自然也应该是韩国的领土。

独岛在未被日本纳入版图之前，日本人称之为"松岛"。1905年1月28日，日本内阁会议正式决定把"松岛"改为"竹岛"，隶属于日本岛根县隐岐岛。1905年2月22日，岛根县知事根据日本内阁会议决定，宣布独岛是日本领土，并于1906年通报给韩国政府。第二次世界大战后，日本大藏省对独岛实行管辖，直至1953年，日本渔民也常到隐岐岛和独岛一带捕鱼。日本认为只是到了1946年日美缔结“占领军备忘录”后，日本才“暂停行使”对该岛的行政权。韩国则认为日本提出的对独岛拥有主权的理由不值一驳，因为当时韩国的内政外交权力已被日本剥夺，日本要霸占韩国任何一块领土，韩国都无力抗拒，更何况早在公元512年，独岛就已被纳入当时朝鲜半岛新罗国的版图，先后被称为竽山岛、三峰岛和加地岛；而日本18世纪的有关史书也承认该岛是韩国领土。

安倍晋三的中国之行

到了1952年1月18日，韩国发表海洋主权宣言，理所当然地将独岛划入其领海范围内。日本政府对韩国提出抗议，不承认韩国的领海划分法。1953年，日本在独岛上建立领土标志牌。1953年7月12

日，韩国武装渔船登上独岛，完全控制了该岛。1954年，韩正式将独岛划归郁陵岛行政管辖。日本对此提出数十次抗议。自1952年日本首次提出独岛归属问题以来，年年都定期向韩国递交外交照会，提议商讨这一问题，而韩国则回应主权不可讨论。在韩日建交谈判中，独岛问题又成为一颗定时炸弹。1962年9月，日方有代表认为："因为竹岛这样一个小岛引起纠纷，不如干脆把它炸掉。"20世纪50、60年代，日本都是通过右翼团体宣布对独岛拥有主权，但从20世纪70年代后期开始，日本首相、外相也开始提出对独岛拥有主权的主张。1974年两国在谈判划分对马海峡大陆架时，回避了独岛主权问题，将界线暂划至该岛西南71.3海里处。1977年8月，日本海上保安厅的巡逻船到独岛附近活动，韩国以"侵犯韩国领海"为由，派军舰驱赶，并通告日本政府。1981年11月，韩国海军在独岛修筑守岛工事。1988年，针对苏联军用飞机在独岛上空飞行，为了显示"主权"，日本政府向苏联提出强烈抗议，称是"侵犯"了日本的"领空"。在1993年召开的韩日外长会谈中，日外相称，独岛从历史和国际法上是日本领土，韩国占领独岛非常"令人遗憾"。

韩、日两国虽然在独岛主权问题上各执一词，互不相让，但均不想把独岛争端闹大。一方面要友好，另一方面又要在行动上都有所克制，仍保持频繁的外交接触。经多次会谈，双方同意将领土问题与渔业问题分开解决。这样，独岛主权问题又被搁置了起来，分歧依然存在。安倍走了，福田能否解决这个矛盾吗?

靖国神社，是一直困扰日本与周边邻国关系的一大障碍。

靖国神社是日本近代史上军国主义对外侵略扩大的精神支柱。它建于1869年(明治维新第二年)，最初叫"东京招魂社"，1879年改称为"靖国神社"。它把在明治维新以来历次战争、其中多为对外侵略战争中死去的亡灵作为神来祭祀。每年4月21—23日和10月17—19日，都要在这里举行春秋两次"大祭"。

靖国神社坐落在日本东京九段北，总面积为10多万平方米。正门前是1974年重建的高25米、椽长34米的铁铸大牌坊。大门外两侧是建于1935年的两座石质纪念塔，高10余米，塔身上有16块浮雕，碑文上写着“追慕为皇运的扩展而献身的尽忠靖国之士和景仰他们的遗烈”。纪念塔八面柱体上的浮雕饰有描绘历次战争的场面，并有文字说明，其中包括：1894年中日甲午战争期间，日本“联合舰队击破清朝北洋水师”；1900年八国联军入侵中国，日本军“占领天津城”；1904年日俄战争期间，日本广濑中佐等“封锁旅顺要塞”；1905年日俄战争期间，日本“大山满洲军总司令官及其幕僚举行奉天入城式”；1932年上海附近空战，侵华日军“击落敌机”。在名目繁多的靖国神社中，从正门到大殿的参拜甬道中间立有近代日本陆军创立人之一大村益次郎铜像。正殿里悬挂有当年明治天皇书写的“为国捐躯，永祭壮士魂”的牌匾。神社东侧有一栋占地1万平方米的名为“游就馆”的展馆。里面陈列着历次战争时期的遗物和历史资料。其中有日军使用过的大炮、飞机、坦克、鱼雷以及军舰的模型，还有侵华日军作战用的地图、军装、军人日记、奖状、武器、写着“武运长久”的太阳旗，以及1932年3月16日天皇命令日军侵占中国上海的诏书等。日本前联合舰队司令山本五十六的军礼服、“神风突击队”队员的遗书等都被展出。神社里还有为悼念在战争中殉职的战马、军犬和军鸽而建立的慰灵碑。

“灵玺簿奉安殿奉供”着明治维新以来250万日本军人的灵位，其中包括1894—1895年中日甲午战争、1894年借口日本渔民被杀入侵台湾、1900年日本参加八国联军入侵中国、1904—1905年日俄战争、1914—1918年第一次世界大战期间日本出兵进攻中国青岛等地和太平洋上的德国殖民地、1931年九·一八事变、1937年七·七卢沟桥事变开始的侵华战争、1941—1945年太平洋战争等战争中死亡的日本军人的牌位。

靖国神社里供奉的灵位有80%以上是在第二次世界大战中丧生的，其中在第二次世界大战后被远东国际军事法庭判处死刑的14名甲级战犯也在内。如侵苏战争、侵华战争和太平洋战争的主要决策者之一东条英机；窃取同盟国各国军事和经济情报的间谍头目、策划伪满洲国的首要分子土肥原贤二；南京大屠杀首恶罪犯松井石根；太平洋战争的主要策划者之一木村兵太郎；以及广田弘毅、板垣征四郎、武藤章等。另外，还有被押期间死去的甲级战犯松冈洋右、永野修身；有被判处无期徒刑的白鸟敏夫、平沼骐一郎、小矶国昭、梅津美治郎；还有被判处有期徒刑20年的东乡茂德。他们均犯有破坏和平罪、违反战争法规惯例及违反人道罪。这14名甲级战犯的牌位是1978年10月，以"昭和殉难者"的名义被从东京品川的品川寺移到靖国神社的。另外，在甲午战争后侵略台湾战争中死去的北白川亲王和侵华战争中死于内蒙古的北白川宫永久的牌位也于1989年10月被安放进去。这些人以及原先就祭祀在靖国神社的乙级、丙级战犯，合计1000余人。正是这些灵位的存在，引发了受人关注的"日本要人参拜靖国神社问题"。

1980年起，日本政府的一些阁员每年都以公职身份来靖国神社参拜这些战争罪犯的亡灵。1985年8月15日，以日本首相中曾根康弘为首的内阁大多数成员以公职身份正式参拜靖国神社。1996年7月29日，日本首相桥本龙太郎以"内阁总理大臣"身份参拜靖国神社。2001年8月、2002年4月、2003年1月正在小泉内阁担任官房长官的福田康夫劝小泉纯一郎不要刺激亚洲各国人民的感情。可我行我素的小泉公然三次参拜靖国神社。

日本政界要人，特别是政府首脑参拜靖国神社的举动，是日本政界仍存在一股否认侵略战争思潮的集中反映。参拜靖国神社严重伤害了亚洲人民的感情，遭到亚洲国家和人民，包括日本人民在内的严厉谴责，一些深受日本发动侵略战争之害的亚洲国家对此十分关注，强烈谴责美化日本帝国主义发动侵略战争和称这些战争罪犯为"英灵"的做法。福田当选首相前后都明确表示不参拜靖国神社。人们希望他的做法能成为日本以后首相的榜样。

Prime Minister of JaPan
Yasuo Fukuda

第七章
拿什么『献给美丽的日本』

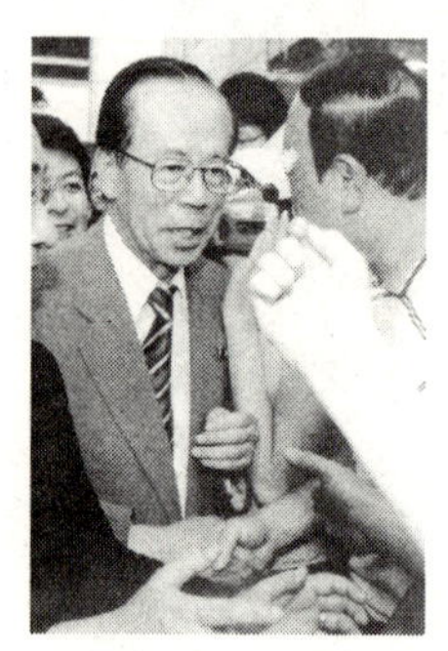

历任首相所要面对的焦点问题，就是修复与邻国的关系。例如，朝鲜半岛无核化问题，钓鱼岛、独岛争议问题，还有历史教科书，“慰安妇”等复杂问题。这些都是任何一届首相所不能回避的大是大非的问题。

核时代的东亚救赎

不论是日本现任首相，还是前任首相都害怕提到核武器，听到核武的声音格外紧张，特别对邻国朝鲜拥有核武器感到惴惴不安。那么朝鲜核武器到底是怎么一回事呢？

早在20世纪90年代，美国通过间谍卫星发现，朝鲜宁边的核研发基地情况异常，怀疑朝在秘密研制核武器。为弄清情况，美以朝是《不扩散核武器条约》签署国为由，要求进行核查，但遭到朝方拒绝。双方对立言论和行动逐步攀升，成剑拔弩张之势，由此产生了第一次朝核危机。

1994年6月，美前总统卡特作为美政府特使赶往朝鲜，与朝最高领导人金日成举行会晤，取得了一定的成果。随后朝美两国于1994年10月签署了《日内瓦核框架协议》，整个事情朝着积极有效的方面发展，朝鲜同意冻结核计划，以美国为主导的朝鲜半岛能源开发组织负责为朝鲜建造两座轻水反应堆，以解决朝鲜的电力短缺问题。在反应堆建成之前，该组织负责每年向朝鲜提供50万吨重油，以缓解朝鲜燃料紧张状况。但朝鲜轻水反应堆工程直到2002年8月才动工，原定2003年完工的电站到最后期限仅完成了不到四分之一。

2002年10月，美国宣称有迹象表明朝仍在秘密研发核计划，违反美朝核框架协议。美国派出特使、负责亚太事务的助理国务卿凯利赴朝鲜商谈。期间，朝鲜代表直言已恢复核计划，并一再强调，任何对朝鲜的制裁和封锁，都会被看作“对朝宣战”，是朝鲜人民的敌人，必将会引起严重后果。朝鲜一直要求与美国进行直接对话，并提议朝美先签署互不侵犯条约，朝鲜在获得安全保障后再放弃核计划。美方则反应强烈，认定朝鲜借此进行讹诈，并确定对朝“不谈判、不交易”的强硬政策。朝核第二次危机因此产生了。

2002年12月起，美国主导的“朝鲜半岛能源开发组织”停止供应朝鲜重油。朝鲜宣布解除冻结的核计划，先后重新启动5兆瓦反应堆等核设施，拆除国际原子能机构监视设备，驱逐国际原子能机构常驻朝鲜核查人员。2003年1月，美国提出由安理会5个常任理事国和欧盟、澳大利亚、日本、韩国和朝鲜举行"5＋5"会谈，朝鲜认为美国把事情

小泉纯一郎的另一面

扩大化了，拒绝美国提出的"5＋5"会谈。美国的计划落空了，朝鲜却更进一步地宣布退出《不扩散核武器条约》。美国对朝鲜强硬的回应感到极为恼火，邻国日本的神经一下子又紧绷起来了。尤其值得关注

的是朝鲜相继宣布退出板门店停战每周例会，进行反舰导弹发射试验。

美国与朝鲜的僵局产生之后，美国高层官员几度表示中国应发挥重要作用。中国对此事不能坐视不管，为了维护亚洲乃至世界和平，出面与朝鲜领导人多次会晤进行沟通。

经中国努力斡旋，2003 年 4 月 23—25 日，中、美、朝三国在北京举行会谈。朝提出一揽子的解决方案，对美称已拥有核弹。美允诺对朝方案进行研究，但拒绝与朝进行双边接触。朝鲜接着在 5 月宣布退出《朝鲜半岛无核化宣言》。2003 年 9 月 2 日，朝宣称已经成功地完成了对 8000 根废核燃料棒的再处理工作，朝鲜将利用核设施和对废核燃料棒进行再处理所得到的钚加强核遏制力。

根据许多迹象，西方国家认为朝鲜很可能拥有核武器，要求朝鲜按照国际原子能机构的规章制度接受检查。1962 年，朝鲜在距离平壤 90 公里处的宁边建造了一个原子能研究所，并于 1965 年 6 月从苏联引进了用于研究的原子能反应堆。1974 年朝鲜加入国际原子能机构。1985 年朝鲜加入《不扩散核武器条约》。20 世纪 80 年代以来一些西方国家的情报机构公布资料说朝鲜的宁边地区有进行核研究的设施。20 世纪 90 年代美国公布了拍摄的有关宁边核设备的卫星照片，美、韩、日等国的报刊也不时刊出推测朝鲜核能力的报道。面对这种形势，朝鲜反复表示，自己不想拥有核武器，也没有能力制造核武器。1992 年 1 月 30 日，朝鲜政府与国际原子能机构签订了《保障监督协定》。同年 5 月 25 日，正式接受国际原子能机构调查团的例行视察。国际原子能机构对朝鲜进行例行视察结果表明，朝鲜确实在宁边建有核反应堆，但没有足够的证据证明它已经拥有核武器的原料。但是美国对此结论却深表怀疑，主张国际原子能机构对朝鲜两个未申报的"可疑"核设施进行"特别视察"，朝鲜则以军事设施为由，坚决反对视察。随后，国际原子能机构作出了对朝鲜进行强制性检查的决定，朝鲜也随之宣布退出《不扩散核武器条约》。在双方僵持对峙的情形下，美国改变态度和强硬立场决定同朝鲜举行副部长级的"高级会谈”，为此提出了有条件改善美朝关系的方案。由于美国的立场发生了根本性变化，朝鲜因势利导，郑重宣布暂不退出《不扩散核武器条约》，朝鲜与国际原子能机构的关系有所缓和。1994 年 4 月，朝鲜更换宁边核反应堆的燃料棒，国际原子能机构要求对拆换下来的燃料棒进行取样检查，朝鲜拒绝了国际原子能机构的苛刻要求。朝鲜一改初衷的决定对遏制核武器并没有多大效力，因此，日本等一些国家接连声称要对朝鲜采取严厉的制裁措施。面对国际社会强大的压力，朝鲜并没有害怕，而是顶住巨大的压力发表令国际社会意想不到的决定，宣布退出国际原子能机构，以更为强硬的立场宣称从此不再接受它的监督和检查。朝鲜不怕制裁的举措，不仅使朝鲜半岛气氛骤然紧张，也使整个世界笼罩在核阴影之中。针锋相对的关头，美国前总统卡特应金日成主席的邀请于同年 6 月 15—18 日访问了平壤，同金日成主席举行了长达 10 个小时的坦率交谈，局势有所缓和。同年 7 月初，

福田康夫回答记者提问

美朝在日内瓦举行了新一轮的会谈。同年 10 月 21 日，美国与朝鲜在

日内瓦签署了关于朝鲜核问题的框架协议，协议主要内容包括朝鲜冻结核计划，更换旧式核反应堆；美国向朝鲜提供有关技术和资金，美朝之间互设联络处，两国实现政治和经济关系正常化。围绕朝鲜核问题的风波暂告平息。同年11月18日，朝鲜宣布已冻结了核计划。

美国和日本等国认为必须消除朝鲜的核武器，因此建立了六方会谈机制。

六方会谈是指中国、朝鲜、美国、韩国、俄罗斯、日本六方就和平解决朝核危机举行的会谈。2003年4月23—25日，中、美、朝三国在北京举行三方会谈之后，中国在朝、美、日、韩进行了多次穿梭外交，韩国、日本、俄罗斯等国家均表示要以和平手段解决朝核问题。2003年5月和6月，韩国总统卢武铉先后出访美国和日本，协调韩、美、日三方立场。俄、日和俄、韩也就核问题进行多次磋商。在国际社会各方的推动下，朝鲜于7月31日同意在中、朝、美、日、韩、俄参加的六方会谈框架内与美国举行双边会谈。2003年8月27—29日，第一次六方会谈在北京钓鱼台国宾馆举行。

首次六方会谈确认了朝鲜半岛无核化目标，启动了和平进程。六方在会谈中，美国和朝鲜在朝鲜先放弃核计划，还是美国先给予朝鲜安全保障的问题上仍然存在很大分歧。双方充分阐明了各自的立场。此外，双方还表达了一些具有建设性的意见。美国强调和平解决核问题是理所当然的，也是必须要做的，美国无意威胁朝鲜，无意入侵和攻击朝鲜，无意更迭朝鲜政权，希望通过谈判解决双方关心的问题，逐步朝着朝、美建立外交关系方向发展和迈进。朝鲜方面表示渴望和平，稳定的国际环境，并愿意与所有国家建立友谊，无核化是朝鲜总的目标，拥核不是目的，只要美国改变对朝政策，不再对朝鲜进行威胁，朝鲜可以放弃核计划，朝鲜愿意与美国和平共存。六方会谈成果越来越明显，特别是朝鲜已同意“去功能化”。这可能对刚刚上任的福田首相来说是一个特好的消息。

2007年11月7日，希尔在北京与朝鲜外务省副相金桂冠会晤后前往首尔。他与六方会谈韩国代表团团长、外交通商部朝鲜半岛和平交涉本部长千英宇会谈，当天下午启程前往日本。

同千英宇会谈后，希尔说，在朝鲜实现无核化之前，美国不会对朝鲜半岛和平机制问题下任何结论。美国已做好准备在朝鲜对核设施实现去功能化、进入弃核阶段后再开展有关朝鲜半岛和平机制的谈判。

朝鲜战争交战双方 1953 年 7 月 27 日在板门店签署了《朝鲜停战协定》，但是，两国并没有签订和平协议。

2007 年以来，朝美关系出现逐步改善势头。9 月中旬，美国总统布什在澳大利亚悉尼参加亚太经合组织领导人非正式会议期间与韩国总统卢武铉会晤说，如果朝鲜"可验证地放弃核武器计划"，美国将考虑与朝鲜签订正式和平协议。

朝鲜半岛和平机制问题此后一直为国际媒体所关注。

韩国外交通商部长官宋旻淳说，韩国政府将在朝鲜核设施去功能化取得实际进展后，推动直接当事国启动朝鲜半岛和平机制谈判。中国已对由韩、中、美四国参与的和平机制表示支持。

希尔还提到美国不再将朝鲜列为支持恐怖主义国家的事宜，称："不再被列入这个支持恐怖主义国家名单并不是对在其他方面努力的一种奖励。这是对一个国家不再参与恐怖主义活动，不再为恐怖组织提供援助的肯定。"

希尔说，朝鲜需要遵守"联合国与国际社会针对恐怖主义的所有惯例和标准"。

2007 年 11 月 1 日，由美国务院韩国科科长金成率领的美国专家小组抵达朝鲜，即将按照六方会谈协议，开始对朝鲜核设施去功能化。根据 10 月 3 日在北京闭幕的第六轮六方会谈第二阶段会议所达成的《落实共同声明第二阶段行动》共同文件，朝鲜将在 2007 年 12 月 31 日以前完成对宁边 5 兆瓦实验性反应堆、后处理厂（放射化学实验室）及核燃料元件制造厂去功能化。这是朝鲜半岛无核化进程中的一个关键环节。

按照协议，美国将在朝鲜兑现承诺后，开始启动不再将朝鲜列为支持恐怖主义国家名单的程序，推动落实终止对朝鲜适用《敌国贸易法》的承诺，这将是朝美实现关系正常化的第一步。韩国联合通讯社援引有关官员的话说，这是朝鲜在六方会谈中提出的关键要求，如果处理不好，可能拖无核化的后腿。

福田康夫则认为朝鲜核问题去功能化对国际社会无疑是一个和平的信号。

"你们没有权利篡改历史"

安倍所遇到的一个麻烦，福田康夫同样也要面对，这就是一直困扰日、中、朝、韩等国家外交关系的大障碍——历史教科书问题。即日本蓄意在历史教科书中篡改其对外侵略历史、美化军国主义罪行，引起日本国内舆论和以中国、朝鲜和韩国为代表的亚洲国家强烈谴责的重大事件。

日本的教科书问题由来已久。战后日本首次出现教科书问题是1955年8月，当时的民主党提出"教科书问题令人担心"，蓄意恢复战前的教育制度。1956年，福田康夫还是一名大学生时，日本政府颁布了《地方教育行政组织和管理法》，废除了《教育委员会法》，把教育委员民选制改为任命制。这实际上排除了日本当局恢复旧教育体制的主要障碍。

到了1958年，在右翼势力的鼓噪下，日本第一次对历史教科书进行重大修改。这次修改不仅不再写明中日甲午战争的侵略性质及给中国人民带来的灾难，反而称赞甲午战争"提高"了日本的国际地位。文部省还利用审定教科书的大权，把有关"战争反省"的内容全部删掉，强制加进了提高天皇地位、复活神化教育等内容。

从1982年起日本把修改教科书推向了高潮。当年6月，日本文部省对送审的历史教科书进行了修改，大量掩盖了日本军国主义侵略中国和朝鲜的历史事实。如：把1931年侵略中国东北的“九·一八事变”，改成日本军队“爆炸了南满铁路的局部地方”；把侵华日军侵略华北，改为“进入华北”；把对中国进行全面侵略，改为“全面进攻”；把在中国推行的杀光、烧光、抢光的“三光”政策，改为中国“抗日运动的展开，迫使日本军队保证治安”等等。此举遭到日本国内舆论和以中国、朝鲜和韩国为代表的亚洲国家的强烈抗议和谴责。

小泉纯一郎与民意调查

在1986年福田康夫已成为社团法人金融财政事情研究会理事，这期间日本再次发生修改教科书事件。送审的《新编日本史》把日本发动的太平洋战争，说成是从欧美列强统治下“解放”亚洲的战争。而日本文部省竟然把这本教科书审定为“合格”。

据二战后日本制定的《学校教育法》规定，日本的教科书书稿由民间学者或教育工作者自由撰写，文部科学省大约每隔4年审定一次。教科书必须经文部科学省（原称文部省）审定方可在学校使用。1997年1月30日，日本一些右翼学者组成了“新历史教科书编撰会”。该会以现行的日本历史教科书带有“民族自虐”性质为借口，鼓吹确立所谓的“自我本位”，编写歪曲史实、否认或美化侵略战争的教科书。他们的目的是向日本年轻一代灌输荒谬而危险的历史观。

2000年4月，“新历史教科书编撰会”通过扶桑社出版教科书，并将样书与原有的7家出版社的样书一并提交文部科学省审定。2001年4月3日，日本政府文部科学省正式宣布，由右翼学者团体“新历史教科书编撰会”主导编写的日本2002年开始使用的初中历史教科书审定为“合格”。从内容上看，虽然文部科学省迫于国内外舆论的压力，要求“编撰会”对书稿中137处明显篡改历史、美化侵略战争的记述进行修改，但这并没有改变书稿中歪曲史实、美化侵略战争的实质。

首先，“新编历史教科书编撰会”对日本的战争罪行进行了彻底隐瞒。如受到世界谴责的“随军慰安妇”问题、臭名昭著的“731细菌部队”问题、残酷的“三光作战”等重大犯罪事实，在教科书中全部销声匿迹。对于最能说明军国主义法西斯罪行的“南京大屠杀事件”，书中写道：“日军认为，只要攻陷国民党政府的首都南京，就能迫使蒋介石投降，于是，日军于12月占领了南京(这时，日军给民众造成许多死伤，南京事件)”。书中特别针对南京大屠杀事件中遇难人数作了否定的说明。相反，教科书中却用大量篇幅赞扬了日本人“为国牺牲的精神”和日本为“解放亚洲作出的贡献”，公然为丑恶的军国主义思想招魂。另外鼓吹“侵略有理”，美化侵略战争和殖民统治，颠倒黑白成为教科书的一大主调。

因此这一审定结果一出来就再次激起了日本国内舆论及亚洲国家的强烈谴责。同年4月4日，中国外交部长唐家璇约见日本驻华大使阿南惟茂，就日本政府审定通过右翼学者编写的初中历史教科书问题向日方提出严正交涉。唐家璇指出，此次教科书事件是继20世纪80年代两次教科书问题之后，日本在历史问题上挑起的严重的政治危机。

与此同时，韩国政府也强烈批判这本教科书“是亵渎受日侵害国的加虐史观”。4月9日，韩国政府宣布临时召回驻日本大使崔相龙，以抗议日本文部科学省不久前审定通过歪曲历史的教科书。4月12日，韩国政府立即召开“日本教科书歪曲历史对策小组”会议，决定采取一切手段，迫使日本重新修改歪曲史实的历史教科书。5月8日，韩国

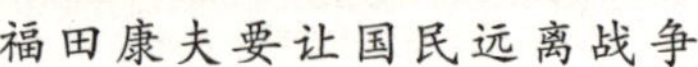

福田康夫要让国民远离战争

外交通商部长官韩升洙召见日本驻韩大使寺田辉介，针对4月初通过的中学历史教科书，正式向日本政府提出了35处修改要求，并表示如果日方拒绝修改，韩国将会采取相应措施。

面对正义的抗议，日本政府仍充耳不闻。5月17日，小泉纯一郎就中国要求日本修改历史教科书问题时称，历史教科书不能修改。5月23日，日本颇有争议的历史教科书仍正式出版发行，并于2002年4月正式在日本中学投入使用。6月5日，粉饰日军在20世纪40年代的暴行、引起亚洲国家愤怒的日本新历史教科书也开始在日本书店出售。

从某种意义上讲，日本出现这种明目张胆地为侵略战争翻案的教科书，是日本政治右倾化和狭隘民族主义抬头的一种必然表现。日本政府对这类教科书出笼负有不可推卸的责任。因为，在日本现行的教科书审定制度中，文部科学省作为日本政府的主管部门拥有最终审定权。但是，日本文部科学省不顾国内舆论的谴责和亚洲各国人民的抗议，采取了含糊以至纵容的态度。

从日本篡改历史教科书的全过程不难看出，这一事件有着深刻的历史和社会背景。问题焦点在于从二战以后，围绕那段不光彩的侵略历史，日本国内始终存在着反省与否认两股势力、两种思潮。日本社会整体上未能像德国那样与侵略历史划清界限，以致在国际上早有定论的侵略战争问题上未能形成正确的法律基准、政治结论和舆论共识。虽然二战结束后，占领日本的美国对日本教育曾经进行了改造，沉重打击了妄图恢复和继续推行军国主义教育的右翼势力。但是，伴随美国对日政策的转变，日本教育领域内右倾思潮又重新抬头。

特别值得关注的是，最近的这次教科书事件反映了20世纪90年代以来，日本经济萧条、政局动荡、社会迷惘，给狭隘民族主义的滋生提供了温床；“革新势力”的衰退，导致了政界“总体保守化”；日本急于推动政治大国战略，凸显出其在历史问题上与亚洲各国的矛盾；不甚了解历史真相的日本“战后一代”走上社会后，对翻案运动缺乏识别和抵制能力。在新的社会条件下，日本国内和平势力大为削弱，右翼势力变得有恃无恐。

慰安妇:无法终结的痛

似乎全世界都认识到日本二战期间的“慰安妇”制度是严重伤害女性权力的犯罪行径,历任首相对待这个严肃问题的态度总是很暧昧。

作为新任首相福田康夫又会如何处理“慰安妇”问题呢?

“慰安妇”在英文中被译为“性奴隶”。“慰安妇”问题是一个历史遗留问题,是在第二次大战时日本政府强掳亚洲国家妇女充当日军的性奴隶,并有计划、按比例地为日军配备“性奴隶”由此而引发的一系列问题。“慰安妇”历史也是世界妇女史上最为惨痛的真实记录。

20世纪30年代,第二次世界大战爆发后,日本军国主义分子为实现其“大东亚共荣圈”的梦想,对亚洲国家发动了大规模的侵略战争。战争极为残酷和旷日持久,日军纪律日渐涣散,战斗力直线下降,特别是日军奸淫成性,性病在军中蔓延。日本军方为稳定军心,决定建立“军妓”制度。这种损害人性的勾当最初是军方出钱进行的,由日本商人在国内招募所谓“慰安妇”。

1938年1月第一批“慰安妇”100多人(最初征召的“慰安妇”是日本国内的关西妇女,后来是长崎妓女,另外还有许多被诱骗的朝鲜女子)到达中国上海。1938年1月13日,日军在上海杨家宅设的第一所“慰安所”开业,它由日本军方后勤司令部管理。从此“慰安妇”人员迅速扩展。她们先被送往上海,再被分送陆军前沿阵地。北至寒冷的西伯利亚,南到热带的新几内亚,凡有日本军队的地方就有了随军妓女和军中妓院。

日军按40名官兵分配1名慰安妇,有的战区则是100名官兵分配1名。但是,随着慰安妇制度渐渐广为人知,通过欺骗手段征用慰安妇越来越困难了。于是,日本军方决定在中国、印度尼西亚、新加坡、菲律宾等地野蛮地强迫当地女子做日军慰安妇。从1932—1945年,中国大陆至少有20万妇女沦为日军性奴隶，她们分布在22个省、自治区、直辖市。据专家考证，上海是全世界“慰安所”最多的城市，已查证的有83所。据各国学者研究、调查，在亚洲各国起码有40万妇女被迫沦为“慰安妇”，而中国是最大受害国。

有着酷酷长发的小泉纯一郎，俨然是个“偶像”

在近代史上，日军是唯一有随军妓女的军队。这种事甚至连日本军部也觉得非常丑陋，所以当时有关军中妓院和妓女的事都属机密事项，不允许新闻媒介报道。日本战败后，日本军方又将大部分材料销毁，企图隐瞒摧残人性的滔天罪行。同时由于各种原因，受害的妇女对之也讳莫如深。直到1991年8月，朝鲜半岛的金学顺老太太曝出她早年的惊人身世，“慰安妇”方才引起国际社会的广泛关注。

金学顺的勇敢行动使另外两名昔日的“慰安妇”也站了出来。1991年12月6日，这3名昔日“慰安妇”和韩国“太平洋战争牺牲者遗族会”一行32人前往日本，向东京地方法院提出诉讼，要求日本政府对当年“慰安妇”予以赔偿，每人金额2000万日元。

小泉纯一郎与全体内阁成员

1992年1月13日，日本《朝日新闻》在头版头条，首次披露日本官方无可辩驳的有关"慰安妇"问题的档案文件。日本内阁官房长官加藤于当天发表谈话，首次正式承认"日军曾以某种形式参与招募随军慰安妇和经营慰安所的活动"，并对此表示日本方面的"深刻忏悔和遗憾"。

同年1月18日，韩国外长李相玉明确要求日本政府向受害者及其家属进行赔偿。韩国政府为此成立了解决该问题的专门班子。在韩国政府的要求下，日本政府外务省、防卫厅、厚生省、警察厅、文部省、劳动省等6个省厅开始调查日军慰安妇问题。1992年7月6日，日本公布调查结果，称："当时的日本政府参与了招募、经营、管理慰安妇。"但日本政府在慰安妇问题上是否参与采用暴力手段，"难于确认事实”。

与此同时，韩国方面也在进行慰安妇问题的调查。韩国政府同年7月31日发表了题为《日军下的随军慰安妇实态调查中期报告》。报告指出，日军侵入中国东北后，从1932年开始就以保持战斗力为名开始制定慰安妇政策，1937年南京大屠杀之后全面实施。

根据大量事实而定，征设“慰安妇”是日本军队有组织的集体犯罪，也是日本政府的集体犯罪，因此，日本政府必须给所有受害者以公正的交代。在受害各国的共同努力下，2000年12月8日，2000年东京女性国际战犯法庭在日本东京九段会馆模拟开庭，开始了对日本军国主义暴行的世纪大审判。来自朝鲜、韩国、中国、中国台湾、菲律宾、印尼、东帝汶、荷兰等世界8个国家和地区的约80名慰安妇或日军性奴役的受害者出席了这次大审判。

问题解决的焦点要通过法律进行。2000年东京女性国际战犯法庭是亚洲地区妇女和人权组织发起的一个民间法庭，它既不隶属于某个国家，也不隶属于任何国际机构。虽然它不是司法意义上的审理，但是其审判程序和人员组成严格依据法律规范，体现了审判的严肃性和民众的良知与义愤。成员有上海师范大学中国慰安妇研究中心、朝鲜太平洋战争受害者及原慰安妇赔偿对策委员会、韩国挺身队对策协议会、菲律宾亚洲妇女人权中心、中国台北妇女救援基金会、印度尼西亚妇女联盟、马来西亚慰安妇援助网、缅甸慰安妇援助网等。法庭的任务是敦促日本政府承认侵害妇女的战争罪行，向受害国和地区进行正式谢罪，并尽快对死难者和幸存者进行谢罪和赔偿。

经过5天的审判，女性国际战犯法庭12日就日军在二战期间强征慰安妇的行为做出初步判决，日本裕仁天皇被判犯有战争罪和反人道罪。然而日本政府以及右翼势力在慰安妇问题上仍一直回避事实。

2000年12月，东京上诉法院就曾驳回了菲律宾慰安妇的赔偿要求。2001年3月26日，日本东京地区法院驳回了韩国二战慰安妇和被迫参军的老兵争取赔偿的要求。2001年5月30日，东京地方法院以“诉状所根据的条约并没有将国际法上的损害赔偿请求权提供给个人"为由驳回4名山西省盂县农民的起诉。案件宣判后，由近300名日本律师组成的中国慰安妇诉讼律师团称这个判决是对原告尊严的侵犯，他们决心把这场官司打到底，并准备于2001年7月代理第三批索赔的中国海南8名"慰安妇"向日本法院起诉。同时在2001年6月19日上午，中华全国律师协会、中华全国妇女联合会、中国人权发展基金会在北京发表声明，就日本东京地方裁判所做出的驳回日本侵华战争中中国受害妇女索赔诉讼的判决感到震惊，并表示支持中国受害妇女提起上诉。据称，这是中国民间团体首次公开声明支持中国受害妇女讨回公道获得赔偿。

其实早在2001年2月14日，中国慰安妇问题研究中心、上海静安区公证处和上海天宏律师事务所3方组成了一个特殊的团队，为上海崇明岛上的3名慰安妇作"受害事实法律公证"。这是国内首次为慰安妇作法律公证。

然而在日本国内却仍有其他杂音。2001年5月23日，日本颇有争议的历史教科书正式出版发行。在这本历史教科书中，当局对被迫为日本侵略军提供性服务的"慰安妇"只字未提。这引起了中国、韩国和许多其他亚洲国家的政府和人民的强烈抗议。有关专家认为，日本应负的法律责任是多方面的：侵犯人权；违反禁止奴隶交易的国际公约；违反人道法；违反国际劳工组织制定的《禁止强迫劳动公约》；违反国际惯行的保护妇女儿童权利的法规；违反了关于禁止妇女卖淫的国际法。对于此问题，1992年江泽民总书记访日前就表明："我国放弃国家要求日本给予战争损失赔偿，但是对民间要求赔偿的动向不加限制。"这就表明中国政府放弃对日本国家的战争损害赔偿要求，只是国家政府间的，不包括国民的赔偿要求。

然而，至今日本政府仍拒绝为日军建立"慰安妇"制度和经营"慰安所"的行为承担法律责任。到目前为止，向日本起诉的慰安妇索赔案约9起，涉及中国、韩国、朝鲜、菲律宾等国家，但大部分诉讼或久拖不决，或被驳回。因此慰安妇问题的彻底解决仍任重道远！

这是一个历史遗留问题，也是新当选的首相福田康夫不可回避的现实问题。不过福田康夫的态度对这一历史事件的解决很重要。人们期待着……

祸不单行

许多社会现象表明，安倍政权内外交困，似乎天数已尽，也意味着福田康夫走向首相步伐的加快。

2007年9月6日，俄罗斯航天局证实，当天凌晨自哈萨克斯坦境内拜科努尔航天发射场升空的俄“质子-M”火箭在飞行中发生故障，未能将所携带的日本通信卫星“JCSAT-11”送入预定轨道，火箭最后坠毁于哈萨克斯坦境内。事故发生后，哈方宣布暂停所有“质子-M”型号火箭在拜科努尔航天发射场的发射计划。

当天2时43分，“质子-M”火箭点火升空，原定于飞行593秒后与卫星分离。此后卫星应与“微风-M”推进器一道自主飞行，最终进入离地3.58万公里的预定轨道。

按俄航天局发言人沃罗比约夫的话说，火箭在发射139秒钟后发生故障。根据初步判断，火箭发生故障时应该距离地面大约74公里，正处于二级火箭飞行状态。沃罗比约夫说，火箭最终坠入哈萨克斯坦中部一处方圆50公里的开阔地带，没有造成人员伤亡。

此事对安倍政府来说应该有一定影响。

火箭运载的“JCSAT－11”卫星属于日本卫星通信运营商JCSAT公司，由美国洛克希德·马丁公司在A2100AXS卫星基础上研制而成。按照原计划，它将用于向亚太地区的用户提供电视转播和通信服务。

日本JCSAT公司事后发表声明说，由于此次发射的卫星只是作为公司8颗运行中卫星的后备卫星，火箭发射失败不会对公司通信业务造成直接影响，而卫星发射失败造成的损失也将由保险公司承担。

当天，哈萨克斯坦总统纳扎尔巴耶夫的特别代表巴斯基耶夫在拜科努尔发射场宣布，根据俄哈之间达成的协议，一旦火箭发射发生事故，相关发射活动将自动中止。

福田康夫与记者答谈

俄国际文传电讯社援引拜科努尔发射场消息人士的话说，火箭发射失败将致使两次该型号火箭的发射计划不能按原定时间实施，其中包括俄“格洛纳斯”(GLONASS)全球卫星定位系统卫星的发射任务。

俄罗斯赫鲁尼切夫航天中心新闻秘书博布列涅夫说，有关方面已成立调查委员会，对火箭升空过程中的故障原因展开调查。

俄媒体援引哈萨克斯坦航天局局长穆萨巴耶夫的话说：“造成火箭发射失败的原因可能是箭载导航系统出现问题，进而导致二级火箭引擎自动关闭。”不过博布列涅夫称，目前作出事故原因判断还为时过早。

虽然火箭坠毁没有造成人员伤亡，但是，可怕的是火箭上当时载有的大量有毒燃料引发了哈方对于环境污染的担忧。

哈航天局局长穆萨巴耶夫表示，“质子-M”火箭当时载有超过200吨燃料，其中包括毒性非常高的化学物质庚基。这些物质在火箭坠毁后可能对哈境内环境造成严重污染。

哈总理马西莫夫说：“根据哈俄达成的协议，哈方遭受到的任何环境污染损失将完全由俄罗斯方面承担。”哈环境保护部副部长萨尔先巴耶夫也称，哈方将提高对俄罗斯从哈境内拜科努尔航天发射场发射火箭的生态和环保要求。

安倍总想在防卫上有所突破，但是，在推进过程中总是遇到许多意想不到的麻烦。2007年7月6日，日本政府公布了一年一度的《防卫白皮书》。在这份白皮书中，日本政府强调将加强自卫队在海外的行动，同时加快导弹防御系统建设，抵御“潜在的弹道导弹袭击威胁”。

福田康夫作为自民党总务没有参与《防卫白皮书》的起草。

这份2007年出版的《防卫白皮书》是日本前防卫大臣久间章生在任时组织撰写的。就在白皮书即将公布之前，久间突然辞职。由于来不及进行大规模修改，白皮书中随处可见“防卫大臣久间”的字样。卷首两页仍然有久间的大幅照片，并登有久间撰写的序言，颇具讽刺意味。

虽然防卫省官员举行紧急会议，讨论是否需要通过贴上印有“前防卫大臣”的纸张来凑合。但是由于文章中随处可见“防卫大臣久间”一词，并且已印制好4.5万册白皮书，修改起来十分费劲，日本共同社报道说，最后拍板定案的是新任防卫大臣小池百合子。她认为，为了更改对久间的称谓重新制作白皮书将造成纸张浪费。小池担任环境大臣期间致力于减少政府部门纸张的使用，这一做法倒也十分符合她的风格。

为了避免给外界造成误解，防卫省官员专门发表说明，强调白皮书原则记录6月之前发生的事件，因此不做修改。

麻生太郎在竞选答辩会上

这份安倍内阁批准的《防卫白皮书》强调，日本自卫队将以“更加积极主动”的姿态参加海外维和行动，使日本能在国际舞台上扮演“更重要”的角色。

“参加国际维和行动将成为自卫队的重要任务之一。”刚刚上任的安倍内阁防卫大臣小池百合子说。

美联社驻东京记者塔玛德格说:“这一看似并不起眼的表述其实发生了根本性变化。”

塔玛德格认为,安倍政府希望通过扩大自卫队的行动范围,逐步突破和平宪法,强化日美同盟,提升日本的军事实力和国际地位,同时对日本“入常”的外交努力有所帮助。

从安倍政府到福田政府,他们都是这么努力的。

日本,离“正常”还有多远?

这份《防卫白皮书》的另一个重点是强调加快导弹防御系统建设的必要性。安倍政府对此提出的借口是:朝鲜的导弹技术突飞猛进,对日本的安全构成威胁。

白皮书用很大的篇幅渲染朝鲜的“军事威胁”,称朝鲜的导弹系统已能够覆盖包括日本在内的整个东亚地区,其最远射程“可能达到”澳大利亚北部和美国的阿拉斯加。

根据《防卫白皮书》提供的数字,在本财政年度,安倍政府用于打造导弹防御系统的预算为1610亿日元(约合13亿美元),比上一个财政年度增加了4.4%。部分军事专家分析说,由于日本国内对政府不惜巨资打造导弹防御系统颇有微词,所以,日本政府需要夸大朝鲜的军事实力,为建立导弹防御系统寻找理由。

根据《防卫白皮书》提供的数据,日本2007年的国防预算约为420亿美元,约占当年国内生产总值的1%。

尽管安倍政府强调美国的国防预算占国内生产总值的3%左右,国防开支在政府支出中所占的比重并不大,但军事分析家强调,日本国防开支总额在全球范围内名列前茅,而且随着导弹防御系统的建设,国防开支将呈上升趋势。

许多日本民众担心军备不断升级加速,政府却将社会福利领域的资金转为国防开支，这种重国防轻民生的现象是十分危险和可怕的。

小泉纯一郎在自民党成立50年大会上

韩国政府强烈抗议日本2007年度《防卫白皮书》将独岛（日本称竹岛）称为本国的固有领土。当天，韩国防部官员召见日本驻韩国武官，提出了严正抗议，并要求日方予以删除。

韩国防部在向新闻界散发的新闻稿中说，日本内阁会议6月通过的2007年度《防卫白皮书》中称，“日本的固有领土北方领土和竹岛领土问题尚未得到解决”。韩国防部表示，日本政府不顾韩国政府的多次抗议，从2005年开始已连续三年在其《防卫白皮书》中将独岛称为日本领土，韩国对此表示强烈的遗憾并要求安倍政府立即修正上述说法。

从小泉到安倍都试图扩大自卫队，其理由是协助美国反恐。可是，这背后的交易又隐瞒着一些实情。日本一家民间团体透露，根据他们获得的美国海军文件，在伊拉克战争爆发前约一个月，日本海上自卫队军舰在印度洋给美军“小鹰”号航空母舰提供的燃油量是日本政府当时公布数据的约4倍。

由于“小鹰”号随后参与了伊拉克战争，这一消息让人感到十分怀疑，原来日本自卫队提供的燃料被用于军事行动。

共同社报道，日本特定非营利活动法人“和平库”透露，根据他们获得的美国海军文件，在伊拉克战争爆发前的2003年2月，日本海上自卫队补给舰曾在印度洋上为美国“小鹰”号航空母舰间接提供了约79万加仑(1加仑约合4.546升)燃油，日本政府当时公布给国民的数字并没有这么多，这说明政府一直在隐瞒国民，欺骗国民，这是国民所不能接受的。

另据当时的航线推测，供油地点在霍尔木兹海峡附近。而在供油结束20个小时后，“小鹰”号即驶入海湾地区，并在2003年3月20日开始的伊拉克战争中参与了美军的空袭作战。

还有更为严重的是，2003年5月，美国海军第5航空母舰群司令官在回到位于日本神奈川县横须贺市的横须贺美军基地后承认，日本间接给“小鹰”号供油。但当时日本防卫厅(现防卫省)解释称，海上自卫队的供油量为20万加仑，相当于一艘航空母舰一天的消耗量，“所以我们提供的燃油不可能被用于对伊作战，本次行动符合《反恐特别措施法》规定的条件，不存在任何问题”。

但是，美国海军文件显示的供应燃料数量是日本政府承认的4倍多，日本媒体因此认为，这一消息不禁令人怀疑，日本海上自卫队无偿提供的燃油已被用于美国的军事行动。

此事被曝光后，防卫省事务次官增田好平称，由于“详细内容尚不清楚”，防卫省对此暂时不予评论。日本媒体认为，这一问题可能会给在野党反对延长《反恐特别措施法》提供新的“炮击目标”。

“9·11”事件发生后，为使日本自卫队能在后方援助美军的行动，日本在同年10月通过了有效期为2年的《反恐特别措施法》。之后海上自卫队开始前往印度洋，为美国等多国海军舰艇供应燃料及其他后勤服务，以支持打击阿富汗“基地”组织和原塔利班政权残余势力。该法案在2003年被延长两年，在2005、2006年分别被延长一年，并于2007年11月1日到期。

福田康夫发表演讲

早在2001年12月，日本海上自卫队基于《反恐特别措施法》开始在印度洋上执行任务。根据可靠情报显示，海上自卫队迄今已向印度洋派出59艘舰艇、1.1万名自卫队员。

另据日本防卫省透露，截至2007年8月30日，海上自卫队已经共777次向11国舰艇提供了约4.8亿升燃油，价值约220亿日元（约合1.91亿美元）。其中为美国舰艇供油351次，约占总量的一半。

从小泉到安倍政府的所作所为使得日本民众很难了解到海上自卫队在印度洋上的行动详情。由于防卫省拒绝公开具体活动区域及行程安排，因而民众很难检验自卫队的行动内容是否已超出宪法等法律框架。

因此日本国内有许多人担心，如果接受海上自卫队提供燃油补给的美军舰艇参与了在阿富汗或伊拉克的军事行动，那么海上自卫队的行为是否就相当于美军行使武力的一部分，从而行使了日本宪法禁止的集体自卫权。

负责调派自卫队的防卫省统合幕僚监部(联合参谋本部)坚称，“为确保部队安全，无法公开其何时何地执行何种任务的信息”。

对此，民主党参院议员白真勋批评说：“如果原则上不公开任何东西，那么对于其行动内容是否违反宪法中有关集体自卫权的规定，国民将无从检验，更别提在国会进行审议了。”他态度十分坚定地说：“至少应在行动结束并过去一段时间后公开有关信息。”

安倍政府的许多施政理念和方案，处处受到国内外的质疑，这给本就不稳固的政权增添了许多变数。

Prime Minister of JaPan
Yasuo Fukuda

第八章 别了，安倍先生

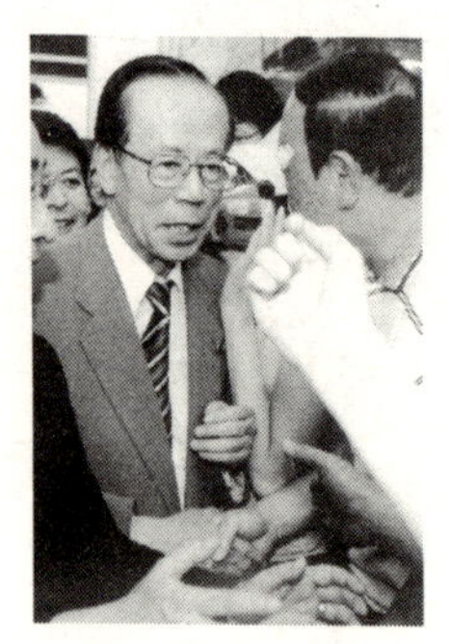

倘若没有自民党在参议院选举的惨败、没有内外交困的尴尬局面，安倍就有可能牢牢地掌控自民党和他所领导的政府，这种推测虽然是虚拟的，但是，比安倍年长 19 岁的福田康夫脱颖而出成为继任者，这就是严酷的现实。

最后的战斗

为了扭转被动局面，更为了挽回在民众之中的信誉，2007 年 8 月 27 日，安倍晋三被迫对内阁进行了大幅改组。官房长官、外相、防卫相、厚生劳动相以及财务相等几个重要职位同时都换了人马。在此之前，作为自民党总裁，安倍已经按照民意更新了党内领导层。安倍所采取的一系列自认为合理的举措能否成为几乎失信于民政权的“强心剂”呢？恐怕还是一个未知数。

不过安倍在这次大换血时，他没有提到福田康夫，内阁成员里没有，自民党高层也没有，福田康夫似乎成了被安倍遗忘的人。

日本执政党自由民主党改组领导层，被视为通向总裁宝座的必经之路的三大要职：干事长、总务会长与政务调查会长易人。原外相麻生太郎出任干事长、二阶俊博出任总务会长、政调会长则由不属于任何派系的石原伸晃担任。日本主流媒体评论，称这一安排“实属意外”。

出任总务会长的二阶俊博是自民党内资深人士，他曾访问中国，特别是他在中国有“较多结交”的朋友。

被认为是无派系的政调会长石原伸晃则是东京都知事石原慎太郎之子，可以称得上来自于政治世家。但是，他与以发表强硬言论著称的“鹰派”父亲不同，有个明显特征就是他在亚洲外交上走“稳健派”路线，与安倍在政见上“志同道合”。

常言道：“一朝被蛇咬，十年怕井绳。”内外交困的安倍对这次人选很慎重，本着优胜劣汰的原则。在任命之前，他对阁僚候选人都进行了周密的调查，以免用人不当，造成影响内阁声誉并牵连自己的声望。

人们还看到这次被安排担任官房长官这一要职的是 69 岁的与谢野馨，他素以“政策通”而闻名。对外相、防卫相、财务相、厚生劳动相等重要岗位，安倍都安排了出任过大臣的人，应该是能顺从人心的。

安倍晋三曾自我期许“成为一个战斗的人”

尤其是厚生劳动相一职，鉴于厚生劳动省因丢失国民养老金缴纳记录导致自民党在参议院选举中惨败，为汲取惨痛教训，安倍这次选用了头脑清楚、口齿伶俐的“学者型政治家”、参议院政审会长舛添要一。与自民党联合执政的公明党国土交通大臣冬柴铁三得以留任。

这次经过精心挑选的人事安排有别于安倍2006年9月上台初次组阁时把自民党总裁选举中的“功臣”拉入内阁的做法，说明安倍吃一堑长一智，尤其是汲取了初次组阁经验不足的教训，听取了社会及舆论对上次组阁“任人唯亲”的批评。

8月29日，执政的自民党在参议院选举中遭到历史性惨败。这一选举结果一方面暴露了安倍组阁任人唯亲及草率、几位大臣丑闻缠身以及个别大臣轻率发言等软肋，另一方面也表明选民对安倍政府严重腐败失去信任，高高地亮出了“红牌”，对安倍所谓“建立美丽国家”、“摆脱战后体制”等粉饰的执政纲领缺乏原有的兴趣。

在复杂多变的背景下，其本来就不雄厚的政治资本几乎耗尽的安倍断然走出更换自民党领导层、改组内阁的一步，以期卷土重来，重整旗鼓，笼络新的政治资源，以达到恢复国民对政府的信赖。

经过对党政人员的大幅调整后，自民党在参议院内处于劣势的状况并没有发生改变，安倍将不得不以低姿态寻求与在野党合作。他领导的内阁在施政过程中仍将是如履薄冰。摆在眼前的就是于2007年11月到期的《反恐特别措施法》能否得以延长的问题，最大在野党民主党有意借此来打击自民党和安倍政权。如果在野党占据优势的参议院采取拒绝或拖延审议等纠缠不休的战术，这一法律有可能过期而失效。这对安倍政权来说将是一个重大的打击。

日本国内外的舆论普遍认为，如何处理导致自民党在参议院选举中惨败的国民养老金缴纳记录丢失问题，对于新内阁来说仍然是一个十分棘手的问题。总之。如果改组后的安倍内阁再次遭遇什么乌七八糟的挫折，那么安倍政权的支持率还会继续下滑，自民党内要求追究安倍首相责任的呼声也会进一步增大，因为自民党不愿意看到决定执政权力的众议院在选举中再次败阵。

麻生太郎在回答记者提问

人们经过反复推测，安倍坚持留任的主要考虑是，他着力推动的修宪等课题好不容易有点眉目，如确定修宪程序的《国民投票法》已在国会通过，行使集体自卫权的探讨也已在政府内部达成初步共识，有望2007年9月产生结果。如果受压被迫辞职，这些被视为"摆脱战后体制”基石的课题可能会半途而废。

当安倍面对来自四面八方的危机时，自民党内部却在考虑一旦安倍辞职，他们就强力推荐福田康夫来参选总裁和首相。也许安倍还没有听到半点风声。

另外，日本媒体普遍认为，民主党一贯主张撤回以援助伊拉克重建为由驻扎在科威特的日本航空自卫队。其他诸如集体自卫权行使问题、日朝关系还不正常等悬而未决的问题，包括2008年在日本北海道举行的八国首脑会议，均有可能因为安倍影响力下降而导致政府及国会政策混乱无序，等待安倍的不仅仅只是所面临的麻烦，可能还有更可怕的事情发生。

丑闻依旧

本来就被一桩桩麻烦事搞得晕头转向的安倍政府，又遇到因地震而导致的核泄露事件。2007年9月3日晚和4日上午，日本关西电力公司大饭核电站和日本核燃料公司六所村核废料再处理工厂先后发生漏水和着火事故，两家公司均称事故未对周围环境造成影响。事故原因到底是什么呢？对人们的生活又造成了多大的危害呢？

日本核燃料公司发布新闻公报说，该公司位于青森县六所村的核废料再处理工厂内的一处设施被发现起火冒烟。经过有关方面确认，起火的是日本核燃料公司的一家合作公司设立于厂区内的事务所。10时50分，火被扑灭。新闻公报称事故没有造成人员伤亡。

4日，关西电力公司也发表新闻公报说，该公司位于福井县的大饭核电站1号反应堆被发现漏水，核电站方面随即关闭了漏水的过滤器的阀门。23时39分，漏水得到控制。本次事故中泄漏的水量约为3.4吨，含放射能量68万贝克勒尔（放射性活度国际通用单位），符合日本规定的安全标准。

日本媒体报道安倍晋三突然辞去首相职务

不过为了保险起见，关西电力公司决定立即开始降低发生事故的1号反应堆的输出功率，23时左右停止发电，5日零时30分左右通过手工操作使核反应堆停止工作。

祸不单行。含有核放射泄漏事故还没有完全处理好，安倍身边又发生金钱丑闻。9月1日，新任农林水产大臣远藤武彦承认，他领导的一个农业互助团体申请政府受灾补助金时谎报了农户数量，获取不当补助金115万日元(约合9930美元)。这是日本首相安倍晋三8月27日改组内阁以来首位被曝金钱丑闻的内阁大臣。他的所作所为已经失去一位政府官员的资格，非法侵占了国家利益。一贯喜欢钻牛角尖的在野党强烈要求远藤引咎辞职。

多事之秋的安倍政府成为在野党的靶标，自民党方面的人士透露，日本农林水产大臣远藤武彦曾经表示要在冒领保险金问题上引咎辞职。

日本山形县米泽市"置赐农业互助协会"1999年采取谎报加入的农户数量等手段，从政府方面多领取了不当受灾补助金115万日元(9930美元)。

新任农相远藤现年68岁，从1982年起担任这家农业互助协会的会长，至今已任职25年，从协会领取的报酬为每年200万日元(1.73万美元)。

远藤在农林水产省召开新闻发布会，承认这是"严重的不当行为"。他辩解说："我在3年前就知道这一问题，但一直在等待审计部门的退款指示。我本人没有参与此事。"

日本《每日新闻》报道，2004年6月，审计部门发现上述问题后，敦促山形县和"置赐农业互助协会"展开调查，但在弄清事情原委后，相关协会至今未向政府返回用不正当手段获取的补助金。远藤说，他已在8月31日辞去了"置赐农业互助协会"会长职务，但当时没有表示辞去农相的意思。

这是两天内远藤身上"引爆"的第二桩金钱丑闻。8月31日，日本媒体报道称，远藤的选举办公室2005年9月接受山形县一家商会5万日元(430美元)政治献金。而这家商会2004年9月至12月从农水省收到1750万日元(15.1万美元)补助金，根据日本法律，获得国家补助金的法人一年内不能有政治献金行为。

丑陋的事情被曝光之后，日本在野党把猛烈的炮火对准远藤，要求他立即引咎辞职。最大反对党民主党干事长鸠山由纪夫说，远藤本人就是问题团体的负责人，“在钱权丑闻中，农相是国民最关注的职位，结果又出问题”。

麻生太郎并不是一个轻易服输的人

自民党所领导的政府到底怎么了？2007 年 5 月 28 日，前农相松冈利胜因政治资金和招标舞弊丑闻上吊自杀。8 月 1 日，接替松冈的赤城德彦也因政治资金丑闻辞职。8 月 27 日安倍改组内阁，远藤武彦就任农相。安倍担心和害怕发生的事情还是发生了，他为此感到汗颜。

先后两位农相的资金丑闻是自民党参院选举惨败的重要原因之一。鸠山强调，远藤有必要辞职。他还对安倍的"用人"再次提出质疑，称在野党将在开始的临时国会上"严厉追究首相的责任"。

日本媒体认为，在野党可能会在他们控制的参议院提出和通过针对远藤的问责决议案。尽管问责案没有法律约束力，但是，对安倍政权的打击应该来说还是非常大的。

"逃兵"安倍

通过几次用人失败的教训，安倍应该是积累了许多政治经验。安倍开始正式考虑人选问题，外相麻生太郎将转任自民党干事长，执政盟友公明党出身的国土交通相冬柴铁三留任已成定局。

人们预料被党内批评为"缺乏协调能力"的内阁官房长宫盐崎恭久的政治事务所新近曝出政治资金丑闻，走人的可能性越来越大。但是，在这危机四伏的时刻，安倍的心目中还是没有福田康夫。

2007 年 7 月，自民党在参议院选举遭遇惨败后，盐崎被批评为"缺乏协调能力"。安倍起初有意保住盐崎，日本媒体曝出，盐崎的政治事务所一名职员贪污了 627 万日元政治资金，这给盐崎的批评者提供了绝佳的攻击把柄。

事情败露后，盐崎事务所立即开除了那名职员，并订正了资金报告。

新上任的农林水产大臣远藤武彦坦白地说，他领导的一个农民私人互助组织为寻求政府补偿，夸大了因天气原因遭受的损失。他承认，这"绝对是大丑闻"。

远藤武彦说："这个农民互助组织 1999 年时夸大天气原因造成的

损失，从政府那里索取了 115 万日元（约合 9930 美元）补偿金。”

“这绝对是大丑闻。”远藤武彦在新闻发布会上说，“我感到深深的歉意。”

福田康夫在大街上举行拉票活动

远藤武彦说，政府审计部门 2004 年认定这一组织应退回不当所得，但这一组织未予以理会，他已辞去这一组织的领导职务。

这是远藤武彦两天来第二次向国民公开道歉，他 8 月 31 日曾就不当接受一笔数额不大的政治献金道歉。

远藤武彦在内阁改组时就任农相，他的两个前任，一个因政治资金和招标舞弊丑闻上吊自杀，另一个因政治献金丑闻辞职。尽管丑闻不断向远藤武彦袭来，但他还是表达了留任的决心。“因我已接受了任命，我将为日本农业政策尽我最大努力。”他说，“我不能以辞职方式来把问题弄得更大。”

9 月 8 日，日本内阁总务大臣增田宽也承认，自己在政治献金申报

过程中出现违规行为，但表示不会因此而主动辞职。

有些事情真相已经大白，根据一个支持增田宽也的政治团体公布的财务报告，该团体2003年2月28日曾向增田宽也下属竞选资金管理组织捐款100万日元（约合8800美元）。然而，增田宽也下属组织的竞选资金报告中却没有公开显示这笔捐款。

增田宽也解释说："这笔捐款被误记入了另一项竞选资金报告中。这是一个严重错误，我对自己没有适当处理好此事深感惭愧。"日本媒体援引增田宽也的话说："我会通过为自己解释承担责任，我希望能继续行使我的职责。"

丑闻无疑是权力致命的弱点。金钱丑闻似乎在日本是家常便饭，但是，国民却难以接受一位腐败的官员把持着权力机构，因为这样他们的切身利益会受到侵害，国家利益自然也会流入个人钱包。增田宽也因此成为安倍8月27日正式改组内阁10多天内曝出丑闻的又一名内阁大臣。

日本大臣的丑闻对于执政党来说是一个致命的打击。面对众多丑闻，这个党魁的政治生命也显然见底了。此时此刻的福田康夫并没有公开发表任何批评安倍的言论。

丑闻再次被媒体曝光之后，安倍晋三的助手说，由于安倍健康没有好转迹象，他可能要在医院再住一个星期左右。

当在野党正在对安倍政府进行穷追猛打的时候，一件意想不到、也正是在野党所希望发生的事情出现了。9月12日，安倍突然宣布辞职决定，次日因身体不适前往东京都内的庆应大学医院接受身体检查。主治医生说，安倍先生出现"功能性肠胃病"症状，消化出现问题，没有食欲，体重下降，这些症状由"体力衰竭和精神紧张"引发。医生认为安倍"疲劳已至极点"，给他打了点滴，并建议他住院疗养几天。

安倍身边工作人员说，安倍住院期间身体情况没有好转迹象，他还需要继续留在医院一周左右时间。这就意味着，安倍将无法按计划于18日恢复工作，他的政治生命由此画上一个多么遗憾的句号。

麻生太郎发表演讲

政坛变迁就是那么突然，这种突如其来的结果真是让几家欢乐几家愁。安倍宣布辞职决定后，在野的民主党等欢欣鼓舞，奔走相告，而一筹莫展的自民党正紧张筹备总裁选举。新总裁将在前内阁官房长官福田康夫和自民党干事长麻生太郎两人中间产生。

政治的真空

日本国民对于安倍突然宣布辞职感到十分的迷惑不解。即使安倍有一千个理由为自我难堪的处境进行辩护，人们还是百思不得其解。9月13日，安倍因身体不适在东京一家医院接受诊疗。前一天，安倍突然宣布辞职决定时，日本政府官员为了转移视线就已暗示安倍健康出现问题。

麻生太郎和福田康夫在自民党总裁竞选之中

同一天，日本执政党自民党宣布，该党决定把原定于9月19日举行的对安倍的后继人选的投票推迟4天。为什么要推迟4天呢？难道是党内要挽留安倍吗？回答显然不是，那又是什么原因呢？

安倍前往东京都内的庆应大学医院，接受身体检查。

内阁官房长官与谢野馨证实这一消息时说，安倍因身体不适，前往接受诊断，根据检查结果，如果医生认为有必要，安倍就会住院。

日本广播协会（NHK）报道说，安倍在接受检查后已住院。与谢野馨不愿证实这一说法。但他补充说：“13 日一大早，安倍在首相官邸接受了医生诊断，医生认为安倍‘疲劳已至极点’，给他打了点滴，最后建议他在设备齐全的医院接受诊疗。”

日本许多主流媒体报道称，安倍一直有慢性消化道疾病，甚至可能在更早前就接受过手术。尤其是权威媒体《产经新闻》援引安倍身边人的话说，安倍在 2007 年 7 月底参院选举后，身体状况就出现问题；8 月下旬出访印度等亚洲三国前，安倍已开始边打点滴，边履行公务，由于劳累加重了病情的恶化。

安倍发表的例行内阁电子周刊中就宣布辞职一事寻求党内外的理解。

“或许会被说成不负责任，但为了国家和国民，我认为辞职是最好的选择。”安倍带点伤感地写道，“近来大家毫无保留的意见和温暖人心的鼓励，我绝对不会忘记。虽然我将离开官邸，但改革和反恐斗争还将继续下去。”

不过，日本媒体对安倍的闪电辞职大加鞭挞。

一贯比较亲近安倍政府的《读卖新闻》也忍不住在社论中指责说：“（辞职）时机太糟糕了，不得不批评首相不负责任。在新首相产生前，日本将出现政治空白。”

《朝日新闻》则在社论中呼吁提前举行大选。“既然自民党政权搞得如此混乱，应该通过大选，让选民决定政权的走向。”社论说，“这是恢复国民对政治信任的唯一途径。”

最大反对党民主党乘胜追击，强烈要求提前举行众议院选举。13 日，民主党干事长鸠山由纪夫说，自民党内无论谁接替安倍，都将只是“临时”角色，应该尽早解散众议院，根据主流民意选出新首相。

安倍宣布辞意后，看样子挽留安倍留任的可能性几乎是零，自民党开始紧锣密鼓准备总裁选举。

9 月 13 日下午，自民党举行参众两院全体议员大会，正式决定于 9

月23日投票选举新总裁。

福田康夫与麻生太郎各自表达自己的政治主张

日本财务大臣额贺福志郎接着表示将参加自民党总裁选举。

自民党干事长麻生太郎、前内阁官房长官福田康夫和前财务大臣谷垣祯一均已经公开表示有意参选。

此外，以前防卫相小池百合子为首，31名自民党议员临时组成议员会派，呼吁前首相小泉纯一郎重新出山。但是，种种迹象表明，小泉似乎丝毫没有卷土重来的打算。

从社会知名度、基层支持率和政治资历来看，麻生被视为总裁选举的领跑者。但是，经过参选者几番唇枪舌剑及人们一段时间观察之后，人们发现麻生也有若干弱点。首先，麻生率领的麻生派只有16人，在自民党内只是一小派阀，尽管此前得到安倍的大力扶持，现在安倍已经下台了，麻生是否能赢得其他大派阀的认可呢？这里面存在着不少的疑问；其次，麻生以直言不讳赢得不少支持，在许多公共场合口无遮拦也让他常常出现“失言”，惹出笑话及麻烦来，有人戏说麻生麻生是麻烦的生产者。还有一个不利于麻生的因素就是，他与党内大佬的关系也素来不睦。

《朝日新闻》说，自民党总裁选举的基本格局将是麻生与反麻生势力。许多现象表明，自民党内存在两股很强的反麻生力量。

一股以小池百合子和自民党前干事长中川秀直为首、认同小泉改革路线的议员。

另一股反麻生势力以不满小泉和安倍政权的资深议员为中心。他们执意推举行事稳健、手腕老辣的福田康夫为下任总裁。

福田康夫意下又如何呢？

选举 PK 秀

自民党经过几番轮战之后候选人终于出笼了，两派人马各自开始紧张布阵。竞选日本自民党总裁的前内阁官房长官福田康夫和自民党干事长麻生太郎各自走上东京街头，发表竞选演说，为 2007 年 9 月 23 日的自民党总裁选举大造声势。

由于当选自民党总裁者将接任政府首相，上万人聚集在东京涩谷街头，聆听福田和麻生的竞选演说。现年 71 岁的福田和 66 岁的麻生通过喇叭发表演讲。福田说："没有民众的信任，我们不可能实现大的改革，所以我们首先要恢复信任。"福田康夫长达 17 年的公司职员生涯使他练就了运筹帷幄的判断力、平衡感觉。他作风沉稳，出言谨慎，为人谦虚。福田康夫被视为自民党温和派人物，在外交上赞成与中国发展长期良性友好合作的关系，支持建立新的战争纪念场所，以区别供奉二战甲级战犯的靖国神社。

福田康夫在担任官房长官时发表的"修改无核三原则"的言论曾一度引发风波。此外，因未缴纳养老金保险费而被迫辞职一事也可谓其政治生涯的一次莫大的挫折。自从政坛隐退之后，作为一名议员正致力于改善生态环境问题。

福田康夫与麻生太郎的政治秀

福田康夫是日本已故前首相福田赳夫的长子，在53岁从政之前一直是丸善石油公司的职员，还有驻美国的经历。在2006年的自民党总裁选举中，他以"年龄"为由退出竞争。安倍晋三首相突然宣布辞职之后，给已在政坛很少见到身影的福田康夫提供了大好良机，自民党各派别以及各方强烈要求福田参选新任总裁。福田属町村派，先后6次当选众议员。

福田康夫曾任内阁官房长官，后因卷入养老保险金丑闻在2004年5月辞职。他性格温和，在政策方面以稳健著称。经过深思熟虑，2007年9月15日上午，福田康夫举行新闻发布会，正式宣布参加自民党总裁选举，9月16日在自民党总部演讲时公布了自己参选的政策纲要：

——外交政策以联合国、日美同盟和成为亚洲一员为中心。

——争取根据《日朝平壤宣言》解决绑架问题和实现朝鲜半岛无核化。

——支持国际社会打击恐怖主义的努力。

——保持目前的财政改革和经济增长势头。

——建立给“年轻人以希望”、“给老年人以安心”的社会环境。

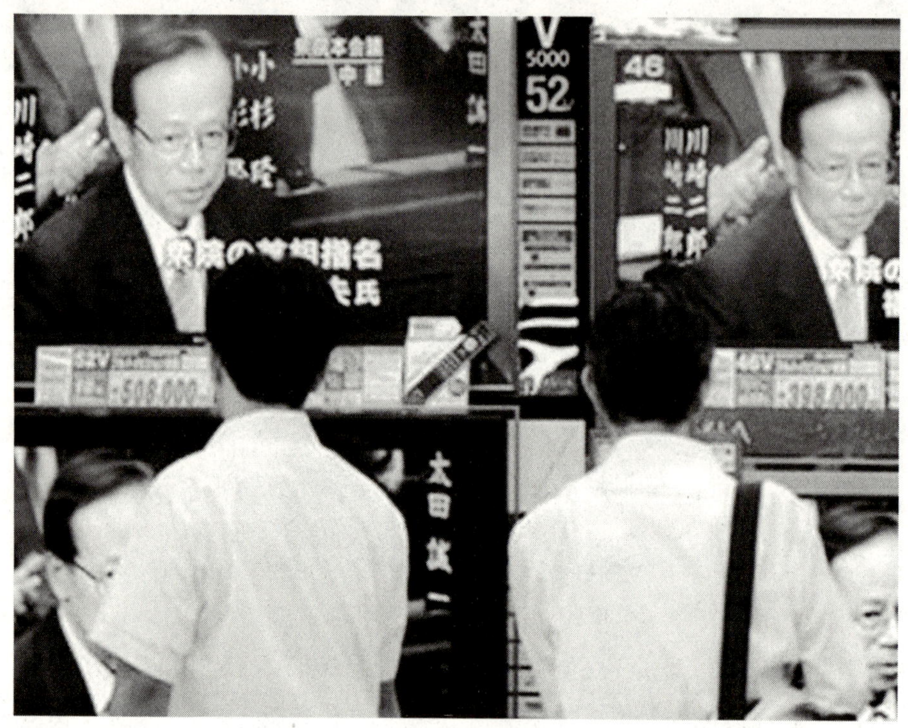

民众透过电视关注着福田康夫

——推进税制改革促进地区发展，增加从事农业、渔业国民的收入和就业机会。

——审查一项要求残疾人支付他们享受医疗和服务10%费用的法律，考虑做重大改变。

——考虑不再增加老年人的医疗负担。

不甘示弱的麻生在演讲中针锋相对地说：“我们需要一名强有力和可依靠的领导者，而不单是一名稳定的领导者。”

日本媒体称，麻生这番讲话很明显是针对福田的，因为福田在此前承认，他参选自民党总裁是以“受命于危难”的形象出现，其竞选纲要也是得到了各方面的认可，代表着自民党的绝大多数的意志。众所周知，麻生本人则因“口无遮拦”而出臭名，不是人们一般认为的“稳健型”政治家。

福田和麻生都在演说中阐述了当选总裁后所要采取的内外政策，但侧重点各有不同。

特别是在国内政策方面，福田强调要努力恢复国民对政治的信任、对政府的信心。他郑重宣布说："如果当选自民党总裁，我会依照公众的意见修改和执行政策。"

麻生强调日本"蕴藏着不可估量的巨大潜能"，他表示将把重点放在如何发挥这些潜能方面。

在外交政策方面，福田走的是温和路线，重申要与其他国家发展友好关系，特别是中韩两国。咄咄逼人的麻生强调继续对朝鲜采取强硬立场，表示将在"绑架问题"上向朝鲜进一步施加压力。

福田获得自民党内绝大部分派系的支持。人们似乎已经清楚看到，他已获得自民党九大派系中八个派系大部分议员及无派系议员的支持。福田暗示说，如果当选，他不会对现有的内阁组成做大的变动。宣布辞职的安倍8月份刚刚完成内阁重组，有的大臣屁股还没有坐热，又有可能面临被组阁掉的危险……

Prime Minister of JaPan
Yasuo Fukuda

第九章 通向首相之路

福田康夫这次意外的上台，刷新了第二次世界大战之后日本政坛的多项记录。特别是“父子首相”令人惊讶，福田康夫的父亲福田赳夫 1976 年当选为日本首相，时隔 31 年，福田康夫当选为日本首相，而且父子俩都是 71 岁出任首相，这里面到底隐藏着什么样的玄机呢？

首相位的决战

安倍在难以摆脱的困扰之中走下了政坛，当今的日本政坛到底谁主沉浮，能成为新任首相呢？这是日本国民所关注的焦点。9月15日，日本自民党总裁选举候选人报名申请受理工作结束。福田康夫和麻生太郎的报名申报获得受理。由于没有新的候选人提交申请，自民党新任总裁将从日本前内阁官房长富福田康夫和自民党干事长麻生太郎两人之中产生了。

选战的序幕还没有完全拉开，但是，日本国民仿佛提前看到了选情结果，一个非常明显的差距就是，福田康夫已经获得自民党九个派系中八个派系议员的支持，对比他年轻的麻生太郎的优势明显，很有可能让他在这场“鹰鸽对抗”中笑到最后。

9月15日上午，福田康夫举行新闻发布会，正式宣布参加9月23日举行的自民党总裁选举。

日本各大媒体也已经以很大篇幅告知，现年71岁的福田已经获得自民党九大派系中八个派系大部分议员及无党派议员的支持。此外，根据最新民意调查，日本民众希望福田当选自民党总裁的比例为28.1%，比麻生的18.7%多出近10个百分点。

相对乐观的前景增强了福田的自信心，在政策方面以稳健著称、主张重视亚洲外交的福田在记者会上表示，如果当选总裁并自动成为新一任日本首相，将不会在任职期间参拜靖国神社。

人们关注的目光一下子转移了，曾一度被认为是自民党总裁热门人选的麻生太郎日渐受到冷落，满肚子委屈的他似乎有颇多怨言。他指责自民党派系间搞“幕后协定”推出福田，不管势态如何，不管党内的支持率高低，他坚定表示自己将“战斗到底”。

在政坛上麻生是一个不怕失败的人物，哪怕屡战屡败也不气馁。早在2001年，麻生在自民党总裁选举中以较大劣势败于前首相小泉纯一郎。在2006年自民党总裁角逐中麻生又败于安倍。在日本政坛上他被称之为屡选屡败，屡败屡选，是一个敢于挑战、不怕失败的人。

福田康夫发表整肃自民党纲纪的演说

在政坛上任何怨言都无助于选情和选举，也无助于打压和贬低对手，只会使自己连连丢分。因为爱发牢骚的人是没有出息的人。只有积极面对现实，面对实际，面对选举才有出路。为了抢占政坛竞选的制高点，比福田提前一天宣布竞选意向的麻生在新闻发布会上说，自民党内派系对福田的广泛支持是“派系协商产物”，是“向自民党旧政治的倒退”。面对诸多不利形势和因素，麻生表示将“正大光明地战斗到底”。

靠发牢骚是拉不到选票的，靠发脾气是得不到支持的，在福田康夫广纳票源的同时，麻生已经把拉票的主要对象从派系议员转向自民党内较为中立的年轻议员，以及在自民党总裁选举中同样有投票权的自民党地方组织。

麻生与福田将在自民党总部就相关政策展开一场激烈辩论，并举行街头竞选活动。不过，总裁虽然是党内乃至国家权力的象征，但也是麻烦和烦恼的交汇点，不管两人中谁当选自民党总裁，他们都将面临严峻的政治挑战。

自民党面临的最紧迫挑战，就是寻求国会延长 2007 年 11 月 1 日即将到期的《反恐特别措施法》相关法案。作为参议院最大党派的在野党——民主党已经明确表示反对延长相关法案。

此外，由于自民党和公明党的执政联盟在不久前的参议院选举中将议会多数席位让给在野党，说得明白及直露一点，在野党在参议院选举中夺得多数席位，掌控了参议院大权，因此，不论谁当选自民党总裁，内阁推动的一系列法案必将在参议院面临重重阻力。因此，如何带领自民党重夺参议院席位，全面掌控国会，巩固执政联盟势力范围，这就是新任自民党总裁面临的另一个莫大挑战。

日本自民党总裁候选人之一、自民党干事长麻生太郎明确承认，他很可能输掉与前内阁官房长官福田康夫的党内竞选，但他宣称决不放弃，仍然要为了“一次公开的选举”而继续努力。

为了扩大选情和票源，9 月 16 日，麻生参加了日本 NHK 电视台一档对话节目。

当主持人在节目中特意暗示“鸽派”作风的福田康夫有可能在 9 月 23 日的自民党总裁选举中获胜时，麻生虽然不喜欢听到有利福田选情的声音，但是，作为竞选对手，他并没有提出异议。

福田康夫在国会上

为什么媒体都作出有利于福田的判断，难道自己真的不如他，这是别有用心的选情操作？麻生听到有利于对手的话又开始发牢骚道："是的，但如果我落选了，自民党将会因为通过幕后协定决定首相人选而饱受指责。"麻生说："我已经决定继续竞选下去，即使只是为了举行一次公开的选举。"

常言道："江山易改，本性难移。"多少年来，有点傲慢的麻生喜欢在各种场合发脾气，给人的感觉过于浮躁，头脑不冷静，行事轻率，没有多少独到的政治主张。尤其是人们注意到他通过担任内阁关键职位以及主张继续推行小泉时期的改革理念，逐渐成为安倍的亲密盟友，在权力与事业的选择上，他更看重于权力，几乎是权力至上的人。从大量的事实上来看，他一心一意地朝着安倍接班人方向发展。然而，麻生在安倍辞职前后的一系列形势估算失误，最终将自己带入困境。

还有一个不好的现象，也是不利因素，那就是，由于麻生率领的麻生派在自民党中属小派系，麻生过去一段时间中致力于与最大派系町村派建立良好关系，甚至在町村派重量级人物、前首相森喜朗的儿子参加地方选举时亲赴现场为其造势。

还有个不利因素是，当安倍突然宣布辞职后，作为干事长的麻生被曝提前两天就获悉安倍去意，但在这一关键时刻他没有上前劝阻，任事情朝着坏的方面延伸，可以看得出他似乎另有个人盘算，考虑个人的利益太多，考虑自民党及日本国的利益甚少，因此招致安倍所在的町村派成员抨击。

经过无数次的党魁和首相选举，还有国会参众两院的选举，日本民众似乎已经习惯了政治家的各种美丽的打扮，特别是前首相小泉纯一郎上台以来，日本领导人往往会在任内喊出"漂亮"口号，比如小泉的"摧毁自民党以拯救自民党"和安倍的"开创新时代"。如今，自民党似乎已经转向了更加传统、务实以稳重著称的福田。

东京一所大学的政治学教授菲尔·迪恩斯说："相对于安倍和麻生，（福田）更体现出（自民党内）保守势力的主流。"

为了赢得总裁选举，福田特意制定了一套施政承诺，宣布将致力于建设"自立与共生"、可持续发展的社会，继续推行"改革与增长"路线，以及构建国民满意的养老金制度。在外交方面，福田表示将推行以重视联合国、保持日美同盟和作为亚洲一员的多边外交，加强与中国等重要国家的合作。

面对首相安倍突然宣布辞职，自民党选举总裁的混战局面，日本多个在野党并没有善罢甘休。他们认为有机可乘，摆出阵势对自民党总裁选举予以各种严厉的批评，认为无论是谁当选自民党总裁都不可能扭转失信于民的被动局面，要求尽快解散众议院，提前举行选举，让国会众议院重新洗牌。

在此期间，日本最大在野党民主党干事长鸠山由纪夫在接受日本媒体采访时说，只要自民党仍然按部就班地执政，日本就不会迎来真正的改革，国民就不会从国家发展之中得到利益，因为“自立与共生”可以同日而语，但不能共荣。因为党法的权力及利益是自立原则。就他的话而言，日本要想更进一步发展壮大，那么唯一的选择是提前举行众议院选举，把决策权力交还给人民，由人民来决定执政党。这样国家才会充满生机及活力。

更为可笑的是，社会民主党党首福岛瑞穗把福田与麻生的对决比喻成“自民党茶杯中的风暴”，既然如此，这种局面“不会带来可以弥合国民生活差距的新政治”。

日本共产党国会对策委员会负责人穀田惠二说，福田和麻生两人均在小泉纯一郎和安倍晋三执政时期任内阁关键职位，人们有目共睹，小泉和安倍的改革政策已经在参议院选举中得到选民的反对回应，可想而知他俩无论谁胜出，都不可能摆脱前两任首相方针的束缚。与其为这样争来斗去消耗政治资源，还不如换一种方式提前举行国会大选。这台好戏不能只由自民党自编自导自演。

自民党对于来自在野党的各种抨击及批评没有给予理会，仍旧按照党章我行我素。9月22日，日本自民党总裁选举结束了8天的选战活动，将于23日选出新总裁。自民党全国47个都道府县的地方党部中有42个进行预备选举，以决定他们的投票对象。到22日晚为止的统计显示，前内阁官房长官福田康夫在地方票方面也领先党干事长麻生太郎，继续维持大幅度的优势。

摆在麻生面前的一个严酷现实是，大选战役拉开前后福田已赢得自民党九个派阀之中八个派阀的支持，在党籍国会议员派中大幅度领先麻生；特别是大部分地方票的动向也显示福田领先，因此他很有可能取得压倒性的胜选，倘若顺利的话，于9月25日经由国会选举而成为日本的新任首相。

福田到底是谁？

变化莫测的政坛历来是民众所关注的焦点，然而日本的首相选举似乎与国民没有多大的关联，因为首相从建国至今都是由各党派掌控着，不管是谁，只要成功当选自民党总裁自然就是首相。由此可见，政治在日本是特殊产业的领域，就像开公司一样，不开公司的人是当不了董事长（社长）及总经理（总裁）的。当不了老板就不可能成为资本家。政治也是如此。在安倍晋三宣布辞去首相职位之后，福田康夫表态角逐日本自民党总裁，与前任外相麻生太郎共同竞选下一任首相职位。总裁将由528人投票产生，必须获得过半数，即265票即可当选。这528人包括自民党的387名参众两院的国会议员，以及47个地方党组织的各三名代表。

自由派报纸《朝日新闻》于自民党总裁选举做出的民意调查显示，福田康夫有望赢得议员中逾60％的选票。并在地方党组织代表中赢得多数选票。保守派报纸《产经新闻》做出的调查也表示，71岁的福田康夫将赢得议员中70％以上的选票，以及地方党组织的半数选票，遥遥领先前外相麻生太郎。由于自民党领导的执政联盟在日本众议院拥有绝对多数，因此这次总裁选择的优胜者将肯定出任首相，这使得这场党内的选举显得相当重要。

2007年9月23日下午，自民党进行总裁改选，除了仍在医院休养的首相安倍晋三之外，其他具有投票资格的人全都到齐了。福田康夫正如外界预测的，以330票高票当选自民党总裁，击败对手麻生太郎。其中，在528张选票中出现一张无效票，而且是属于两院议员的选票，故外界猜测是否为住院的安倍晋三所投下。

在选票分配方面，两院议员福田康夫就拿下254票，地方代表拿下76票；麻生太郎在两院议员的部分拿下132票，在他最有信心的地方代表部分却意外地落后福田康夫9票，只拿到65票。

福田康夫与麻生太郎在竞选拉票

福田康夫为何胜出呢？他到底又是一个什么样的人呢？他人生的经历和家庭背景又如何呢？这些都是人们所关注的焦点问题。

以下是福田康夫的简要情况：

1949年3月：东京学大艺学附属小学校毕业。

1952年3月：麻布学园中学校毕业。

1955年3月：麻布高等学校毕业。

1959年3月：早稻田大学政治经济部经济学科毕业，进入丸善石油。

1962年3月：派驻美国(2年)。

1976年11月：从丸善石油离职，成为众议院议员秘书。

1977年12月至1978年12月：担任内阁总理大臣秘书官。

1986年5月至1994年2月:社团法人金融财政事情研究会理事。

1990年2月:第39届众议院议员选举当选(第1任),首次成为众议员。

1992年6月至1999年10月:众议院外务委员会理事。

1993年4月至2000年10月:日本斯里兰卡协会会长,第40届众议院议员选举当选(第2任)。

1995年8月至1996年1月:外务政务次官。

1996年10月:第41回众议院议员选举当选(第3任),11月:自由民主党外交部会长。

1997年9月至2000年10月:自由民主党副干事长,11月:日本叶门协会会长。

1998年8月:自由民主党财务委员长。

1999年10月:自由民主党经理局长。

2000年6月:第42回众议院议员选举当选(第4任)、7月,自由民主党政务调查会副会长,10月:国务大臣内阁官房长官(森内阁),12月:国务大臣内阁官房长官(森改造内阁)。

2001年1月:国务大臣内阁官房长官(第二次森内阁改造)男女共同参划大臣,4月:国务大臣内阁官房长官(第一次小泉内阁)男女共同参划担当。

2002年9月:国务大臣内阁官房长官(小泉内阁第一次改造内阁)男女共同参划担当大臣。

2003年9月至2004年5月7日:国务大臣内阁官房长官(小泉内阁第二次改造内阁)内阁府特命担当大臣(男女共同参划),11月:第43届众议院选举当选(第5任)、国务大臣内阁官房长官(第二次小泉内阁)内阁府特命担当大臣(男女共同参划)。

2004年6月:众议院宪法调查会干事、日本斯里兰卡协会会长,7月:财团法人日本印尼协会会长。

2004年5月7日:在定期召开的记者会上表明辞掉官房长官一职。

福田康夫答记者问

2005年1月：自由民主党新宪法起草委员会关系安全保障及非常事态小委员会委员长，3月：财团法下日本青年旅舍协会会长，6月：法社团人日本独木舟联盟会长，9月：第44届众议院选举当选（第6任）。

2006年10月：自由民主党总务。

2007年9月23日：第22届自由民主党总裁。

2007年9月25日：以日本众议院338票当选日本第91届内阁总理大臣。

福田身高171公分，体重70公斤，血型A型，兴趣为鉴赏西洋古典音乐，如浪漫主义音乐埃克托・柏辽兹、现代音乐巴托克・贝拉等之作品，喜欢政治家胜海舟，阅读许多以历史为中心主题的小说，座右铭为："诚实"（每天兢兢业业过着诚实的生活）。

福田康夫已婚，其妻贵代子是前日本众议院议长樱内义雄的外孙女，两人育有两男一女；长男达夫（秘书）。目前与妻、长女居住于东京都世田谷区的自宅。

福田康夫的父亲是日本前内阁总理大臣——福田赳夫，叔父福田宏一曾任日本参议院议员。

在迎宾馆欢迎福田康夫的夫人

福田家族系谱

· 福田氏

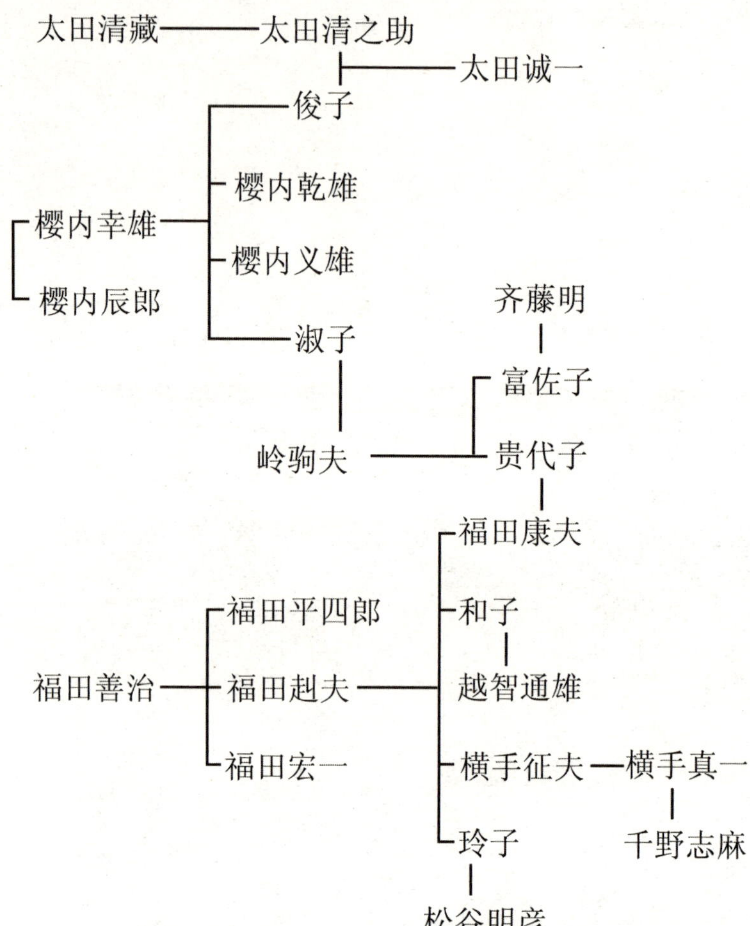

不想当首相的首相

选举中，民意的导向非常重要。2007年9月23日下午，对参选的胜出者是一个莫大欢喜的日子，日本前内阁官房长官福田康夫在自民党总裁选举中击败竞选对手麻生太郎，当选自民党第22任总裁。

这表明，在日本政坛上“鸽派”又一次战胜了“鹰派”，“温和派”领先于“强硬派”。

日本民众关注着自民党选情，福田康夫当选自民党总裁

政坛选举周而复始没有休止，党内的选举结束了，国会参众两院的重要选举又要开始了。福田康夫要想成为日本首相必须通过国会参

众两院的关口。9月25日，自民党新总裁福田有望在国会临时会议首相指名选举中当选日本新首相，并于当天组建新内阁。

日本自民党总裁任期为3年，可以连任两届。日本首相由日本国会众参两院议员在国会议员中选举产生。目前，自民党在国会众议院占过半数议席，包括公明党在内的执政党共有三分之二议席，从实际情势看在野党在参议院占过半数议席。根据有关规定，自民党提出的首相人选即使在参议院被否决，众议院再次表决通过后也可以当选。这就说明日本首相最终择抉权不在参议院而是在众议院。

日本在二战中向美国等国家投降62年之后，许多事情都发生了很大变化，但是，根据现行情形看日本从属于美国的地位却没有根本性改变。尽管日本是世界第二大经济体，但在国际舞台上它可以说依然是一个侏儒。其外交政策仍然坚定不移地效力于20世纪60年代之前美国占领军强加给它的那个联盟，与其说是联盟，不如说是没有国家主张的附庸。

正是日本人对这种外交政策产生的尖锐分歧，才导致安倍首相在执政还不到一年时间就被迫下台。他的自民党仍然在日本众议院拥有多数席位。它将于9月25日在党内选定一位首相接班人。不过，这或许标志着自民党对权力长达半个世纪垄断的终结。

安倍在辞呈中解释说，我辞职是“为了执政党和反对党通过合作，批准为美国主导的阿富汗军事行动提供海上支援行动”。

即使安倍下台了，福田康夫上台，日本议会也不会延长自卫队的这项劳民伤财的使命。早在30多天前，自民党失去了对参议院的控制。各反对党都反对延长这项毫无意义的使命。尽管自民党控制的众议院能够否决参议院的议案，优势不会永远属于自民党的，在野党控制的参议院一定会兴风作浪的，到那时有可能会引发提前举行众议院选举。鉴于日本公众对自民党所领导的政府不信任的情绪，自民党可能会轻易在选举中败阵，进而再失去对政府的控制。由在野的民主党全面掌控国会，执政权自然也花落民主党，到那时自民党就会由执政党沦为在野党，这对福田康夫及自民党来说都是一个可怕的结局。

在福田康夫胜出之前，人们都猜测，自民党还有更大的问题需要处理，首先是自民党内缺乏可替换安倍出任首相铁腕的可信人选。

候选人之一的自民党干事长麻生太郎算不上是一个循规蹈矩的政治人物。身为外务大臣的他竟然说，美国外交官绝不能解决中东问题，因为他们是蓝眼睛、黄头发。他最热衷于交谈的话题是动漫。

麻生的主要对手、现年71岁的福田康夫具有的一个主要优势是，他的父亲福田赳夫曾经出任日本首相，在自民党内外享有很高声望。这是表明自民党面临一个最大问题的实例：自民党内位居高位的都是一些政治近亲，随之而来的是才智的丧失。

从2001年以来，自民党已经被少数见识肤浅的政客所掌控。这些人的目标是要否定日本在美国占领期间实施的各种变革。他们希望在学校推动民族主义（如安倍说"是要营救尚未产生梦想的年轻人"），以及修改禁止日本向海外派军的和平宪法。

自民党内的这一右翼派别不时否认日本在二战期间在海外犯下的种种恶行，其成员还夸大日本面临的来自朝鲜和中国的威胁（安倍擅长于利用朝鲜的威胁）。首先，他们谋求建立武装部队，然后将日本变成一个"正常"国家。

这些做法非常能迎合公众，但自民党内的"鹰派"人物奴性十足地效忠美国联盟的做法却引起了公众的反感和抗议，因为这与他们言论中的民族主义论调格格不入。

近年来，走向一个重新武装起来并奉行更加自信的外交政策的日本的趋势似乎是不可阻挡的。但是，自民党内的"鹰派"或许会因操之过急而失败。自民党到头来甚至将沦为反对党，要痛苦地在野若干年。这对世界来说或许是件莫大的好事。

在日本，政界人物通常被称为是有"jibban"（后援组织）、"kanban"（知名度）和"kaban"（资金）的人物。近日，日本媒体在评论自民党总裁候选人前官房长官福田康夫和现自民党干事长麻生太郎时，就用了这三个词来形容他们。选举前，福田康夫和麻生太郎为赢得更多支持、最终问鼎日本首相宝座，双方展开激烈比拼。不过，日本媒体指出，福田和麻生的知名度也好、选举资金也好，并不都是完全靠他们自己打拼出来的，更多的是他们从祖辈那里继承得来的，包括他们的议员身份，所以他们也被称为“世袭议员”。福田康夫的父亲是日本前首相福田赳夫，麻生太郎的外祖父是前首相吉田茂，其父也是众议院议员。无论对福田而言，还是对麻生来讲，日本政坛近亲繁殖的形态越来越明显。

麻生的外祖父是日本前首相吉田茂，父亲是前众议院议员，他们在日本九州地区拥有数一数二的大财团“麻生集团”。麻生的父亲在1955年自民党成立的那一年退出政界；麻生当选议员是在1979年，其间相隔24年。因此，麻生的秘书称，麻生继承了他父亲的地盘，是世袭议员，那都是无稽之谈。

不过，我们再看一看麻生所拥有的雄厚资金，就很难说那是麻生靠自己的力量挣来的了。麻生在福冈县饭土家市事务所的“自民党福冈县窑业支部”在2005年就分别从麻生集团的两家公司收到300万和450万日元的“政治献金”。

1980年，麻生的父亲去世，麻生继承了其父在东京涩谷的一处房产，土地面积约有2500平方米，麻生在这块地上盖了一栋面积约达720平方米的3层楼洋房。根据当地的地价来计算，仅这块地起码就值25亿日元。

1996年，麻生的母亲去世，她给麻生和其兄弟姐妹留下了11亿日元的遗产。此外，麻生还拥有福冈老家的房地产和在轻井泽的别墅，以及麻生集团的大量股票。轻井泽是日本最著名的避暑胜地，先且不说别墅是什么样子，到底值多少钱，要想在那里拥有一块能盖别墅的地皮，没有一定的资金是绝对不可能的。难怪日本媒体说，麻生从祖辈那里继承的遗产在日本政界是数一数二的。

福田康夫的父亲是日本前首相福田赳夫，福田赳夫从1976年至1978年期间担任日本首相。福田赳夫1989年退出政界时，其政治团体“福田经济恳话会”和“福田经济研究会”的总收入共计为3亿1300万日元。1990年，福田康夫53岁时竞选众议院议员并一举成功当

选，同时也在这一年里，小福田继承了老福田的上述两个政治团体。

当然，这两个政治团体从福田赳夫那时起就一直接受在东京证券交易所上市的某化学公司以及东京和福田老家的多个企业的政治献金。

1995年老福田去世时，他给福田家留下的遗产是9亿日元。小福田本人还继承了群马县高崎市一块面积约1940平方米的土地等。此外，老福田家在东京都世田谷区的土地，有一部分也归小福田所有。如今已在这块地上盖起了一栋地下一层地上三层的公寓，其中一套归小福田，面积为116平方米。

从某种角度来看，媒体透露的上述数字可能还只是冰山一角，麻生和福田到底从祖辈那里继承了多少遗产，也许只有他们自己心里最清楚。

在日本，众多行业至今残留着浓厚的世袭特征。政治也不例外。以9月23日的自民党总裁选举为例，参选的两人，福田康夫和麻生太郎均是典型的政治世袭子弟。前者继承了父亲、前首相福田赳夫的选举地盘；麻生的身世更显赫，父亲是前国会众议员，外祖父是前首相吉田茂，高祖是“明治维新三杰”之一的大久保利通。

福田和麻生激烈竞争离任总裁安倍晋三留下的职位。安倍也出身政治名门，其外祖父岸信介和叔祖父佐藤荣作都先后出任过首相，父亲安倍晋太郎曾任日本政府外相，而且一度距首相职位仅一步之遥。

据日本权威部门统计的数字表明，日本国会众议员中，每4人中有一人是“世袭”议员。因此，在日本政治和权力成为了一种特殊的产业。自民党议员中，三成左右是“世袭”议员。在日本政坛，参选议员需要三种“神器”：地盘、招牌和钱包，分别代表各自的支持者、知名度和经济实力，缺一不可。如此，政治世家出身的子弟凭借父辈乃至祖辈的“荫庇”，只要有心参选，还没蹬腿起跑，就已经遥遥领先于平民出身的对手，“世袭”议员充斥国会也就习以为常了。

《每日新闻》编委牧太郎在9月18日发表的评论中大声疾呼：世袭现象“阻碍了社会的流动性，使出身决定人生”。这种现象导致众多政界和商界的能人志士在这堵无形的墙壁前徒呼奈何，在日本政坛真可谓英雄无用武之地呀。

受命于危难之际

正如媒体在选举前预料的那样，日本前内阁官房长官福田康夫在自民党总裁选举中以绝对优势击败竞选对手麻生太郎，当选该党第22任总裁。

福田康夫1936年7月16日生于群马县高崎市，1959年3月从早稻田大学政治经济专业毕业后进入石油公司。1977年福田成为首相秘书，1990年当选为众议院议员。此后，他历任自民党副干事长、自民党财务委员长和调查会副会长。

2000年10月，福田康夫出任森喜朗内阁官房长官。2001年小泉纯一郎上台后，福田留任官房长官。2004年5月，福田因被曝数年未交纳养老保险金问题而辞职。

福田拥有显赫的家世背景，其父福田赳夫曾于1976年12月至1978年12月担任日本首相，并在自民党内创立了“福田派”。

福田康夫性格温和，在政策方面以稳健著称。9月15日，他宣布竞选自民党总裁后，阐述了自己的施政观点。在对内政策上，福田表示要继续保持目前的财政改革和经济增长势头，准备进行税制改革，努力促进地方经济发展，增加从事农渔业人们的收入和就业机会等。

福田在竞选中发表施政纲领表示，将在外交上推行以重视联合国、保持日美同盟和作为亚洲一员为核心的外交政策，争取根据《日朝平壤宣言》解决绑架问题和实现朝鲜半岛无核化，并加强国际反恐措施；对内他将继续推行“改革与增长”路线，致力于建设使年轻人充满希望、老年人感到安心的“自立与共生”、可持续发展的社会，同时建立国民满意的养老金制度。

组建内阁成员那一刻的福田康夫

在自民党内，他一度较多地担任党的副干事长等幕后工作，但在森喜朗内阁和小泉内阁中均被起用为官房长官，其知名度得到了迅速提升。在会见记者时，他随机应变的回答曾得到人们的好评。他风度飘逸，但有时也爱挖苦人，给人一种冷峻的印象。他的兴趣是欣赏古典音乐和读书，对日本酒和葡萄酒也颇有讲究，他与妻子贵代子的恩爱也常被传为佳话。

福田是知华派的代表人物。他与前任中国驻日大使武大伟、王毅等都保持着交往。日本外务省的前驻中国大使谷野作太郎是福田小学时代以来的好友。

福田与美国政界人士也保持着良好关系。在福田任官房长官时代，前美国驻日大使贝克与福田两人经常在一起会面交谈，2006年5月福田访问美国时，就是贝克为福田安排了与副总统切尼和国务卿赖斯等美国政府要人之间的会谈。

福田康夫留给外界的印象是，有很强的协调政策的能力，以稳健的立场推进与中国及日本其他亚洲邻国的友好关系，在朝鲜问题上的立场灵活。

福田康夫以与中国的密切关系而著称。他在安倍的前任小泉和小泉的前任森喜朗当政期间，出任内阁官房长官的天数达到了创纪录的1289天。

不同于执行强硬路线的安倍，福田在朝鲜绑架日本公民和参拜靖国神社等问题上采取的是一种缓和的外交基调。

在2006年5月发表的一篇讲话中，福田康夫对小泉因不断参拜靖国神社而激怒中国的做法提出了批评。

他2004年卸去内阁官房长官一职，但在政治上仍发挥着作用，一个明显现象就是因在亚洲外交政策上的不同立场使得他与小泉和安倍渐渐疏远。

9月23日，福田康夫在自民党总裁选举中以绝对优势获胜，当选自民党第22任总裁，这应该说是情理之中的事儿，也是他多年经营的结果。

当地时间23日下午2时，自民党在该党总部举行国会众参两院议员大会，由众参两院议员和该党地方组织代表对前内阁官房长官福田康夫和自民党干事长麻生太郎两名候选人进行投票表决。387名自民党众参两院议员每人一票，该党地方组织有141票，共计528票。开票统计结果显示，在527张有效选票中，福田赢得过半数的330票，当选新总裁；麻生获得197票。

9月24日，福田将组建自民党新领导班子。25日，福田有望在国会临时会议首相指名选举中当选首相，并于当天组建新内阁。

9月23日下午，即将离职的日本首相安倍晋三在自民党国会众参两院议员大会上以书面形式，对自己在9月12日突然宣布辞职的行为表示道歉。安倍在信中说，我突然宣布辞职导致国会临时会议处于休会状态，造成了"政治空白"，我为此表示由衷的歉意。

福田能否带领自民党走出所面临的困局，成为日本内外备受关注的焦点。

福田在竞选中一针见血地指出，自民党正面临极其危险的"紧急事态"，因此要以背水一战的心态来渡过难关。自民党如果不能恢复民众对本党和政府的信任，再发生什么差错，那么将遭到致命打击，甚至可能被迫交出政权。不难看出，福田仍然怀有一种强烈的危机感。

安倍政权自2006年9月成立以来，不断出现内阁成员的财务、言论丑闻，特别是厚生劳动省社会保险厅丢失5000多万份养老金交纳记录一事败露，导致自民党在参议院选举中败阵。安倍在国会临时会议上发表施政演说后突然宣布辞职，致使国会临时会议处于休会状态。他的这一举动引起日本朝野政党和民众的不满，日本政府和自民党因此陷入前所未有的信任危机。福田在此危难时刻出任自民党总裁，肩负着恢复民众对政府和自民党信任的双层重任。

日本首相由国会众参两院议员在国会议员中通过选举产生。目前，自民党在日本国会众议院占过半数的议席，包括公明党在内的执政党共占三分之二议席，而在野党在参议院占过半数的议席。如果不出意外，福田将在临时国会首相选举中当选首相。

自民党新总裁竞选拉开序幕以来，福田在记者会和街头演说等场合数次发表了自己的政策主张。他表示，他将努力消除经济结构改革所带来的负面影响，建设让年轻人充满希望、老年人感到安心的国家，重建民众满意的养老金制度，以恢复民众对政府的信任。

日本国会临时会议因安倍突然宣布辞职而休会，从目前混乱的情势来看，国会临时会议复会后，在野党必将严厉追究政府和自民党的责任，逼迫福田早日解散众议院并提前举行大选，将使福田的执政能力受到严重检验。

福田曾连续在森喜朗政权和小泉政权中担任内阁官房长官，任期长达3年半，是日本历史上在任时间最长的内阁官房长官。福田的政策协调能力和危机管理能力颇受称道。此外，他性格温和，作风谦虚。种种政治迹象表明，福田对最大在野党民主党来说无疑是一个强有力的对手，他出任首相，一定会让在野的民主党感到棘手。

民主党之所以在2007年7月的参议院选举中获胜，是因为其重视民生的政策主张得到选民支持，而福田也已表示将对小泉和安倍推行的改革路线进行调整，推行可以真正反映民意的政策措施。

福田重视民生的政策主张及其愿意与在野党进行协商的姿态受到好评。如果福田能够虚心地采纳在野党的政策建议，并制定切实可行的政策，那么将使民主党难以实现早日解散众议院并举行大选的愿望。

福田当选总裁是自民党选择"稳定"的结果。

由"年轻"到富于"经验"，由"自上而下型领导"到"协调型干部"，自民党在安倍晋三前首相突然辞职后，选择了71岁的福田康夫担任总裁，这也许是自民党内希望摆脱危险的"首相官邸主导"路线以求政治稳定而导致的钟摆效应。但是，被丑闻折腾忙乱的自民党能否因此恢复国民的信赖，总的看起来福田总裁任重道远。

稳定中的进取

日本的历史，尤其是近现代史几乎是一部首相的历史。日本历任首相都必须当着天皇宣誓就职，福田康夫和他的父亲福田赳夫也不例外，他们父子俩都与天皇息息相关。要说人民创造历史，那么芸芸众生的首相就是漫长历史线上的一串串闪亮发光珍珠。我们可以谈一谈日本的天皇，在日本先有天皇后才有首相。裕仁，1901 年 4 月 29 日生于东京，幼名迪宫。大正天皇嘉仁之长子。1908 年入学习院初小学习。1914 年后在东宫御学问所学习。1916 年立为皇太子。1921 年 11 月因其父患病，开始摄政。1924 年与良子结婚。1926 年 12 月 25 日大正天皇病逝后继位第 124 代天皇，改元“昭和”。明治维新后，天皇重新掌握政治统治权。根据《大日本帝国宪法》规定，天皇拥有至高无上的权力，是日本的君主。1931 年，日本发动“九·一八”事变，扶植伪满洲国傀儡政权；1937 年发动全面侵华战争。1945 年 8 月 15 日日本战败投降后，根据 1947 年实行的新宪法规定，天皇为“日本国象征”，只行使“有关国事行为，并无关于国政的权能”。昭和天皇平时主要从事生物分类学、鱼类学研究，发表有《相模湾产腮类图谱》、《相模湾产海鞘类图谱》、《那须植物志》等。1989 年 1 月 7 日逝世。

裕仁逝世之后，按相关规定由明仁继承皇位。明仁 1933 年 12 月 23 日生于东京，幼名继宫。昭和天皇裕仁的长子。1940 年入学习院初小学习。1952 年入学习院大学政经学部学习，同年 11 月立为皇太子。1959 年 4 月 5 日同日清制粉公司总经理正田英三郎长女美智子结婚。1964 年出任东京国际残疾人运动名誉总裁。1989 年 1 月 7 日昭和天皇裕仁病逝后即日继位第 125 代天皇。根据日本政府决定，改元“平成”。建国纪念日由原来的 4 月 29 日（昭和天皇生日）改成 12 月 23 日（新天皇生日）。

除了天皇之外，那就是总理大臣（首相），这是决定国家政治、经济、内外政策和社会发展走向的当权人物。日本人的祸福在于这位权力人物。

福田康夫与他的内阁成员

2007年10月26日，福田康夫发表就职演说："这次，我被任命为内阁总理大臣承担国政，肩负的重任的确无法估量。本届内阁正处于历史发展的关键时期，它应是有助于21世纪变革的内阁，我决心以变革为旗帜，尽心尽力地履行自己的职责。随着全球化、信息化的到来，目前国际社会正在摸索取代原有体系的新的国际秩序，日本决不能与时代的潮流相违背。日本作为经济强国要在经济全球化的进程里扮演着主要角色，大选的结果表明，日本国民希望与'保革对立'的政治体制诀别，盼望建立一种能自主选择政策的政治体制。"

福田康夫重申过去的时代结束了，走向21世纪的新时代今天已经揭开序幕。福田康夫时刻牢记本届政府是政治改革的政府，目前日本到了二战以来的最大的转折点。日本从来没有像今天这样，更需要发挥政治领导的作用，因此有必要早日恢复能赢得国民信赖的政治。尽管历届内阁都把彻底实现政治改革作为最优先的课题，但至今仍未见实效。政治改革的滞缓已经引起国民对政治的不信任，产生了政治的空洞，它又妨碍了对经济复苏问题的治理，对今后日本的方向和前进道路产生重大影响。这些都令福田康夫感到忧虑。决不能错失政治改革的良机，因而福田康夫将"在2007年至2008年断然实行政治改革"，认为本届内阁需首要解决的是日本社会诸党及党内各派系中保守与革新的对立。特别是在野党控制着参议院，使得福田康夫所领导的政府要急于实施的法案无法通过，与在野党的和解也是福田康夫最优先的课题。政治改革不仅仅是政党和政治家的问题，在变革法律和制度的同时，倘若国民不下决心杜绝"金权选举"和特权政治，就很难使政治改革真正获得成功，他希望国民和其他政党予以理解与合作。福田康夫决心为打破一直是政治腐败温床的所谓政治家、官僚和企业之间的勾结体制和行业议员政治而不懈努力。只要行政给政治家以选票和资金上的援助，其弊端则必将危及政治与行政的基础，因此福田康夫将以毅然决然的态度来改善政治与行政的关系，果断地整肃纲纪。

为了满足全球化所带来的国际社会和国民的多样化要求，在行政方面必不可少的是进一步加大灵活性与机动性以着手行政改革。福田康夫非常坦率地说，放宽限制，以及推进地方分权和匡正垂直领导的弊端等课题，确实利弊交错并存在种种障碍，迄今并没有取得重大进展。但国民看来，这些问题无论对实现透明而又公正的行政，或对纠正以东京为极核的倾向，推行既能反映地区特色和自主性、又充满活力的地区行政都是必须完成的大业。福田康夫有信心和决心解决这些疑难问题。

福田康夫已经十分清晰看到，目前，日本不仅在政治上，而且在经济领域和老生常谈的福利领域也依然处于严峻的局面，必须尽快解决时日已久的经济发展带动社会福利发展的问题。由于实施的一系列经济政策产生了效果，人们认为国内的不景气状态，正在从"泡沫经济"崩溃造成的最坏困境中解脱出来。然而，最近出现的日元急剧升值和气象异常，可能会给扩大内需的动向带来不良影响，今后的经济复苏趋势殊难预料。福田康夫认为，为了消除对经济发展前景捉摸不定的状况，最重要的是要注意日元升值对国内经济的影响及经济的复苏，充分认识严峻的财政形势，不失时机地采取必要的有效对策。既要保证年度预算和今后制定的综合经济对策的实施，同时也应尽快推出各项政策措施以解决目前的紧急状况。应该从更广阔的视野看待

福田康夫与他的竞选对手麻生太郎

目前的经济形势，包括放宽限制和日元升值产生的利弊等问题。为了发掘日本经济的潜在活力，福田康夫认为尤其重要的是应从长远的观点出发，寻求保护日本利益的变革经济结构，为更加自由地发挥民间活力而创造环境。当前，日本国家财政仍然面临结构性的严峻局面，虽然泡沫经济的崩溃局面早已结束，但是这种负面影响仍然像幽灵般纠缠着发展变化的时代。福田康夫计划，在制定下一年度预算时，应以不发行特别公债为原则，强有力地推进财政改革，同时努力比以往

更有重点和有效地分配财源。福田康夫认为尤其应该着手调整公共事业所占的比率,果断地对有利于在质量上提高国民生活的领域进行重点投资。考虑到21世纪日本正式形成的高龄化社会,福田政府将谋求扎扎实实地促进充实社会资本。税制问题方面。自1989年彻底进行税制改革以来,到20世纪末,在此期间出现了诸如泡沫经济的形成、崩溃,高龄化现象日趋严重等各种问题,日本进入到了21世纪,诸如此类的问题仍然没有得到合理妥善的解决。福田康夫认为有必要对现行税制是否适应现在这样的经济社会的形势作重新评估。为实现公正而有活力的高龄化社会,考虑到国民所有负担,将建立所得、资产和消费平衡的税收体系。对此,福田政府将充分地倾听全体国民的意见,然后再进行综合性的探讨。过去,日本把发展经济作为工作的重点,而对发展经济的本来目的应该是提高每个国民的生活水准、丰富国民的精神食粮并实现社会的公正却缺乏充分考虑。因此,应该坦率地进行反省。近来,政府制定了各种措施,但未能制止战后日本选举中金钱与权力的结合,以及虚假繁荣造成的经济增长。考虑到已经出现寻求富裕的生活环境、追求新的生活方式的动向,福田康夫认为应该重新站在为了消费者的利益而保护环境和实现男女共同参与社会的立场,对以往的制度和政策必须彻底进行重新评价。目前的问题是对以进口商品为要因的日元升值产生的效果,应采取必要措施以便更快更圆满地还给国民,使他们实实在在地享受到日元升值带来的好处。

重建亚洲外交

当前,日本正在快速地向老人多儿童少的社会转变,到了21世纪日本的这个遗留问题仍旧困扰着政府和社会,依福田康夫看现在就必须积极地提出充实福利等对策。福田康夫所努力实现的社会应该是:在漂亮舒适的环境中,无论是在城市中生活的居民还是在农村、山乡和渔港的劳动者，都应该实现他们生气勃勃和丰富多彩的价值观。本届内阁成立于2007年9月，对日本来说是一个永远难忘的日子。将历史追溯到1945年，福田康夫感到大梦初醒，意识到日本因战争而犯了重大错误，并结束了第二次世界大战，决心不再重蹈覆辙，坚决发誓将从头做起。

福田康夫在自民党竞选中胜出

从此以后，经历了许许多多的风雨，日本现已成为世界上屈指可数的享受繁荣与和平的国家。福田康大认为决不能忘记这是在上次大战中付出宝贵牺牲的基础上建立起来的，这也是先辈们的功绩带来的结果。尤其重要的是，福田康夫有必要借此机会对过去的历史向全世界明确表示反省，并表明福田康夫们新的决心。首先，对过去日本的侵略行为以及殖民统治给许多人造成的难以忍受的苦难和悲痛，再次表示深刻的反省和道歉，同时想通过今后进一步为世界和平作出贡献来表达福田康夫的决心和心意。今天，世界正面临着全球范围的种种矛盾，但福田康夫有决心尊重宪法的和平与国际协调精神，充分意识到日本作为世界性国家的立场和责任，为解决这些全球范围的问题，比以往更加积极地发挥作用。今天，以联合国为核心正在为建立合作双赢新的世界和平秩序而积极努力。

福田康夫认为为了实现更加和平、更为尊重人权的世界，必须取得国民的充分理解和支持，对联合国有关国际事务的努力，日本将在人员方面认真地提供方便，同时，为能面对全球化到来的世界形势，也应该为联合国的改革和加强联合国的作用作出积极的贡献。不扩散大规模破坏性武器，这对确保包括日本在内的国际社会的安全是当务之急，福田康夫支持防止核扩散条约的无限期延长，直至最终从地球上彻底销毁核武器，实现国际范围的裁军，唯有这样才是实现世界和平的手段。因此，福田政府决心为开展更为积极的外交而努力。为了全世界的和平与繁荣，以日美安全条约为核心的日美两国的紧密合作是必不可少的，美国也已下决心继续保持其在亚洲太平洋地区的存在与参与，对此福田康夫表示欢迎。

同时，福田康夫将竭尽全力把保持和建立良好的且有建设性的日美关系作为日本外交的基轴。日本应该重视作为亚洲太平洋地区的一员所应起到的作用，必须经常不忘以谦虚的态度来建立相互之间的信任，同时要为与这一地区的和平与繁荣尽可能献出力量。因此，要在经济和政治两个方面，比以往更加紧密地同这些国家进行对话与合作，尤其要为与中国、韩国和大洋洲各国等近邻国家更进一步改善关系而努力。

福田康夫认为在同俄罗斯的关系方面则应该为解决北方领土和实现邦交完全正常化而努力，同时对俄罗斯国内的改革进行力所能及的支援。同欧洲各国也应继续建立和加强紧密的合作关系，这些国家在一体化发展的国际社会中发挥的作用也越来越大。

战后至今，日本经济和社会的繁荣是由于市场经济在国际上发挥机能，及多边贸易体制得以维持才实现的。近来，在世界经济停滞的背景下保护主义回潮，国际经济摩擦出现了激化的征兆，这的确令人担忧，在这种时刻日本为了维持和加强自由贸易体制，率先采取国际协调行动尤为重要。倘若乌拉圭回合谈判不能最后达成协议，无疑将会给世界经济带来严重影响。福田政府决心如在东京发达国家首脑会议上确认的那样，将全力以赴促使乌拉圭回合谈判能圆满结束并达成协议。鉴于以往的基本方针，日本将一如既往为相互协作解决问题而作出最大的努力。

福田康夫在国会众议院

美国和欧洲共同体等国担心日本的大幅度经常项目盈余，会给世界经济造成不良影响，福田康夫们确实应当认真听取他们的意见。福田康夫认为不仅为了维持良好的对外经济关系，即便是为了提高国民的生活水平，也有必要努力扩大内需，改善进入市场的条件，缩小内外价格差距，放宽限制等，同时积极制定重视消费者的政策，努力减少经常项目盈余。福田康夫想尽快提出政府今后应该采取的政策措施，遵照自由贸易和市场经济的原则，通过日美双方努力和一揽子经济协商，缩小对外贸易的不均衡，建立稳定的日美经济关系。

此外，福田政府对国际社会的期待作出响应，并对国际社会贡献出与日本的国力相称的力量，其中包括通过积极运用政府开发援助等方式，在资金和技术方面进行合作，解决全球规模的问题，支持发展中国家及前社会主义国家的改革。尤其是近年来世界各地气候异常，人们对地球环境的质量日益关注，地球环境的质量已经成为刻不容缓的紧迫课题，福田康夫将充分利用日本在环境问题上的经验和能力，为国际社会努力解决生态环境问题率先发挥作用。今后，福田康夫将把日本建成一个高质量和名符其实的国家。日本许多知名人士都曾说过："所谓日本精神，就是简朴、善良，在日常生活中憎恶奢侈和浪费的精神。"只要福田康夫们保持和培养这种精神，日本的未来就是光明的。今天，福田康夫的国家到了无论是国家还是人民都不能目中无人、以自然的心态选择以实际内容为本的生活方式的时代。对外不陷入大国沙文主义，对内建立高质量的文化素养、丰裕充实的生活方式，为日本的子孙后代留下优美的自然和环境，这比什么都重要。福田康夫最根本的政治信念就是去虚求实。

本届内阁的组成，福田康夫没有少费功夫，特别是在组阁之际就已经达成共识，在外交、防卫、经济和能源政策方面，原则上继承迄今既定的国家方针。为了刷新政治迎接新的时代，福田康夫超越了立场的分歧，共同为实现国民的嘱托而努力，福田康夫认为这本身就有深远的历史意义。福田康夫认为，目前最重要的是恢复国民对政治的信任，毋庸说，为此应尽快实现政治改革。但福田康夫认为要消除冷战给国内政治造成的隔阂，实现国民的和解，使执政党和在野党的关系也由对立走向对话，由相互间的不信任走向信任，由为反对而反对走向竞相发表建设性意见——这一时代性转变也极为重要。福田康夫应时刻铭记：去掉隔阂和歧见，齐心协力，时刻为国民排忧解难，正是福田康夫从政的基点。为了证明国民作出的历史裁决是正确的，福田康夫决心团结一致去做好政府工作。福田康夫衷心希望全体国民和议员给予深切理解和支持。

Prime Minister of JaPan
Yasuo Fukuda

第十章 真实的威胁，难得的机遇

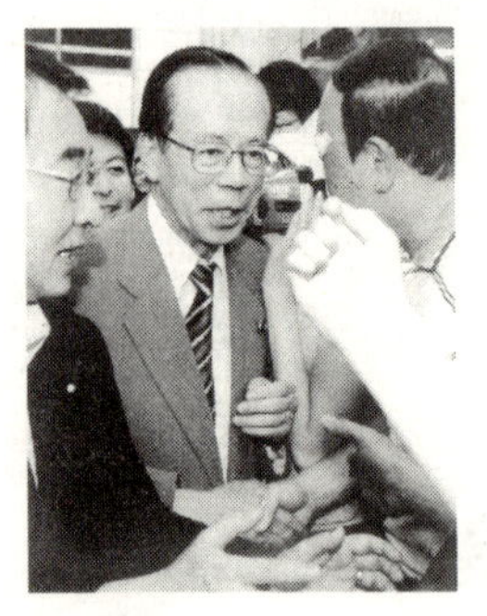

福田和其他政府高官一样已深刻认识到日本现行的体制存在着严重的问题，例如，政治体制演绎成金权体制等，他想改变这种不良现象，还想发展经济体制，保持和增强国际信贷国地位，在亚太经济领域扮演主角，以推动环太平洋的多项合作。福田的雄心壮志能否实现呢？

金权政治积重难返

在日本谈到选举就一定离不开“钱”字，金钱与选举是密切相连，不可分割的。

福田深知安倍被迫辞职就是因为属下大臣因钱权交易曝出丑闻的原委。在日本因献金丑闻曝光的屡见不鲜，早在20世纪60年代曾经发生过利库路特股票案。

利库路特股票案是日本战后影响最大、涉及面最广的一起行贿受贿案件，这也是自“洛克希德”案后日本政坛最大的一次政治风暴。

这次案件的罪魁祸首利库路特公司，是江副浩正在20世纪60年代创建并迅速发展起来的一家风险企业。1960年东京大学教育系毕业后江副浩正立即创办了一个只有三名职员的广告公司。三年后他创办利库路特中心（1984年改名为利库路特公司）。经过近30年的奋斗，利库路特公司发展成为拥有27家公司、1万名职工、年营业额达5000亿日元的利库路特集团。该集团的经营范围涉及广告、信息、不动产和旅游等方面。江副浩正也在日本政府当局公布的1987年高额纳税者名单中名列第29位。

随着市场的不断变化，江副浩正从危机感之中意识到，要想在竞争激烈的日本站住脚，就必须同政治权力结合。所以，他就利用各种机会与政、财、官界人士套近乎和拉关系。江副浩正在经营中突然发现，接受政治献金、出售宴会券、低价购进高价抛出股票是政党和政治家集资和捞取钱财的三大渠道。为此，江副浩正积极利用政治家们见钱眼开的弱点，投其所好，见机而为，使利库路特公司业务项目得到进一步的发展。

当时已经完成大学学业，踏入社会并到丸善石油公司工作的福田康夫深知在金权体制很明显的日本，一方面是公司老板要想在社会上站稳脚跟，在市场为主导的商海里有一席之地，必须在政界里有强大的权力靠山，而另一方面政界要人欲在官场争斗中获胜，也必须在经济界中广培自己的势力，以筹集雄厚的竞选经费。所以，日本政治家们都精于金权体制的生财之道，在每届竞选期间，甚至是终年累月都安排有专人筹集资金，建设自己的“票仓”。况且在政治献金中，以股票方式送给所需的政治家，法律上却没有具体解释这一条，可以说这是法律的空白。所以，利库路特决定利用空白的缝隙，将成千上万的金钱送给政治家们。

刚刚走马上任的福田康夫

令人触目惊心的是，江副浩正从1984年底起便开始把利库路特集团的宇宙公司尚未公开上市、但上市后肯定大幅度涨价的股票转让给日本有影响的政治家、政府首脑以及新闻界头面人物，并向他们提供购买股票的资金，进行行贿活动。据日本媒体估计，行贿金额高达数十亿日元。

进入20世纪70代年末福田康夫已经成首相的秘书，从商界到政界他对日本社会有了较全面的了解。根据日本法律，如某公司为寻找靠山而把大量未上市的股票赠予或转让给国会议员和政府官员，而这些人则利用手中的职权给该公司以特权照顾与方便，就构成行贿受贿罪。而事实上也正是如此，利库路特公司付出了巨额“投资”，也在房地产等方面都得到了不菲的回报，公司的发展蒸蒸日上！

1988年4月，神奈川县警察局发现了川崎市副市长小松秀熙与利库路特公司的股票交易线索，经调查未果。不过日本的《朝日新闻》记者仍对此事予以密切注意。经过半个月的调查取证，1988年6月18日，《朝日新闻》发表了他们的调查记录：川崎市副市长小松秀熙以权谋私，接受利库路特的子公司——宇宙公司贿赂——未上市股票1亿日元。文章一见报，整个川崎市沸腾起来。这样日本战后影响最大、涉及面最广的一起行贿受贿案件遂告曝光。6月19日，伊藤市长举行记者招待会，表示要对小松接受未上市股票一事进行调查。川崎市民、市议会也强烈要求尽快查明真相。

随着调查的逐步深入，7月6日，《朝日新闻》头版报道：自民党干事长安倍晋太郎、大藏省大臣宫泽喜一和前首相中曾根康弘的助手接受过利库路特的股票；7月7日，头版头条刊登利库路特公司会长江副浩正因股票丑闻败露而辞职和竹下登首相涉嫌受贿。从此以后，有关利库路特公司行贿的报道越来越多。

1988年9月5日，东京地方检察院正式介入此事，决定组织特别调查部，立案侦查股票丑闻案件。这样利库路特股票丑闻也开始大规模在日本曝光。这之后，新闻界和在野党密切配合，案情迅速向纵深发展。1988年12月9日，宫泽藏相正式向竹下首相提出辞呈，这成为利库路特行贿案曝光以来首位落马的大臣。12月30日，刚刚上任的内阁法务大臣长谷川峻就因为他的次子兼秘书公开承认曾接受过股票之事被迫宣布辞职。

1989年2月13日，日本东京检察当局以行贿嫌疑犯的罪名逮捕了利库路特集团前董事长江副浩正，从而为查清利库路特案件打开了突破口。竹下政权也因此而陷入了严重危机。东京地方检察当局经过半年多的调查取证后，于1989年2月中旬开始逮捕涉嫌丑闻的人，其中包括日本电信电话公司前董事长真藤恒、前文部省事务次官高石邦男和前劳动省事务次官加藤孝等13人。而在其他涉嫌者中，竹下首相成了此案的核心目标人物。

福田康夫在为自民党呐喊

竹下在登上首相宝座之前曾经历任5届主管金融及证券业务的大藏省大臣，对股票的内线交易十分清楚。在新闻界的紧紧追逐下，竹下不得不于1989年4月11日在众议院预算委员会上作出说明，公开承认从利库路特公司得到政治献金1.5亿日元。但他表示没有辞职的打算。4月22日，报界又揭出他还从利库路特公司借款5000万日元。所有事情败露之后，人们对竹下的"表白"怨声四起，纷纷要求他下台。据民意测验表明，日本国民当时对竹下内阁的不支持率陡增至87.6%。

这个爆炸性的丑闻沉重打击了竹下内阁，日本各在野党也揪住丑闻穷追猛攻，社会党、公明党、民社党和社民联4党领导人还举行了联合会议，促使竹下内阁下台、解散众议院并进行大选，他们甚至已酝酿建立一个影子内阁。导致自民党内是一片混乱，离心倾向不断加剧。一些年轻议员纷纷退党，建立以后援会团体为中心的傀儡新党。面对人心涣散的局面，1989年4月25日，竹下首相终于无奈地宣布将在新年度预算案通过之后退出宫殿。

1989年5月29日，东京地方检察院宣布利库路特案件的侦查工作结束。此案自1988年6月曝光，历时264天，调查了3800多人，先后逮捕了14人，起诉17人，被迫辞职的政界、财界、新闻界要员达50多人。涉及面广，涉案人员多，堪称日本的史无前例。

6月2日，宇野宗佑正式就任日本首相。7月24日，日本举行了第15届参议院选举。结果，自民党惨遭失败。在过去的历届参院选举中，自民党均以多数占据参院的主导地位，在最困难的时期也不低于60席。可在这次改选的126席中，自民党只得36席。同一天，宇野宗佑首相也宣布，“为承担自民党在第15届参议院选举失败的责任，将正式辞去自民党总裁和日本首相职务”。成为日本历史上第一位短命的首相，从任职到辞职仅仅一个月零22天。8月9日，日本参众两院投票表决通过决定选择海部俊树出任首相并组阁。然而利库路特案件与尚未结案的洛克希德贿赂案所暴露出来的日本社会盘根错节的金权体制却依然存在。

上述所发生的事情福田康夫都十分清楚，因为他那时已经踏入了政界。事情虽然成历史，福田康夫作为新当选的日本首相，又怎样从中汲取教训呢？对于这方面他想正本清源，然而他因在野党的牵制显得势单力薄，这对他来说是一个很大的难题和挑战。

建设“安心的日本”

福田康夫在竞选之前承诺要力图改善民生，改善人民生活首先要提升经济水平和国际竞争力，还要严格控制公害事故，特别是扼制生态环境病的发生。

福田没有忘记，战后的日本为了突飞猛进地发展经济却损害了环境，几乎是以牺牲人的生活环境及自然环境为代价。严重的是导致了水俣病事件。日本水俣病事件是世界有名的公害事件之一，1953—1956年发生在日本熊本县水俣镇。而日本的水俣病也成为迄今为止最著名的生态环境病。

水俣镇是位于日本九州南部的一个小镇，属熊本县管辖，全镇有4万人。由于西面就是产鱼的不知海和水俣湾，因此这个小镇渔业很兴旺。1925年，一个资本家在此建成一个名叫新日本氮肥公司的小工厂。1932年又扩建了合成醋酸工厂，1949年开始生产氯乙烯。然而就在这“繁荣”的背后却酝酿着一场灾难。

1950年，在水俣湾附近的小渔村中，发现一些猫的步态不稳，抽筋麻痹，最后跳入水中溺死，当地人谓之“猫自杀”，但没有人研究这事。1953年，在水俣镇发现了一个生怪病的人，开始时只是口齿不清，步态不稳，面部痴呆，进而耳聋眼瞎，全身麻木，最后神经失常，一会酣睡，一会兴奋异常，身体弯弓高叫而死，一个个悲剧接二连三地发生，却无人知道这是什么病。

1956年5月，又在医院出现4个这种病人。这才引起当地熊本大学医学院一些人的注意。在调查中，他们把猫死和人病的各种现象联系起来分析解剖，初步找到吃鱼中毒这个共同受害的根源。吃水俣产的鱼会中毒的消息很快传开后，使得附近成千上万的渔民失业了，他们忍无可忍，联合起来向当地化工厂提出强烈抗议。

1958年春，化工厂为平民愤，答应停止向水俣湾排放带有污染物的废水，但同时却偷偷地将毒水引向水俣川的北部。几个月之后，这个新的污染区出现了18个水银中毒的病人。很快引起广大渔民的愤怒，几百名渔民攻占了新日本氮肥公司。由于拿不出证据，资方仍拒不承认污水毒害的事实。

一晃4年过去了，熊本大学“水俣病医学研究组”从水俣氮肥厂乙酸乙醛反应管排出的汞渣和水俣湾的鱼、贝类中，分离并提取出氯化甲基汞结晶，用此结晶和从水俣湾捕获的鱼、贝做喂猫实验，结果400只实验猫均出现了典型的水俣病症状。用红外线吸收光谱分析，也发现汞渣和鱼贝中的氯化甲基汞结晶同纯氯化甲基汞结晶的红外线吸收光谱完全一致。对水俣病死亡病例的脑组织进行病理学检查，在显微镜下也发现大脑、小脑细胞的病理变化，均与氯化甲基汞中毒的脑病理变化相同。

福田康夫和他的竞选团队

综合上述各种材料，日本政府于1968年9月确认水俣病是人们长期食用受含有汞和甲基汞废水污染的鱼、贝导致的。在化工生产中，由于使用氯化汞和硫酸汞作催化剂，含汞的废水和废渣排入水体后，形成了甲基汞。甲基汞被鱼摄入，人吃中毒的鱼经过10—20年的潜伏期而生病死亡。

据1972年日本环境厅统计，水俣市的病患者有180多人，至少有50多人已经死亡。新泻县阿贺野川的病患者102人，其中有8人死亡。共有283人受到严重毒害。而实际上日本受害人数远远超过这个数字,仅水俣市受害的居民已有1万人左右。然而新日本氮肥公司长期以来以保密为借口,拒不提供工艺过程和废水试样,致使水俣病一直拖了6年才弄清楚。到1967年的8月,在400只猫以醋酸厂废水作试验全部得水俣病的事实面前,该公司才不得不承认该厂含汞废水污染带来的灾害,但仍继续排放含汞废水。

同时根据日本熊本县水俣市国立水俣病综合研究所的调查,在1955—1959年的水俣病多发期里,水俣市男婴的出生率极低。通常男婴的出生率一般比女婴高6%,而此期间的男婴出生率反比女婴低3%,渔民家的情况更为严重。专家们认为主要原因是,男婴对化学物质、环境污染的抵抗能力较女婴低。

1979年3月23日,熊本地方法院对原氮肥公司经理吉冈喜一和造成水俣病的工厂原厂长西田荣一进行公判。裁判长右田实秀宣判:因企业活动引起的公害犯罪,必须严格追究组织上的责任者,但根据两被告年事已高,分别判处两人监禁2年缓期3年执行。这是日本历史上第一次追究公害犯罪者的刑事责任。1982年9月,福冈高等法院正式对水俣氮肥厂前厂长进行宣判。

汞一旦进入体内便无法消除,因此成为特别可怕的毒物。1972年,90多个国家签订国际公约,禁止将汞倒人海洋,以免污染鱼群。而为了恢复水俣湾的生态环境,日本政府花了14年的时间,投入了485亿日元,把水俣湾的含汞底泥深挖4米,全部清除。同时,在水俣湾入口处设立了隔离网,将海湾内被污染的鱼统统捕获进行填埋。经多年治理,直到1996年,该市才得以基本走上与环境共生的城市经济发展之路。

福田康夫认为生态环境的公害事故要治理预防,那么日本社会环境的公害事件又如何治理和预防呢?这对福田康夫来说是个十分棘手的问题。

福田康夫在竞选前曾承诺积极应对日本老年人问题。随着日本步入老龄化社会,监狱开始适应“灰发时代”。

贷款一定要有工程项目计划，贷款专款专用，世界银行每隔2年要对其贷款项目进行一次大检查。

世界银行的资金来源：(1)各成员国缴纳的股金；(2)通过国际金融市场借款；(3)发行债券和收取贷款利息。

世界银行的最高权力机构理事会，由成员国的财政部长、中央银行行长或级别相当的人员担任理事。每年秋天与国际货币基金组织联合召开年会。执行董事会由21名执行董事组成，其中5名由拥有股份最多的美、英、法、日、德委派，另外16名由其他成员国按地区选出。该行历届行长一般由美国总统提名，均为美国人。行长同时兼任国际开发协会会长、国际金融公司主席、多国投资保证机构的主席等职。

福田除了希望在世界银行发挥更大作用外，还要建立大国港口。说起港口应是日本的优势。1952年11月，日本港口协会邀请一些国家的港务局长参加其成立30周年庆祝大会。大会建议成立一个永久性的国际性组织来促进世界港口管理当局之间信息交流与合作。经筹备，1955年11月在美国洛杉矶召开第一届国际港口大会，宣告国际港口协会正式成立。

福田看到港口对日本的国际贸易起到至关重要的作用，同时他也考虑到要发挥太平洋盆地经济的主导作用，只有这样日本才能寻找到新的发展出路。太平洋盆地经济理事会（以下称PBEC)，是由太平洋盆地国家和地区的企业家组成的论坛式非官方经济组织。1967年5月，由澳大利亚、新西兰、美国、加拿大和日本五国企业家发起，并在日本召开了创立会议，宣告该组织成立。总部国际秘书处设在美国夏威夷檀香山。1968年5月，在澳大利亚悉尼召开了首次国际大会。

该组织的宗旨是，主张开放市场，提倡减少贸易与投资壁垒、扩大贸易与投资，鼓励共同利益基础上的区域经济合作，就影响亚太地区经济发展的主要问题为政府提出建议和意见，并与世界贸易组织等国际组织合作，解决亚太地区乃至全球经济发展的问题，以加强太平洋盆地的经济关系，促进该地区经济和社会的进步。

该组织的成员称为“成员委员会”(Member Committee)，共有20

个成员委员会(截至1998年5月),分别来自下列国家和地区:澳大利亚、加拿大、智利、中国、哥伦比亚、斐济、中国香港、日本、印尼、韩国、马来西亚、墨西哥、厄瓜多尔、新西兰、秘鲁、菲律宾、俄罗斯、中国台北、泰国和美国。每个成员委员会都由本国或地区的大企业组成。该组织代表着20个成员委员会的1500多家企业。

福田康夫接受记者采访

其组织机构分国际大会、指导委员会会议和特别大会。国际大会,简称大会或年会,每年5月举行一次。大会的日期和地点由指导委员会至少三年前决定;指导委员会会议,由国际主席召集或根据一半以上成员委员会的要求召开。指导委员会是该组织的权力机构,通常每年召开至少两次会议,指导委员会指导太平洋盆地经济理事会总的政策方向,根据太平洋盆地经济理事会的目标,决定太平洋盆地经济理事会的活动和计划,审议和批准新成员。每次召开指导委员会会议之前,通常还根据需要召开管理委员会会议、专业委员会会议、理事会会议等会议;此外,国际主席或指导委员会还可召集成员委员会选派的代表召开特别大会,讨论对太平洋盆地经济理事会和太平洋商业团体至关重要的特别题目。特别大会的日期、地点和议程由指导委员会决定。

由于台湾的问题，中国与太平洋盆地经济理事会的关系发展较晚。经过一系列磋商，太平洋盆地经济理事会才按照中方原则解决了台湾的改称和中方加入的问题，1994 年 5 月 22 日，该组织理事会会议和指导委员会会议通过了接纳哥伦比亚、中国和俄罗斯为正式成员的决议。根据决议，台湾改称为“中国台北成员委员会”，中方则以“中国成员委员会”的身份正式加入。

中国自加入太平洋盆地经济理事会以来，参加了该组织的历次会议，并同该组织各成员及国际秘书处建立了良好的合作关系。

福田想要保持同上述组织成员发展友好合作关系，还要提升日本在上述组织的地位及影响力。这就是福田首相所必须做到的。

太平洋时代的机遇（一）

福田虽未参加过亚太经合组织首脑会议，但他深知这个组织对日本开展多边合作犹为重要，日本要想在亚太经济领域扮演主角，必须在这个组织发挥更大的作用。

那么亚太经合组织是在什么样的国际背景下产生的呢？从成立至今又发挥了什么作用呢？1989 年 1 月，澳大利亚总理霍克访问韩国时建议召开亚太地区各国部长级会议讨论加强经济合作问题，得到韩国的赞同。经过一系列的磋商与筹备。亚太经合组织成立时，福田康夫还没有参选国会议员。1989 年 11 月 5—7 日，澳大利亚、美国、日本、韩国、新西兰、加拿大及东盟六国在澳大利亚首都堪培拉举行了亚太经济合作会议首届部长级会议。1993 年 6 月，亚太经济合作会议改称亚太经济合作组织，简称亚太经合组织。

根据 1991 年 11 月在韩国汉城举行的亚太经合组织（APEC）第三届部长级会议通过的《汉城宣言》，该组织的宗旨和目的为“相互依存，共同利益，坚持开放性多边贸易体制和减少区域内贸易壁垒”。

这时福田康夫已当选为国会众议院议员。

福田康夫发表演讲

亚太经济合作组织是一个官方的、具有实质内容的地区性经济论坛和磋商机构。在组织机构上可分为工作会议和工作机构。工作会议包括非正式首脑会议、部长级会议、高级官员会议、太平洋工商论坛。工作机构包括秘书处、专题工作组及各委员会、知名人士小组等。

APEC是本地区重要的经济合作组织之一，共有5个层次的运作机制。

领导人非正式会议：区域内国家首脑个人非正式的集会，也是该组织的最高活动，主要就有关经济问题发表见解，进行意见交流，每年下半年举行。1993年7月，美国作为亚太经合组织主席，在日本东京举行的西方七国首脑会议上，正式提出在亚太经合组织第五届部长级会议后召开一次首脑会议。由于没有得到全体成员的赞同，美国建议召开的首脑会议则被定名为“领导人非正式会议”。会议活动采取的方式很特别，往往是不设主题，不带助手，自由交谈，领导人的讲话内容需经本人同意才能公开。依惯例，在领导人非正式会议期间，所有领导人都不穿西服，而着休闲装，以营造一种较为轻松的气氛。因此，APEC会议的传统特色之一就是在举行领导人非正式会议时，与会领导人穿上主办国提供的服装来个家庭式大合影。自1993年以来共举行了15次，分别在美国西雅图、印尼茂物、日本大阪、菲律宾苏比克、加拿大温哥华、马来西亚吉隆坡、新西兰奥克兰、文莱、中国的上海等地举行。

部长级会议：每年的领导人非正式会议前举行。由各成员外交部长（台湾、香港除外）和经贸部长出席，也可就某一专题举行专业部长会议。

高官会：则是由各成员指定的高官组成，每年举行4至5次会议，负责审议各工作组和秘书处的活动、筹备部长级会议等事宜。

委员会和工作组：高官会下设4个委员会，即：贸易和投资委员会（CTI），经济委员会（EC），高官会经济技术合作分委员会（ESC）和预算管理委员会（BMC）。CTI负责贸易和投资自由化方面高官会交办的工作；EC负责研究本地区发展趋势问题；ESC负责指导和协调经济技术合作；BMC负责预算和行政和管理等方面的问题。此外，高官会还下设9个工作组，3个政策和专家小组，从事专业活动和合作。

秘书处：秘书处是1993年1月在新加坡成立的，是APEC服务性执行机构，负责该组织的日常事务性工作。秘书处负责人为执行主任，由APEC当年的东道主指派。

经过十多年的发展，APEC形成了自己独特的运作方式，那就是它充分尊重各成员的多样性，承认各成员发展水平和发展阶段上的差异和由此带来的不同利益和需求；它强调灵活性、渐进性和开放性；遵循相互尊重、平等互利、协商一致、自主自愿的原则；坚持单边行动和集体行动相结合，在集体制定的共同目标的指导下，各成员根据各自的不同情况做出自己的努力。这些原则和做法照顾了合作伙伴不同的经济发展水平和承受能力，使他们不同的权益和要求得到较好的平衡。

悠闲一刻的福田康夫

目前，APEC成员已经发展成为包括澳大利亚、文莱、加拿大、智利、中国、中国香港、日本、韩国、印度尼西亚、马来西亚、墨西哥、新西兰、巴布亚新几内亚、秘鲁、菲律宾、俄罗斯、新加坡、中国台北、泰国、美国和越南的21个国家和地区，人口达25亿，生产总值和贸易额则分别占世界总额的一半左右。

1991年10月，中国同该组织高官会主席签署谅解备忘录，中国作为主权国家，以“中华人民共和国”的名称，台湾和香港作为地区经济分别以“中国台北”和“香港”的名称同时加入APEC。台湾只能派与经济有关的部长与会。同年11月，中国首次派团参加了在汉城举行的APEC第三届部长级会议。此后中国出席了该组织历届领导人非正式会议、部长级会议和其他一些专业部长会议。

1995年的大阪会议上，中国国家主席江泽民针对亚太地区的特点和经济技术合作的重要性，提出了经济合作的五项主张，即要把亚太经济的持续发展作为开展合作的根本目标；要为发展中成员创造经济持续发展的有利的外部条件；要坚持自主自愿的原则；要尊重差异，把握贸易投资自由化的合理速度；要实行贸易投资自由化与经济技术合作并重的方针。1996年，在苏比克会议上，中国国家主席江泽民总结了几年的实践经验，首次提出了“APEC方式”。此外，中国还先后在APEC领导人会议上，就建立国际金融新秩序、建立APEC高科技工业园网络和制定走向21世纪的科技产业工作议程等提出了建议，受到普遍欢迎。胡锦涛从2003年之后在该组织先后提出的建立和谐世界、和谐亚太地区的主张，受到与会者的一致称赞。

福田作为新首相，将要送给APEC什么称心礼物呢？人们在关注着。

太平洋时代的机遇（二）

当选首相之后，福田希望日本在环太平洋经贸发展领域独领风骚，认为只有这样才显示了经济大国、经济强国的地位及影响力。

日本倡导的沿太平洋地区各国未来经济合作的设想。1978年，由日本首相大平正芳作为一项国策正式提出。主要内容是在环太平洋地区建立一个松散的“链带”，把增进国际相互了解、加强海洋开发和资源方面的合作，推进产业政策，促进对外投资，改善货币金融制度，谋求日元在地区内部的流通等作为合作的课题。此后日本历任首相积极推动这一构想。1982年日本首相铃木善幸在夏威夷发表《太平洋时代的来临》演说，提出实现太平洋地区合作的“和平、自由、多样、互惠、开放”五项原则。中曾根康弘任首相后提出中曾根主义，设想把太平洋沿岸的主要国家组织起来，成立一个松散的联盟，以共同协调经济活动和发展分发配额时，有关成员应通知所有愿意按照配额量提供产品的其他成员。

福田康夫发表讲话

满足了进口国法律和行政规章要求的自然人、公司或机构均应有权申领配额，且在发放许可证时不应受到歧视。

1997年12月11日，为了挽救21世纪的地球免受气候变暖的威胁，149个国家和地区的代表在《联合国气候变化框架公约》缔约方第三次会议（防止变暖京都会议）通过了《京都议定书》。议定书要求以美国、欧盟、日本为首的 38 个工业化国家在 2008—2012 年之间将二氧化碳、甲烷、氮氧化物等 6 种温室气体的排放量削减 5.2%，降低到 1990 年以下的水平。其中欧盟削减 8%，美国削减 7%，日本削减 6%。另外允许澳大利亚增加温室气体排放 8%，挪威增加 1%，冰岛增加 10%，俄罗斯可以维持 1990 年的排放水平，加拿大必须削减 6%，中国和印度在内的发展中国家制订自愿削减温室气体排放目标。

议定书允许采取下列四种减排方式：

1.两个发达国家之间可以进行排放额度买卖的"排放权交易"，即难以完成削减任务的国家，可以花钱从超额完成任务的国家买进超出的额度；

2.以"净排放量"计算温室气体排放量，即从本国实际排放量中扣除森林所吸收的二氧化碳的数量；

3.可以采用绿色开发机制，促使发达国家和发展中国家共同减排温室气体；

4.可以采用"集团方式"，即欧盟内部的许多国家可视为一个整体，采取有的国家削减、有的国家增加的方法，在总体上完成减排任务。

1999 年 6 月 1—14 日，来自约 150 个国家和地区的代表在德国波恩举行会议，以确定《京都议定书》的实施细节问题。

2001 年 7 月 19—27 日，《联合国气候变化框架公约》第六次缔约方会议后续会议在德国波恩举行，与会代表就为尽快落实《京都议定书》而提出的妥协方案达成了一致，新建议允许发达国家用更多的森林植被等抵消温室气体减排指标。

具体内容包括：

——186 国就《京都议定书》达成一致，38 个工业化国家许诺实现减少本国温室气体排放的具有约束力的目标。

——欧盟将立即着手把这一协议变为各成员国的法律，强制各国到 2010 年把温室气体排放量在 1990 年的基础上减少 8%。英国的法律目标将是把排放量减少 12.5%，为较穷的欧盟国家留有发展余地。

——这项协议估计最快将在2002年实施：即只要55个国家把它定为国家的法律、排放量占工业化国家55%的国家认可这项协议后，这项协议就立即实施。

麻生太郎在工厂劳动

——工业化国家每年将为发展中国家提供5亿美元，帮助它们适应气候变化，发展新的清洁技术。

——工业化国家将得以通过培植森林、维护现有森林、改变耕作模式等方法要求获得二氧化碳气体的减排指标。

——世界将出现碳的国际贸易。那些通过在其他国家发展清洁技术而节省下碳的公司将得以获得减排指标并出售这些指标。

——各国必须提交温室气体排放的计划，并且不断更新进展情况，以便在未能达到目标的时候尽早做出提醒。

——那些不能在2012年前达到第一套目标的国家必须把未完成

的任务加入第二阶段，并承担再加30%减排量的惩罚。这些国家还将被排除在碳贸易之外，并被迫在国内采取纠正措施。

至2002年12月16日，包括中国在内的84个国家和地区签署了该议定书，98个国家和地区批准了该议定书。

1998年11月12日，美国签署了该议定书。但是，2001年3月，布什政府以“减少温室气体排放将会影响美国经济发展”和“发展中国家也应该承担减排和限排温室气体的义务”为借口，宣布拒绝执行《京都议定书》。

在国际舞台上各国为保护人类赖以生存的生态环境展开外交活动。土壤沙漠化、全球气候变暖、臭氧层遭到破坏，使全人类正面临着共同的生态恶化问题。因而环境问题不再是一个国家的内部问题，而成为一个全球性问题，“环境外交”成为双边外交和多边外交的重要内容。1968年联合国大会决定召开一次联合国人类环境会议，寻求解决污染和其他威胁地球的许多问题的方法。1972年，由110个国家的代表参加的斯德哥尔摩联合国人类环境会议通过了第一个关于保护人类环境的原则声明——《人类环境宣言》。1976年在加拿大的温哥华召开了联合国水源会议和联合国沙漠化会议。联合国还确定每年的6月5日为世界环境日。20世纪80年代环境外交更受到重视。1982年10月，联合国大会通过了《世界自然章程》。1987年，35个国家和欧共体签署了保护臭氧层的《蒙特利尔议定书》。1989年，有123个国家的代表在伦敦讨论在全世界范围内加速禁止使用氯氟化碳问题。在环境外交领域，发达国家与发展中国家所持立场不同。发达国家已走过工业发展初级阶段，对环境污染负有不可推卸的责任。而发展中国家的工业处于起步阶段，缺乏资金用于环境治理。发达国家之间也存在着主导权纷争。尽管如此，人类对生态环境的共识有可能使环境外交成为超越社会制度的国际合作的领域之一。

面对由于经济发展而造成环境恶化，有可能导致人类生存危机的严峻形势，科学家提出了“持续发展”战略。1987年，联合国通过了由世界环境与发展委员会制定的关系到人类社会未来发展策略和发展前景的纲领性文件《我们共同的未来》，引起世界各国对持续发展的关注，成为一些国际组织和政府制定社会经济发展计划的指南。该委员会给“持续发展”下的定义是“能够满足当代人的需要，而又不损害后代满足他们需要的能力的发展”，“它不是一种固定的协调状态，而是一个变化过程”。在这一进程中，资源利用，投资导向，技术进步和体制改革的方向都是相互协调的，并能增强当前与今后满足人类需要的潜力。福田早已明白，日本是个资源靠进口，产品靠出口的国家。如何利用有限资源达到日本经济社会等各方面的可持续发展对他来说是当务之急。

Prime Minister of Japan
Yasuo Fukuda

第十一章
日本！再出発

从参选至当选，福田就面对着许许多多的挑战，有来自国内的，也有来自国际社会的，特别是控制参议院决策权的在野党接二连三呼吁要提前举行众议院大选的声音越来越大，还有一名内阁成员因献金丑闻被曝光等，福田又如何力挽狂澜呢？

重振自民党

福田作为新总裁的首要任务就是如何重振自民党。党政之事说起来容易做起来难，况且安倍被迫辞职就是因为有许多事情积重难返，安倍走了，留给福田许多棘手问题，比如如何将海上自卫队在印度洋海域的燃油补给活动继续下去，如何解决养老金记录丢失问题，是否为了养老金财政来源问题而提高消费税，如何消除作为自民党参议院选举惨败原因之一的城市与地方差距等等。

在参议院执政与在野两方势力发生逆转的情况下，如何渡过国会这一关，对福田来说又是所面临的一个严峻考验。民主党一直在谋求尽早解散众议院举行大选，朝野双方必将展开几番激烈的较量。

鉴于保守派人物安倍晋三担任首相一年来麻烦不断，为了政党的保险起见，日本执政党自民党经过反复协商选定“鸽派”资深政治家福田康夫为下任首相意在扭转被动局面。

71岁的福田将成为自1991年来上任的年纪最大的首相，这与现年53岁的安倍2006年成为二战后最年轻的首相形成了鲜明的对比。

从当前的趋势来分析表明自民党希望暂时与受意识形态驱动的安倍及其前任小泉纯一郎拉开距离，以不同于前两任首相的执政理念及风格博得民众对福田的信任。

坦普尔大学当代日本问题研究所所长罗伯特·迪雅里克说：“福田没有什么个人魅力，但是他被视为可靠的人物，他不容易出现过失，而这是安倍身上存在的问题。”

他非常不客气地说：“人们知道，他不会是个毫无能力的领导人。”

9月24日，自民党新任总裁福田康夫开始着手调整人事，任命党内四大要职。日本媒体提供的人物资料显示，福田新任命的自民党要职均为政坛经验丰富的党内派系要人，同时在外交政见方面大多属于温和派。

麻生太郎向福田康夫表示祝贺

福田挑选文部科学大臣伊吹文明为干事长，前财务大臣谷垣祯一为政调会长，总务会长二阶俊博留任，前干事长古贺诚为负责为下届众议院选举做准备工作的选举对策委员长。

9月24日下午，福田在新闻发布会上满怀信心地说："我相信，我在正确位置上挑选了正确的人。我做出这些决定前已经过深思熟虑。"

福田重申："我将为重塑自民党在民众中信任而努力。"他还充满危机感地说："我们必须重获民众信任。每名党员都需积极行动，否则我们将难以渡过眼前难关。"

当天，伊吹等自民党新领导层成员也出席了新闻发布会，他们在发布会上均表示一定会把"重建民众信任"作为自民党的首要任务。

伊吹说："国会参院选举失败后，自民党正处于一个非常危急关头，为重获民众信任，我们党内领导将组成'自民党团队'工作。"

人们还特别注意到，伊吹形容党内新领导层为"自民党团队"，而安倍晋三2006年出任自民党总裁时，当时的领导层称自身为"安倍团队"。

各种迹象表明，以福田为首的自民党新领导班子将与联合执政的公明党负责人举行政策磋商，为福田新内阁诞生做充分的准备。

日本媒体提供的人物背景资料显示，福田任命的新高层大多具备一些相似特点：年长且从政经验丰富、均担任或曾担任自民党内派系要人、外交方面支持与亚洲邻国建立友好关系、在此前选举中力挺福田。

新任政调会长谷垣祯一现年62岁，是自民党谷垣派会长。谷垣支持与亚洲邻国建立良好关系，在政治立场方面反对日本首相参拜靖国神社。经济政策方面，他支持把消费税率在2015年左右提高至10%，以缓解日本财政债务问题。在特殊情况下的总裁选举中，谷垣明确表示坚决支持福田。

总务会长二阶俊博现年68岁，自民党二阶派会长。1999年、2005年先后出任运输大臣和经济产业大臣，曾多次访华，认为中日关系十分重要，是其他大国不可取代的。

二阶原在日本现主要反对党民主党中任职，2003年改投自民党。他以人脉关系广泛著称，不仅与自民党其他派别关系不错，而且与民主党人士也长期有私交。

新任干事长伊吹文明现年69岁。1960年进入财务省工作，2007年8月由安倍任命为文部科学大臣。他2006年推动修改日本教育法。日本主要反对党先前指责安倍政府为促使国会通过教育改革方案而采取违规手段。

新任选举对策总局长古贺诚现年67岁，自民党内第三大派别古贺派会长。日本许多民众认为，古贺为福田竞选贡献不少，后者原本希望古贺出任总务会长，但古贺似更希望负责掌握实权的选举工作。

尤其令人关注的是，古贺与福田政见颇为接近，支持与亚洲邻国友好相处。为避免伤害邻国的感情，与邻国和睦相处，古贺曾多次提议从靖国神社分祭甲级战犯。

福田先前表示将重视日本与亚洲邻国关系，并说当选首相后不会在任职期间参拜靖国神社。

9月24日下午，福田任命党内新高层，意在数日后组建新内阁。而已宣布辞职的日本首相安倍晋三在他养病的庆应大学附属医院召开新闻发布会，为他的突然辞职带来政坛混乱，而再次向公众道歉。

安倍说："我为在国会发表施政演说后不久就宣布辞职而道歉，那一(辞职)时机再糟糕不过……这给政府、执政党和反对党带来大麻烦。"

福田的路，能走多远

9月26日，日本媒体分布的民意调查显示，以日本新首相福田康夫为首的内阁公众支持率接近60%，福田内阁执政前景乐观。但日本共同社指出，高支持率无法掩盖自民党内部矛盾。维持高支持率并顺利执政，对福田来说并不容易。

此次由共同社开展的民意调查显示，福田内阁支持率为57.8%，2倍于前首相安倍晋三辞职前的支持率。共同社指出，福田内阁基本保持安倍内阁构架，原内阁成员大部分留任，但支持率却比安倍8月改组内阁后的数字高出17.3个百分点，显示出日本公众认可福田内阁。安倍内阁8月改组后民意调查支持率一度升至40%以上，后又降至30%以下。

福田康夫答谈中

不过，高支持率无法掩盖福田面临的困难，其中包括自民党内部矛盾和来自反对党的压力。

共同社还披露了福田当选自民党总裁后自民党高层对麻生太郎“三顾茅庐”的幕后故事，表明自民党内部分歧依旧。福田取得总裁选举胜利后，通过用手机联系到麻生，希望他以文部科学大臣的身份加入新内阁，却遭到败选者麻生的拒绝。同福田关系密切的前首相森喜朗当晚也劝说麻生加入内阁，麻生输得不服，对福田的盛情再次表示了拒绝。也许心有不甘，9 月 25 日下午，福田在国会的首相指名选举前几小时再度劝说麻生。然而，当天晚些时候公布的内阁名单中还是没有麻生的名字。

除内部矛盾外，反对党日本民主党也将给福田施加巨大的外部压力。日本民主党总裁小泽一郎指出，将阻止延长 11 月 1 日到期的《反恐特别措施法》。

如今摆在眼前的情势是，如果福田不能处理好内外矛盾，将面临巨大困难，自民党和福田的声望受损，民众支持率可能随之下跌。

这样的判断并非空穴来风，政坛这个大海里真是无风不起浪。9 月 27 日，日本媒体报道，福田新内阁的文部科学大臣渡海纪三郎和防卫大臣石破茂出现了“政治与资金”问题。

当天上午，福田担忧的事情发生了，为了不使事情扩大化，把不良影响降到最低，他急忙在首相官邸分别会见渡海和石破，要求他们诚实地向国民作出说明。

渡海的政治资金收支报告显示，他担任代表的自民党兵库县第十选区支部分别在 2003 年和 2005 年的众议院选举中接受了当地一家建筑公司 100 万日元(1 美元约合 115 日元)的捐款。

石破个人 2004 年向其政治资金管理团体“石破茂政经恳话会”捐赠 1050 万日元，却没有将这笔钱作为没有金额上限的特定捐款在政治资金收支报告中记载。

“政治与资金”的问题还没有弄清白，其他的敏感事情又发生了。日本政府曾在教科书问题上多次刺激及伤害邻国的感情，因为他们在教科书里歪曲及篡改历史，引发了国内外民众的强烈抗议。福田认为在近期内必须解决这个问题。9月29日，日本冲绳县发生10万人集会活动，抗议日文部科学省要求出版商修改历史教科书，抹杀1945年冲绳岛战役期间日军强迫当地平民集体自杀的真相。共同社说，这是1972年美国把冲绳归还日本以来，当地最大规模的一次民众集会活动。

我们从共同社的报道中了解到，当天超过10万人在冲绳县首府那霸东北的宜野湾市海滨公园集会，集会者包括普通民众、地方教师协会会员、冲绳县各级政府官员和冲绳县议员等各界人士。集会组织者来自冲绳县议会各党派，包括执政党自民党。

集会者发表声明说："如果没有日本军方参与，'集体自杀'事件不会发生，这是无可争辩的事实。删除或修改（有关这一事实的描述）是无视和歪曲这一事件幸存者的证词。"

冲绳岛战役始于1945年3月，历时90天。美日军队伤亡惨重，冲绳岛约四分之一居民丧生。共同社援引幸存者披露内容说，由于担心军事机泄露，日本军方当时鼓励和引诱当地居民自杀，并为居民提供自杀用手雷。

日文部科学省2007年3月底公布2008年高中教科书审查结果，责令出版商删除或修改关于日军在冲绳岛战役中强迫岛上居民集体自杀的表述。例如，将"有的居民在日本军队强迫下集体自杀"的表述改为"有的居民被迫集体自杀"。

文部科学省要求修改历史教科书的决定引起冲绳县众多民众强烈不满。冲绳县所有地方议会以及日本其他地区一些地方议会纷纷通过决议表示抗议，并要求文部科学省收回这一篡改历史的错误决定。但文部科学省知错不改拒绝收回这一决定，理由是这一决定已获教科书审查小组通过。

文部科学省不顾民意的做法让冲绳各界更加不满。集会组织者已表示，他们还要组织一次大规模上访活动，直接面对文部科学省官员。

福田康夫刚刚走马上任就碰到许多挑战性的麻烦，他又该如何解决呢？

福田时代的执政危机

福田康夫是日本前首相福田赳夫的长子，因此将首次诞生父子两代首相。福田的任期为安倍辞职后留下的截至2009年9月的两年时间。在这两年的日子里，他又将如何度过呢？

新总裁上任后肩负使自民党重整旗鼓的重任，同时面临众多难题，包括谋求海上自卫队在印度洋继续展开为美英等国联军加油活动；解决养老金记录不全问题；是否提高消费税充当养老金的资金来源；消除导致参议院选举惨败的城乡差距扩大问题等等。此外，在参议院被反对党民主党掌控的情况下，如何应对国会的刁难也将是个不小的考验。特别是在野的民主党方面要求尽早解散众议院举行全国大选，倘若福田所领导的自民党答应了在野党的要求，提前举行由自民党掌控的众议院大选，而且在选举中自民党像参议院选举般丢失大多数席位，自民党丧失执政权，民主党东山再起，自民党势必面临困境不说，很可能面临党内的分化，并受到国民的唾骂。

维持现状不提前举行大选，日本新领导人福田面临一个分裂的议会，反对派政党正控制着参议院。他还面临因开支更多资金引发对政府不满选民的压力，但与此同时，他必须控制住日本巨额的公共债务。这一局面使人们担心在日本需要就养老金、税务以及其他议题上采取行动的时候却偏偏出现政策僵局。

福田康夫和另一位自民党总裁候选人麻生太郎都已承诺，将更多注意乡村地区和其他受到小泉改革伤害的行业，但他们也都承认在政府开支方面存在限制性因素，因为日本的公共债务已达到日本国内生产总值的1.5倍。福田康夫竞选期间在电视上慷慨陈词发表演讲时称："结构改革是在政府不提供资金的情况下重振当地经济。"

不甘示弱的麻生太郎也重申，目前的5%的消费税可能要提高至6%以支付预计将增加的社会福利开支。纵观全局，我们得出这样一个结论，在此之前，安倍首相有关恢复传统价值观和提高日本国际安全作用角色的“日本，美丽国家”的日程表可能会让位于福田康夫的民生议题，因为民众不想再背着沉重的公共债务聆听政府官员的花言巧语了，他们希望福田来改善自己的生计。

福田康夫在国会上陈述施政纲领

新首相的第一个挑战将是使议会通过《反恐特别措施法》，这一法案将于 2007 年 11 月 1 日到期。美国正在要求东京继续向印度洋的联合军舰只提供油料，但是日本反对党称，他们想终止配合美国行动的这一任务。拥有参议院多数席位的反对党可以使政府的法律提案被推迟。

新首相的另一优先事务是避免可能导致出现众议院提前选举局面的挫折，执政联盟可能也会在众议院选举中落败。日本要到 2009 年才举行选举，但是议会的僵局可能导致日本提前举行众议院选举。许多人认为 2008 年春季可能是出现这种状况的时间，日本于 2008 年春季通过新财政年度预算案，到那时才是在野党出牌的期限，若到时因民主党的阻拦，新财政年度预算案无法获得通过，福田宣布解散国会提前举行大选，那么执政的自民党江山难保。这是福田害怕看到的结局。这样对自民党打击太大了 。

为了拉选票，笼络人心，恢复民众对自民党的信任，早在2007年9月19日，自民党总裁选举候选人福田康夫和麻生太郎均表示，将继承对日本当年的侵略和殖民历史表示歉意和反省的“村山谈话”，并妥善处理靖国神社问题，这样的承诺有多少人爱听呢？不得而知。

福田和麻生是在日本外国记者俱乐部举行的记者会上作上述表态的。福田说，“村山谈话”是当年日本首相的表态，应该被认为是正确、合理的。麻生表示，“村山谈话”发表后，日本历届内阁对此都表示认同，如果他成为首相，也不例外。

福田和麻生还一致表示，将避免使靖国神社问题成为政治和外交问题。福田说：“靖国神社问题演变成了极端政治化的问题，这非常不幸。……我不会去制造难题。”

福田担任自民党总裁前就曾多次明确表示，如果他当选首相，将不会去参拜靖国神社。

关于外交政策，福田承诺他当选后将加强日中关系，麻生表示将进一步深化与亚洲国家的关系。麻生还重申，他是第一个公开表示欢迎“中国崛起”的日本外相。

何为“村山谈话”呢？什么称之为“村山谈话”呢？1995年8月15日，时任日本首相的村山富市发表谈话，正式承认日本过去国策有误，走了错误的而灾难性的战争道路，殖民统治和侵略给许多国家、特别是亚洲各国人民造成巨大损害和痛苦，并代表日本政府表示深刻的反省和由衷的歉意。

福田所关心的重点并不是这些，他时时刻刻所担心的是，2001年10月17日，日本政府举行的临时内阁会议上通过了新的反恐措施法案，并随后递交国会众议院审议。新法案将延长日本海上自卫队在印度洋上给外国舰只的补给行动，但与目前的《反恐特别措施法》相比，海上自卫队行动将受到一定限制，这是作为首相要解决的迫在眉睫的大问题。

“9·11”事件后，日本国会于2001年10月通过了有效期为2年的《反恐特别措施法》，以支援美英等国对阿富汗塔利班采取军事行动。日本政府随后根据此法向海外派遣自卫队，为在印度洋上活动的美英等多国海军舰艇提供燃料及后勤保障服务。经延长后的《反恐特别措施法》将于2007年11月1日到期。执政的自民党和福田首相虽然希望将该法继续延期，但日本最大在野党民主党却表示反对。

执政的自民党在2007年7月底参议院选举中遭遇惨败后，参议院控制权落在了在野党手中，这使日本政府不得不提交新法案，以免延长《反恐特别措施法》的动议在参议院遭否。福田康夫说，通过新法案符合日本国家利益，执政党将尽力使它获得通过，希望能得到反对党的高抬贵手。

自民党官员称，新法案是“为海上反恐活动提供补给支持的法案”，反对党不应该抵制。身为新当选的首相福田康夫深知，在国会通过这一法案是自己和新内阁上台后面临的第一个重大挑战，他必须要闯过这一关口，否则自民党的执政权就易人。

还有一个非常重要的因素，也涉及日本与联盟国的利益，尤其是为了日本和美国的安全福田政府急切希望通过新法案，认为如果海上自卫队中止在印度洋上的活动，会“使日本在反恐战争中成为旁观者”。而反对这项法案的民主党则另有说词，这一法案让日本舰只成为“免费加油站”，日本是一个独立的主权国家，不应老跟着别人屁股后面跑，更不应该卷入“美国人的战争”。

根据《反恐特别措施法》的规定，日本海上自卫队在印度洋上还可以参与搜救失踪的战斗人员。这次需要通过的新法案规定日本自卫队的船只只能给参加搜查可疑船只等制止海上恐怖活动的美国等国舰船供油、供水，特别明确规定禁止日本船只给参加军事行动的舰艇加油、加水等，也禁止给参加诸如救援行动和人道主义活动的船只补给。

新法案如果得以实施，有效期将为1年。如果国会不能通过新法案，自卫队舰队必须从印度洋撤回。

美国战略与国际问题研究中心的渡边经夫（音译）说，尽管日本海上自卫队的行动规模减小，但待在那里总比回去好。

尽管与《反恐特别措施法》相比，新法案作出了妥协性的改动，但福田政府官员仍旧担心它会遭到反对党的“狙击”。

2007年10月17日，日本防卫大臣石破茂在接受采访时说，由于反对党在参议院占多数，新法案看起来很难在《反恐特别措施法》到期前获得通过。

10月7日，日本外务大臣高村正彦披露，日本自民党政府已向反对党提交一份“反恐”新法案，建议修改现行《反恐特别措施法》，把海上自卫队在印度洋对阿富汗反恐行动的支援范围仅局限于英美等国军舰的海上行动，希望新法案能在国会中获得通过。

当天，日本外务大臣高村正彦接受日本广播协会电视采访时说，日自民党政府很早就自卫队在印度洋的行动向反对党提交一份新法案，但没有好的回音。

高村说：“新法案规定，日海上自卫队不向参与在阿富汗地面行动的美英等国家舰船提供支持。”

为了求得在野党的支持，自民党提交的新法案还删除现行《反恐特别措施法》中“救援灾民”和“搜索救助”的活动内容，把自卫队在印度洋的支援活动限定在供应燃料和供水两项。

日最大反对党民主党党首代理菅直人接受日本富士电视台采访时，未对自民党的新法案作出任何好与坏的评论，他代表在野党重申反对继续自卫队在印度洋的行动。

菅直人说，美国领导的阿富汗战争一直未得到联合国全面认可，日本可改为参与联合国向阿派遣的国际安全援助部队（ISAF）。

自民党希望迅速与反对党就新法案达成妥协，这对在野的民主党来说是一个政治筹码，联合执政民主党兴趣不在这里，民主党执意在国会开展一番大辩论，杀一杀执政党的威风。僵持之下，新法案恐难在11月1日现行《反恐特别措施法》到期前获得通过，这对福田来说是执政的败笔，也为他日后的首相位置留下了隐患。

2007年9月，日本一家民间团体援引他们获得的美国海军文件披露，伊战爆发前约一个月，日自卫队军舰在印度洋给美军“小鹰”号航空母舰提供的燃油量约是日政府当时公布数据的4倍。由于“小鹰”号随后参与伊战，人们怀疑，日本提供的燃料被用于美军军事行动，意味着日海上自卫队行使了日本宪法禁止的集体自卫权。执政党的这种行为更加激怒了在野党，一致认为是该让自民党收场的时候了。

共同社英文网站还援引美政府内部消息来源大作文章，美方已告知日本，日本自卫队在印度洋提供的燃料并未转用于美国在伊军事行动。

美国横渡太平洋再路过印度洋去反恐，没有日本的支持就必然会遇到许多的麻烦，因此，美方表态明示为“配合”日本自民党政府，帮助自民党政府渡过“反恐”新法案面临的难关，福田政府认为外交会以美国为主，为美国航母在印度洋加油等是理所当然的，在野党应服从大局，不应加以反对并制造麻烦。那么在野党又会如何看待呢？他们还会采取什么样的“阻击”措施呢？

在政治的平衡木上

福田当选首相虽然没有任何悬念，但是，在参议院却遇到了意料之外的麻烦。这个麻烦再次表明了在野党与执政党同床异梦。安倍内阁总辞职之后，也就是9月25日下午1时，国会召开众议院全体会议进行了首相指名选举。选举结果是，自民党总裁福田康夫在第一次投票中即获得超过半数的338票，非常顺利地当选首相。而在野党占优势的参议院的投票结果，却是民主党代表小泽一郎被指名为首相候选人。尽管在野党的指定并没有多大的优势，起码是一种分庭抗礼的反对声音。福田作为首相人选被参议院否决了，在野党推出的小泽一郎占据了上风，但是，按日本现行的宪法规定在参议争论不休的情况下，最终的裁决权就落到了众议院。参议院由在野党掌控，而众议院却由执政的自民党控制，可谓旗鼓相当。由于两院选举的结果不同，故国会择日召开了两院磋商会议。会议最终未达成共识而宣布结束。根据宪法第67条有关众议院优先的规定，众议院选出的福田康夫被确定为日本新首相。

福田在两院磋商结束之后带着两院厮杀的伤痛进入了首相官邸，开始着手组建新的内阁。

按照规定，新首相选举出来了，安倍内阁必须在内阁会议上宣布总辞职。安倍于2006年9月26日上台，执政时间365天，其政权成为现行宪法下排名第7位的短命政权。

新班子老内阁。当天，新首相福田康夫为稳定局势共渡难关留任了上届政府的经济班子，这个举动让朝野对政府进行自由市场改革的前景感到谨慎。

为了改善民生，重塑政府形象，誓言要在减轻农业地区负担的同时继续经济改革的新首相福田康夫留任了财政大臣额贺福志郎，经济财政政策担当大臣大田弘子以及经济产业大臣甘利明。

现年63岁的额贺福志郎接任财政大臣刚刚才一个月的时间。大田弘子现年53岁，她在2006年由前首相安倍晋三任命为经济财政政策担当大臣。

透明公开的选举是一场没有硝烟的战斗。这次国会选举福田康夫为首相，从而把这位经验丰富的温和派人士推到了对付复兴的反对党、重建丑闻缠身的执政党这个工作岗位上。

福田立即任命了新内阁。相当一部分新内阁成员还是前任安倍晋三内阁的原班人马，这显然是为把安倍因烦恼缠身而突然辞职引发的混乱局面控制在一定范围之内。

在首次举行的记者招待会上，福田发誓要力争延长支援美国为首的驻阿富汗联军的使命，澄清数千万份养老金记录丢失的丑闻，恢复公众对政治和政府的信任。

在许多公开的场合，福田已经多次表示要使日本继续作为美国在反恐战斗之中强有力的盟友，并要积极有效地改善与亚洲国家的关系。

新任日本外相在演讲

福田首相在记者招待会上还满怀信心地说："新内阁被称为背水一战的内阁，一步走错的话将失去政权，必须小心面对。"

参议院在野党占优势，福田康夫首相面临的最大课题是海上自卫队在印度洋能否继续为英美舰只提供燃料和水，福田政权准备在临时国会提出限制活动内容的新法案，福田表示，“要认真解释，为获得支持要比过去尽更大的努力”，他还表示要重视与在野党协商。

两场选举完全结束了，似乎意味着大风大雨过去了，其实不然，一场暴风雨过后，天并没有晴朗，还有许多一块一块的乌云，每团云就是一盆雨，要说福田还会遭遇倾盆大雨的打击也是情理之中的事，不知福田是否意识到了这一点。不过总的来讲福田政权有参议院选举惨败和安倍晋三首相不负责任地辞职两大“负面遗产”，为摆脱不利的困境，福田康夫说：“不管怎样，要尽全力消除政治不信任，全力消除养老金问题。”

最令人刻骨铭心的一幕就是，日本国会召开临时会议，参众两院分别举行首相指名选举。由于两院未能就选举结果达成一致，国会最终宣布，由众议院选出的自民党新总裁福田康夫出任日本第91任首相。虽然自民党要胜出了，但是，让自民党感到是在挑战之中取胜的，往后还有更麻烦的事情发生。

当天，福田公布了新内阁名单。为了稳定政局，这位新首相仅对内阁作了“最小变动”。

众议院议长河野洋平宣布：“根据投票结果，我们决定任命福田康夫先生为首相。”

议长宣布完毕后，踌躇满志的福田站起身，微笑着向议员鞠躬致意。

“自民党所处形势十分严峻。”福田说，“没有全体党员的合作，我们想要继续掌控政府就会面临困难。”

随后，众议院再次举行全体会议，正式宣布福田康夫出任新首相。

为了尽快扭转无政府的混乱局势，福田当即公布了新内阁名单。福田的组阁正如日本媒体此前分析，由于安倍在2007年8月刚改组内阁，福田内阁没有发生较大人事变动。

在新内阁中，福田对几个重要职位做了调整：前任防卫大臣高村正彦出任外务大臣，前外务大臣町村信孝就任内阁官房长官，曾在小泉纯一郎内阁中担任防卫厅长官的石破茂接管防卫省。

包括前任法务大臣鸠山邦夫和前任经济产业大臣甘利明在内的大部分前内阁成员获得留任。日本媒体此前普遍认为，由于在自民党总裁选举中支持前任自民党干事长麻生太郎，鸠山邦夫和甘利明可能得“走人”。

福田康夫向人们公开表示说，麻生谢绝了加入新内阁的邀请。但福田表示，自己仍将寻求麻生的合作。与福田竞争自民党总裁失败后，麻生已经很明智地退出自民党领导层。

福田还表示，愿意与民主党及其他反对党共商“国计民生”。他振振有词地说：“本着保护民众生计和国家利益的目的，我希望（与反对党）开展高端讨论。”

尽管福田向在野党表示出了善意，但是，自以为是的民主党党首小泽一郎似乎并不太“买账”。他所领导的政党控制了参议院多数席位，还想乘虚而入以大选方式来控制众议院，趁机夺回执政权，因此，再次呼吁提前举行众议院选举。小泽挥动着手臂大声地说：“现在唯一要做的事是在众议院选举中体现人民的意愿。”

执政党与在野党各拿各的号，各吹各的调，分裂的痕迹似乎越来越明显。福田不想看到分裂的国会，他希望达到不说是高度统一的国会，起码是基本统一的国会，因此试图与在野党化干戈为玉帛，共同掌控国会，共同执政。2007 年 10 月 30 日，福田与小泽一郎举行会谈，双方未能就新反恐特别措施法案取得一致意见。福田在会谈中表示，为了海上自卫队能够继续在印度洋开展燃料补给活动，希望民主党在国会临时会议通过该法案以予合作。

小泽说：“向海外派遣自卫队只允许在联合国的活动范围内进行，我们反对新反恐特别措施法案。”

“这样做是为了日本国的安全与利益。”

“不，是为了美国人的安全和利益。”

“不全是。”

"日本国要走自己的道路。"

福田与在野党的谈判不欢而散。

福田对反对党领袖小泽一郎的呼吁充耳不闻,决意不提前举行众议院选举,也决不给在野党任何独领风骚的机会,他要稳定政权,巩固政权,补充积蓄几乎被浩劫一空的政治实力,达到领导国民实行自己的施政纲领。日本这次的两次选举作为胜出者福田康夫刷新了第二次世界大战后日本政坛多项纪录。

福田康夫的父亲福田纠夫 1976 年当选为日本首相,福田康夫 31 年后也当选为首相,使得二人成为日本历史上首对"首相父子"。

福田康夫 53 岁时才首次当选国会众议员。这次顺利当选首相,使他成为 20 世纪 60 年代以来首位年逾 50 才第一次当选议员、最终坐上首相宝座的政治家。

"高龄首相"并列第二:按就任首相时的年龄比较,石桥湛山和宫泽喜一以 72 岁位居"高龄首相"榜首。福田康夫和其父亲就任时年龄同为 71 岁,并列亚军。

"密室交易"风波

为了打破执政党与在野党因意见分歧形成的僵局,改变不利于执政党地位的被动局面。2007 年 11 月 2 日,日本首相、自民党总裁福田康夫与最大在野党民主党党首小泽一郎再度举行党首会谈。双方商讨了制定新法律以恢复海上自卫队在印度洋供油活动的事宜,为了日本政局的稳定,也为了挽回在民众之间的不利影响,福田非常真诚地向小泽提议,邀请民主党联合执政。

当天下午,福田在国会与小泽举行本周内的第二轮党首会谈。会谈期间,福田出人意料地提出,自民党与民主党组建"大联盟",为了日本国的利益两党联合执政。福田在会后接受媒体采访时说:"我已经很明确地告诉小泽,我们必须做点什么,打破国会目前的僵局。"

有记者问，这是否意味着组建新执政联盟，福田说："我们需要创新一个新体系，使我们能够实施各项政策。"福田同时强调，联合执政提议"一点也不会改变"自民党与现执政盟友公明党的关系。

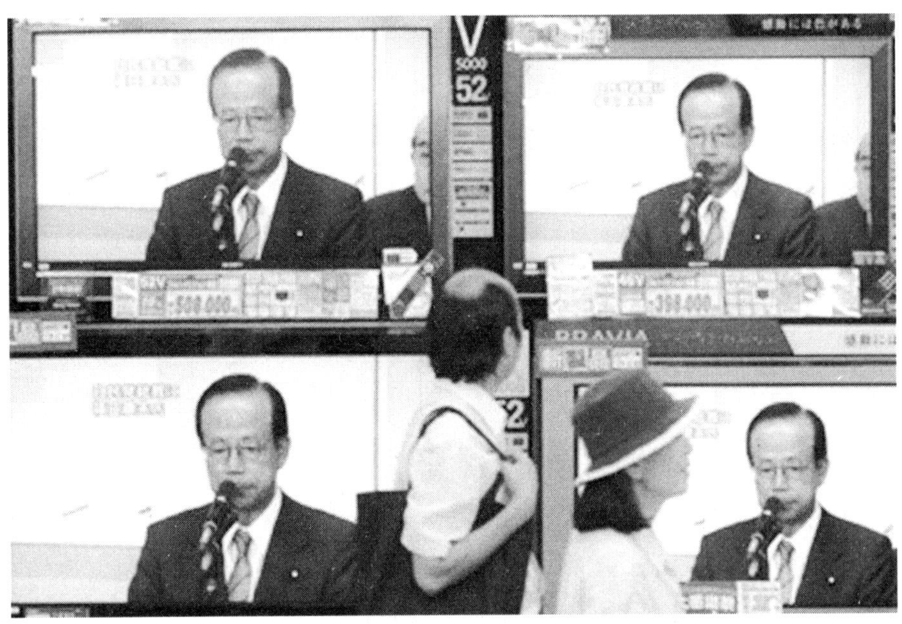

电视里的福田康夫

福田的用意是良好的，可是，民主党是否会领情呢？小泽会后返回民主党总部，立即召开紧急干部会议。干部会议上大多数人不同意接受福田的提议，因为这样会抹杀民主党的存在价值，经过一番讨论，仍然要同执政的自民党翻脸，力争达到翻盘的效果。当天晚间，小泽与福田通电话，向对方通报了一个坏消息，非常明确表示民主党拒绝这项提议。

由于控制参议院的民主党反对，《反恐特别措施法》11 月 1 日到期后，国会未能通过新法案，福田政府被迫下令撤回向美军供油的两艘自卫队舰只。

在提议联合执政前，福田首先与小泽商谈新《反恐特别措施法》，希望在野党作出让步，但是，小泽依然拒绝接受自民党提出的新法案。

其实早在 10 月份，自民党就向民主党提交了这份新法案，希望与对方达成妥协，争取在国会临时会议闭幕前通过新法案。尽管新法案严格限制自卫队对美军后勤支援规模，不配合的民主党仍然表示反对。

小泽认为，美军在阿富汗的反恐战争未经联合国授权，自卫队向驻阿美军供油违反日本宪法。他提出了能代表民主党意见的主张，自卫队应在联合国行动框架内执行海外任务。不过，小泽也留有余地。在此之后，他曾经表示，为了不使僵持无休止地演绎下去，也为了避免无为的政治耗损，随时准备达成妥协。

小泽在会谈中强调，有必要制定一项永久性法律，使日本政府可以随时派遣自卫队赴海外参与国际维和行动。小泽提出，如果在永久性法律中加入民主党的主张，则会考虑在通过新《反恐特别措施法》上给予合作。

2007 年 7 月，自民党在参议院选举中惨败，民主党成为参院第一大党。两大政党在《反恐特别措施法》及其他问题上针锋相对，政治僵局由此形成。

福田康夫就任日本首相，誓言延续自卫队供油活动，但是，仍然经受着巨大的挑战和民主党不依不饶的反对。

自民党目前仍控制众议院三分之二多数席位，即使参议院否决新法案，自民党也可以使它在众议院获得通过。然而，自民党如果强行通过新法案，可能促使反对派阵营更加团结，也可能引发民众强烈不满，这样自民党就会成为众矢之的，处境会更加孤立。

为了打破僵局，化敌为友，2007 年 10 月 30 日，福田与小泽再次举行新一轮党首会谈，试图劝说民主党“放行”新法案。

据共同社报道，第二轮会谈中，当小泽拒绝新法案后，福田提出“希望稍事休息，整理一下想法”。两个多小时后，会谈继续开始，福田提议就联合执政进行针对性的讨论。

然而这项提议也遭到民主党的拒绝。看起来联合执政是件双方都妥协的好事，可是到头来实在是令福田“大为失望”。

由于日本主要反对党民主党党首小泽一郎明显倾向于要与执政党组成联合政府的意愿在党内引起了争议，有不少人批评小泽只顾个人利益而忽略党的利益。这是民主党利益原则所不允许的。面对党内七嘴八舌的批评和抨击，有口难辩的小泽表示将辞去党首职务。

小泽说："由于未能立即拒绝福田康夫首相11月2日提出的权力分享建议，民主党内出现了混乱局面，我将辞去党首一职，以对此承担责任。"

小泽在记者执行会上说："在福田首相的联合政府建议问题上出现的政治混乱局面是由我引起的。因此，我决定辞去我的党首一职。"

小泽曾同民主党执行委员会讨论与执政党组成执政联盟一事，民主党执委会异口同声地拒绝了这一建议。

一些民主党领导人借此大肆批评小泽软弱，称民主党应当在选举中击败执政的自民党，而不应考虑组建执政联盟的问题。

小泽说："我把民主党执委会的决定视为对我的不信任投票。"小泽是个敢做敢当的人，他在表明辞去党首职务时，并没有表示要辞去国会参议员的身份。

小泽在一次匆匆忙忙安排的记者招待会上说："出于大局考虑我最初同意考虑首相福田康夫提出的组建执政联盟的建议，但是民主党执委会拒绝了这一建议。"

小泽说："我本人得出的结论是，举行政策谈判是值得的。"

他还说："在民主党执委会会议上，我对福田首相的建议做了说明，并建议我们开始政策谈判。但不幸的是，这一建议未被接受。"

一些日本媒体报道说，实际上是小泽，而不是福田在会晤上提出了有关组建联合政府的建议。

反对党民主党党首小泽表示已经决定辞去党首职务，但在回答记者有关他是否将退党的问题时，小泽说："我没有作过这样的表示，我希望认真考虑一下自己今后的政治活动。"

从目前的局势来分析，如果小泽退出民主党并带走他的支持者，那将会造成该党的树倒猢狲散的局面。特别是小泽在民主党有许多追随者，若小泽走出民主党，民主党就会产生分裂，这样的结果只能对执政党有利，而对在野党来讲是弊大于利。民主党会让他出走吗？又如何弥合这种充满裂痕的乱局呢？

尽管一些初步的评估认为首相福田康夫的形象因他建议与民主党组建执政联盟而受到损害，可以明显来看，小泽的辞职显然标志着民主党将要面临一段困难时期。

日本中央大学政治学教授史蒂文·里德认为，民主党人仍可以挽救自己的形象。他说："形势可以朝着两个方向发展。问题是要看如何处理好（新领导人的）过渡和能否保持党的团结。"

其实民主党现在最好的希望是不让这次破坏造成的影响无限地扩大。

庆应大学一位政治学教授说："小泽犯了一个大的判断错误。民主党现正在尽量努力减小这次破坏的影响。"

传言若大联合政府能实现，小泽很可能当上首相。民主党对这项传言表示，这是自民党故意放出引诱的言论来分化民主党的。

民主党所作的民意调查显示，有关福田与小泽会谈一事，民主党的地方党部几乎都反对，认为如果国会改选，有办法单独执政。该党的长野县干事长仓田龙彦就说："小泽在会谈时就应当机立断，拒绝大联合政府的构想。"

小泽于2006年4月当上民主党党首，2007年7月底参议院选举时，打出"民生第一"的口号，带领民主党成为参议院第一大党。许多民主党议员都在期待小泽能领导该党继续打赢众议院选举。看样子民主党的如意算盘打错了。

小泽刚刚宣布辞职的消息不胫而走传遍日本，可是，民主党迟迟不敢接受这一事实。此时此刻，民主党的高层似乎看到小泽若出走，民主党会被立刻瓦解的前兆，人人感到自危，觉得小泽辞职不是一个人的问题，是民主党生死存亡的大事，小泽不能走，于是，挽留小泽的声音从无到有，一浪高过一浪。面对民主党内部的大转弯，小泽心太软，他迫不得已收回了辞令。往后自民党和民主党各自的路怎么走，国会的僵局如何打破，人们都在观望着……

Prime Minister of JaPan
Yasuo Fukuda

第十二章
用现实方法解决现实问题

为了不得罪盟友美国，一部《反恐特别措施法》闹得日本政坛天翻地覆，福田在加强与美国沟通的同时，也不愿与周边国擦枪走火。纵观时局，他立即调动有利于日本国家发展的国际外交战略，积极拓展多边合作领域，以迅速提高日本的国际地位和影响力……试问他一系列的美妙构想又如何能实现呢？

走向现实的外交

自从2007年9月底当上日本首相以来，福田康夫就整天忙碌着《反恐特别措施法》的一些事情。可以说每天围绕这部讨好美国的法案忙得团团转，特别是11月1日，因为旧法到期无法再合法延续，福田政府只能将供油舰从印度洋上撤回。新的反恐特别措施法在13日的众议院全体会议上获得通过，但是，因为民主党等在野党控制了参议院多数席位，因此，该法案在参议院被否决是必然之事。就在这个重要时刻，福田从11月15日开始对美国进行访问，可以断言，这次访问是福田的"道歉之旅"，为暂时无法帮助美国在印度洋上供油表达遗憾之意。

很显然福田上台之后在外交上采取了与前任小泉及安倍迥然不同的方针，提出了国内政策：日本应该重视联合国，坚持日美同盟，同时努力发展与亚洲邻国的关系，改变日本自小泉政权以来对美国关系一边倒的外交态势。当然，美国人心里自然有很多的想法和忧虑。恰恰在这个眉睫眼上，"反恐特措法"问题又为日美同盟蒙上了一层阴影。因此，福田这次访美，必须要就其外交政策向布什政府进行详细说明，同时也向美国人表示，福田政府一定会尽力让新的"反恐特措法"通过，让日本自卫队军舰重新返回印度洋。

访美前夕，为了造声势福田接受了美国《华盛顿邮报》和《金融时报》的专访，为了消除美国人对他所领导的政府不重视日美同盟的担心，他特别指出："强化、发展同盟关系，有利于亚洲地区的稳定，对日本的稳定也起到了非常重要的作用。"

谈到"反恐特措法"，福田不忘挖苦民主党一把。他说："日本居然有人反对为了反恐而制定的法律，真是非常遗憾。"针对新法案有可能在参议院遇阻而导致搁浅一事，福田非常严肃地向美国媒体表示了他的强硬而坚决的态度："除了继续供油，日本没有别的参与国际合作的途径。”

毛泽东和周恩来等会见田中角荣

福田走马上任之后还没有跑到国外访问过，与安倍不同的是（首访国为中国）另辟途径，他出访第一站选择的是美国。根据日本官方公布的访问行程：15日，福田乘坐专机抵达华盛顿；16日，福田与布什举行首脑会晤，接着17日打道回国。休息一天以后，19日，福田又匆匆忙忙赶赴新加坡参加东盟“10＋3”东盟与中日韩峰会及东亚峰会，并与各国首脑会谈，21日出席峰会，22日返航国内。从挤得满满的行程安排来看，福田这次出访节奏非常紧凑，在华盛顿仅仅停留一天两夜。

现在朝美关系发展得很快，美国很有可能最终将朝鲜从“支持恐怖主义的国家”名单中删除，对此福田希望美国的脚步能够走得慢一些，应考虑日本的利益，维持对朝鲜的压力，从而让朝鲜绑架人质问题优先得到解决。

巴基斯坦局势也是日美首脑会晤必定涉及的问题。国家民主到底是什么，是反对抗议分庭抗礼吗？是浩浩荡荡的游行示威吗？当然不是，那么是法律吗？是无秩序混乱的选举吗？也不是。民主到底是什么？恐怕连自称是民主党先锋的美国人和日本人也很难说清楚道明白。又有什么理由能让全世界的人心服口服的呢？冷战结束之后，日本在别国内政问题上指手画脚的次数越来越多，这次在日美首脑会谈中，两国领导人将谈到所谓的巴基斯坦局势和民主问题。民主是个什么东西？连自己都糊里糊涂的又怎么去教训别人呢？13日，日本外务大臣高村正彦甚至声称，要减少对巴基斯坦政府的开发援助，以逼迫穆沙拉夫在实施紧急状态问题上软化态度。难道民主是发达国家的经济及物质的恩赐吗？把金钱与所谓的民主挂钩，这样的民主变味也变调了。

据日中关系人士透露，福田康夫首相可能于2007年12月底对中国进行正式访问，并与胡锦涛主席举行会谈。目前，两国正在进行相关协调和准备。

10月，中国共产党刚刚举行了十七大，胡锦涛政权第二届任期正式启动。日中两国的新领导体制都希望通过会谈，强化双方的“战略互惠关系”。

访华日期初步拟定在12月27日，时间大概是2—3天。届时，福田将访问北京近郊，并参观部分北京奥运建设项目。

此前也有说法称福田将于2008年年初访华。但中国再三邀请福田首相“尽早访华”，福田首相也表示同意，因而才倾向于年底成行。

福田康夫已确定12月下旬出访中国并与胡锦涛举行首脑会谈。

在2008年即将迎来日中和平友好条约缔结30周年之际，两国将确认进一步发展“战略互惠关系”的方针，同时还将就开设首脑热线问题达成原则协议。高村外相将在11月30日出访北京与中国外长举行会谈，以便就首相访华问题进行最终协调。由于胡锦涛计划2008年4月份访问日本，两国首脑之间的穿梭外交可望更加活跃。

自1972年恢复邦交正常化以来，日中之间的相互依赖关系不断加深。如今日本和中国已分别成为世界第二和第四位的经济大国，但是，因种种原委至今两国首脑之间却尚未设立对话热线。

11月5日，美中两国国防部长就开设双方军事热线问题取得了一致。美中两国正努力在政治、军事两方面加强相互的沟通。

福田上任不久，即同温家宝总理进行了电话交谈。这也是日本首相首次同中国首脑进行电话沟通。日中两国首脑的往来虽因小泉纯一郎前首相参拜靖国神社而一度陷入冷却状态，后来以安倍晋三2006

年10月访华为契机而重新得到恢复。

为了巩固并发展这一良好势头，福田对相关部门做出了“要尽快实现访华”的指示。决定要在年底出访就意味着必须抓紧国会审议、预算编成等各项工作。福田康夫之所以做出要在如此繁忙的年底访华的决定，意在体现加强日中关系的决心。开设热线也是其中的重要一环。

日中军事交流也将有所进展。日本防卫省宣布，中国一艘排水量6100吨的飞弹驱逐舰将于11月28日抵达东京并停留至12月1日。

中国海军舰艇首次访问日本，充分说明中日关系由冷转暖，这是一个利好的消息。也反映了中日两国正在努力改善关系，并为福田康夫首相访华做准备。

日本防卫省说，排水量达6100吨的中国人民解放军海军“深圳”号导弹驱逐舰将在11月28日到访东京。

防卫大臣石破茂说：“在国防领域加强彼此的了解和信任不仅会使两国人民受益，也会为本地区的和平与安全作出贡献。”

有关官员说，“深圳”号导弹驱逐舰将在东京停留到12月1日，期间舰上官兵将会参加一个欢迎仪式和其他活动。

对于在存在争议的海域开发能源资源的磋商的进展，不会影响福田康夫访问中国的计划。这与日本的表态大相径庭。

中日第十一轮东海问题磋商于11月14日结束，双方经过几轮谈判还没有取得进展的迹象。因此，日本政府发言人说，这个争议可能影响福田康夫的访华。

中国外交部发言人刘建超说，事实不是这样的。

他在记者会上说：“欢迎福田首相能够尽早对中国进行访问。”

他说：“中日两国是本地区有重要影响的国家，双方都高度重视中日关系，中日两国的共同利益和合作领域都十分广阔，东海问题只是中日关系的一个局部问题。”

撤回印度洋战舰

受命执行《反恐特别措施法》任务的印度洋自卫队舰队的去留问题成为日本政坛争论的焦点，关键时刻，福田屈服于在野党强大的压力被迫下达了撤回命令。石破茂用电报向海上自卫队自卫舰司令部下达撤回命令。位于神奈川县横须贺市的司令部随即将这一命令转送到印度洋上的自卫队舰队。“常磐”号补给舰和“雾雨”号护卫舰将按令运载船上 340 名自卫队员于日本时间 2 日零时启程返航，已经在 2007 年 11 月底前回到日本。舰队的撤回并非是日美有什么变化，而是福田与在野党的一场权力争夺的较量，舰队的撤回也不意味着这场较量就画上了一个圆满的句号。

布什当选美国总统之后，四处点燃反恐的战火，当时的小泉政府为配合美国的特殊行动，日本防卫省宣布，海上自卫队舰艇自 2001 年 12 月起，在印度洋为美英等 11 国总计 59 艘次舰艇提供了 794 次燃料补给，供油总量约 4.9 亿升，其中近 80％供给美国舰艇。

2001 年 10 月，日本国会通过有效期为 2 年的《反恐特别措施法》，以支援美英等国在阿富汗的军事行动。很明显这部法案是为美国等国家安全利益而设定的，可是在野党并不买账，一直心存疑虑。但是，在一次又一次的阻挠均化为泡影后，这次在野党阻拦最终变为现实，取得阶段性的胜利。

同年 12 月日本首次向海外派遣自卫队，为在印度洋活动的多国海军舰艇提供燃料及后勤保障服务。

经过 3 次延长的《反恐特别措施法》于 2007 年 11 月 2 日凌晨到期。10 月 17 日，福田政府向国会提交新反恐特别措施法案，希望在国会临时会议 11 月 10 日闭幕前通过。夺回参议院控制权的民主党并不甘心，还想继续扩大权力范围，巩固权力成果，因此不与福田所领导的执政党配合。新法案最终受到在野党狙击。由于国会尚未通过新法案，福田政府被迫从印度洋撤回自卫队舰队。

周恩来与田中角荣亲切交谈

其实日本政府配合美国特需的反恐并非仅局即于海洋上，除了众所周知的海上自卫队，日本航空自卫队也有类似任务。航空自卫队运输机10月31日从东京都福生市美军横田基地起飞，飞往山口县美军岩国基地和冲绳县嘉手纳基地，最后一次执行其为驻日美军基地运输物资任务。由于反恐措施法案失效，所以空中的行动按计划也应于11月1日结束。

日本航空自卫队这一行动和海上自卫队的供油行动同属《反恐特别措施法》的“规定动作”。日本防卫省统计数据显示，航空自卫队应美方要求，2001年11月起每星期在驻日美军基地之间运送一次美军维修器械、衣物等物资，总计366次。运输机还前往关岛等地执行运输任务，截至2004年7月共完成15次。

为了减轻国内政治的压力，福田康夫希望得到反对党的支持，这部

新反恐特别措施法案中已删除航空自卫队运输支援内容。一方面美军这方面需求日益减少，另一方面福田政府也需要在新法案中淡化日美合作色彩。

美国与日本有着千丝万缕的联系，岂能说不合作就不合作，印度洋自卫队舰队启程返航前，福田康夫大声疾呼发表声明说，反恐战争“事关日本国家利益”，为此有必要尽快恢复燃料补给活动。他在很多公开场合都表示，日本今后仍将继续与国际社会合作，支援阿富汗重建。

日本外相高村正彦也呼吁尽快恢复海上供油活动。11月1日上午，高村在日本众议院反恐特别委员会会议上说：“作为海上封锁活动重要基础，海上自卫队的活动是一项显而易见的贡献。”他用日本为海湾战争提供大笔资金对比说：“想想海湾战争期间未能得到国际社会肯定的无奈往事。”

虽然福田誓言要“竭尽全力”让新反恐特别措施法案尽快通过，但是，鉴于日本国会因在野党搅局陷入僵局的情势下，福田政府只好班师回国。有人把自卫队舰队撤回视为在野党的又一次胜利，特别令反美情绪很强的人拍手称快。执政党并不认为在这一较量上完全败阵，还想展开一场新的较量。可以想象这一法案获得通过日期不明朗，自卫队恢复海上行动日期难以预料。不过种种现象表明，任何事情都有两面性，即积极面和消极面，从积极面来讲，日本国会议员和政府官员的意见针锋相对，其矛盾的焦点在于自卫队这种行动合法性受到质疑，新法案要获得通过可能至少拖上半年时间，也有可能是遥遥无期。从消极面来说，有可能这部法案从此就结束了历史使命，而福田政府将面临着大野党的穷追猛打，逼迫他解散众议院提前举行大选，到那时的情形是朝野震荡，福田大位难保。

日本与美国不打不相识的结盟是历史形成的，任何一个执政者都不愿改变这个木已成舟的现状。由于担心日美关系因此受到影响，福田康夫在11月中旬访美期间向美国总统布什表态，日本政府会全力以赴争取早日解决这一问题，为此已经考虑延长国会会期以通过新反恐法案。

在此之前，美国对日本政坛朝野对抗的状况持什么态度呢？美国国防部长罗伯特·盖茨定于11月上旬出访日本，同福田、石破茂会谈，要求日本继续在印度洋供油。

美国驻日大使也加紧行动，联络英国、加拿大等11个国家驻日大使、武官10月31日上午联名向日方施压，要求尽快通过新反恐特别措施法案。

当天，这11国驻日使馆代表在加拿大驻日使馆召开关于阿富汗反恐行动的情况说明会，约70名日本朝野各政党国会议员应邀出席。

在向日本施压的同时，美国也在设法另寻其他途径确保海上供油。10月30日，美国防部发言人杰夫·莫雷尔说："即使日本最终不选择继续供油，我们也有办法继续保证执行任务所需燃料。"

因为执政党与在野党为了权力和利益之争，引发了与美国等国家的外交风波，这是福田所不愿看到而又发生了的事情，对通过法案仍然还抱有一线希望的福田政府决定将截至11月10日的国会临时会议期延长至12月15日。有人说这是福田的缓兵之计，以争取更多的时间说服民主党高抬贵手，网开一面。福田的这一举措其用心是要利用在野党民主党陷入困境的有利形势，争取尽快在国会通过新反恐特别措施法案，早日恢复日本自卫队的海外活动。

10月末11月初，在福田的要求下，小泽一郎与福田会谈，要求民主党予以合作，又提议与民主党就建立联合政权问题进行磋商。

不过福田的拉锯战起到了一定的效果，首先搅乱了在野党联合对抗的团结局面，导致民主党产生了分裂，民主党内部大多数人批评小泽"心太软"，尤其是对福田政府怀有暧昧之心没有当场拒绝对方的要求，并表示反对与自民党建立联合政权。小泽表示，此事在党内引起信任问题，作为党首自己已难以发挥领导作用，因此决定辞职。尽管小泽在党内人士的一再挽留下决定留任，小泽虽然没有走人，可想而知这场"辞职风波"已在民主党内部引发强烈震动，也使追捧民主党的选民感到失望。他们强烈感觉到民主党若被福田政府招安就意味着政治生命的结束。

2007年11月13日，执政联盟在国会议院表决通过新反恐特别措施法案，福田11月16日赴美访问，向布什献礼示好，想方设法争取在延长至12月15日的国会临时会议闭幕前最终通过该法，福田采取这种战术其用心是好的，但其效果又如何呢？很大程度取决于有着很大民意背景的民主党，民主党在参议院享有多数席位的否决权，同时也有使该法案继续沿用的表决权，但是，我们不能忘了真正能左右这项法案通过的权力掌握在大多数民意之中。

一个根本的原因在于，经过几番折腾，小泽"辞职风波"已使民主党大伤元气，即使如此，福田所领导的执政联盟能否在国会强行通过新反恐特别措施法案，在很大程度上取决于民主党的支持率和民众的反应。如果民主党支持率下降失去了大多数民众的支持，乘虚而入的执政联盟就一定会在国会强行通过新法案。否则，执政联盟在国会强行"闯关"就会"翻船"，其后果不堪设想。

"新福田主义"呼之欲出？

福田在国际外交上为了避免擦枪走火，也为了与周边国家不结怨和不积仇，在外交上采取了更为灵活务实的和善理念。特别是消除麻生外交色彩，浓墨重彩彰显自己与众不同的风格。

在2007年外交蓝皮书中，日本外务省提出了"自由与繁荣之弧"外交方针，原定于2008年春天发表的当年外交蓝皮书将不再沿用这一方针。

已经成为明日黄花的"自由与繁荣之弧"是自民党前干事长麻生太郎倡导的，被认为旨在封锁中国。不同寻常的福田表现出重视中国的态度，所以将不会使用这一对抗性的说法。更改后的外交蓝皮书被人们普遍认为，这是为了消除试图成为福田接班人的麻生太郎的色彩。

何为"自由与繁荣之弧"呢？回答是：具体设想是指，对于从东南亚到中亚再至欧亚大陆的国家，要加强交往合作及援助，使其能与日本共享民主主义、法治、市场经济等相同的意识形态和价值观。2006年11月，时任外务大臣的麻生太郎发表这一设想，2007年外交蓝皮书将其定位成“新日本外交的支柱”、“外交的新轴心”。

麻生太郎在自民党总裁选举中也曾经推出这一设想，并且非常高调地出版了以此设想命名的著作。自民党内对该设想给予了充分的肯定，但同时也提出了许多批评，因为弧形地区有意识地包围了俄罗斯和中国，这种针对性很强的外交战略，国际社会肯定“会被认为旨在封锁中俄，并不明智”。

由于现任外务大臣高村正彦认为对于世界上的两个大国“不应该以威慑态度说话”，得罪了中国和俄罗斯对日本没有什么好处，只能生添出更多的麻烦，因此，作为外交官他对这一方针提出质疑，并且认为十分不可取。由此可以看出，福田组建新内阁之后，外务省在外交文件和资料中将不再使用对亚洲邻国有刺激性的提法。

日本其他媒体也报道，日本2008年版的外交蓝皮书预定2008年春天发行，但目前已知麻生曾提出的“自由与繁荣之弧”外交方针，肯定不会被载入，因为此外交方针被视为具有围堵中国的意味。福田2007年9月上台之后，摆出重视对华关系的友善姿态，避免提及“自由与繁荣之弧”的方针导致节外生枝的矛盾。

访美结束之后，福田康夫于11月19前往新加坡，参加20日和21日举行的“东盟＋3”首脑会议和东亚峰会。会议期间，福田与中国和韩国领导人分别举行了会谈。

在与中国领导人会谈时，福田首相将重申发展安倍政府时期确立的与中国的“战略互惠关系”，并再次确认预定于2007年12月的访华行程。

对于承诺不会在任期内参拜靖国神社的福田首相，中韩两国都表现出愿意与之加强关系的暧昧态度。不过，与中韩关系能有多大改善，在对东盟外交方面能发挥出多少福田色彩，这些都似乎还是一个未知数。

中日新一轮东海油气田司局长级磋商，也于11月14日在东京举行。中日两国原计划2007年秋季前制定共同开发的具体方案，其外交谈判并没有达成共识，分歧仍然存在。另外，福田康夫希望东海油气田问题的磋商尽可能在他访华之前取得成果。

11月9日上午，日本外务大臣高村正彦在记者会上除作上述宣布外还表示，日本方面将由外务省亚洲大洋洲局局长佐佐江贤一郎以及资源能源厅长官望月晴文出席磋商，中国将派出外交部亚洲司司长胡正跃出席。

高村表示："正在为取得成果竭尽全力。"

又据日本媒体近日报道，中国海军的一艘驱逐舰于11月28日驶抵东京访问5天，进行中国军舰首度的日本访问。这次访问是根据2007年4月访问日本的中国总理温家宝和时任日本首相安倍晋三在会谈中达成的协议安排的。

福田首相将他就任首后的第一个出访地选定美国，并于11月16日与布什总统举行会谈。福田非常明确地向美方转达福田政府的外交方针——加强日美同盟并寻求在推进亚洲外交上的"共鸣"。但是，现阶段日美间面临许多悬而未决的问题，福田首相不得不把首次访美的外交重点放在避免关系恶化上。

福田执意选定美国为首个出访地的原因，就是为了向内外展示日美同盟为日本外交的基础这一方针，同时向外界显示其解决两国间悬案的决心和意志。

布什与福田在会谈中，显得非常谨慎，特别是布什对日本政坛频频换相撤臣显得并不乐观。不过福田还是在会晤中重申日美同盟的重要性，并将向布什说明，日本的亚洲外交也将符合美国的利益。不过，也有人认为，福田的此次访美是"灭火之旅"。因为美国最近对日本海上自卫队从印度洋撤走以及日本准备削减所承担的驻日美军经费，越来越感到不满。

其实福田的外交战略扩张逐渐开始见端倪，除美国、中国等国家之外，已开始把橄榄枝伸向非洲大陆。

福田政府初步决定在2008年5月举行的第4届非洲开发会议上

提出《横滨宣言》，向受全球气候变暖影响的非洲国家提供援助，帮助这些国家制定应对措施，促进它们的经济迅速发展。

一个很明显的利益，福田政府此举暗含在非洲外交方面与其他国家对垒的意图，借机在2008年秋季召开的北海道八国集团（G8）峰会上获得更多发言权。

日本外务省消息来源说，第4届非洲开发会议的主题为“努力打造充满活力的非洲”，届时将确立三个重点：一是促进非洲经济加速增长；二是实现非洲国家长治久安；三是应对环境保护和气候变暖问题。

在环保方面，福田政府将援助非洲国家利用水利、太阳能等清洁能源发电，协助制定防止土地沙漠化的对策。在实现稳定方面，福田政府将力促非洲国家建立“民主选举制度”。

非洲开发会议全称为“援助非洲东京国际会议”。会议由日本倡议。联合国和世界银行共同举办。前3届分别于1993年、1998年和2003年在日本首都东京举行。第4届定于2008年5月在东京附近的港口城市横滨召开。

福田政府在前3届会议上倡导“通过经济发展削减贫困”并提供了政府开发援助，主要建树在基础设施建设和贸易领域。

拥有对抗气候变暖先进技术的欧洲联盟（EU）国家打算在间隔7年之后再度与非洲联盟（AU）成员国举行首脑会议，“可见全球范围内的‘非洲争夺战’将进一步白热化”。

欧盟与非盟峰会定于2007年12月举行。2008年度八国集团峰会将在第4届非洲开发会议之后，定于2008年7月在日本北海道举行，环保和全球变暖可望成为重要议题。相比之下，2007年6月初八国集团峰会的援非内容主要是抗击艾滋病、疟疾和结核病。

共同社在一篇相关评论中说，拟议中的《横滨宣言》调整援非重点，隐含增强多年来日本政府对非洲影响力、与其他国家对垒的意图。

多年来，日本政府对非洲重视程度不够。评论指出，日本自前首相小泉纯一郎2006年访问非洲之后罕有政界要人访问非洲。

福田政府相关人士向共同社记者承认，在所有方面，日本“要重返可发挥领导力的地位并非易事”。

作为与欧盟等方面对垒而“加强攻势”的手段，日本经济产业大臣甘利明打算访问南非和博茨瓦纳。然而，共同社报道说，拥有节能技术的日本民间企业对参与援非项目态度谨慎。同时，福田政府的一些官员也认为，“有必要在考虑(援非)风险基础上采取措施，加以应对”。

福田政府援非将以政府开发援助(ODA)为中心，但是，现阶段尚需考虑的问题还包括：是由政府直接承担援非项目，还是以出资或向企业提供优惠政策的间接方式援助非洲。

灭火外交，巩固同盟

人们越来越感觉到福田的这次访美之旅步伐沉重。特别令人关注的是美日同盟裂痕严重，福田访美旨在“灭火”。

福田康夫将以访美为国防外交的开端，登上就任后第一个引人注目的外交舞台。按照计划，福田于15日离开东京，16日在华盛顿与美国总统布什举行会谈。福田之所以选择美国作为第一个出访国，是因为他认为日美同盟最近产生了严重裂痕。

2007年美国对朝鲜的政策有所转变，日本感到几乎被孤立了。为解决朝鲜核问题，美国正在推进从支持恐怖主义国家名单中删除朝鲜，而日本则表示，在解决日本人被绑架问题前不能将朝鲜从该名单中删除。福田在与布什会谈时重申了上述基本立场。

美国对日本脱离国际安全行动的不信任感也在不断加深。在过去6年里，日本海上自卫队一直在印度洋上为美军舰艇提供加油援助，但是，到了2007年7月执政党在参议院选举中惨败以后，日本与美国的特别合作遭遇在野党的强烈反对，从而中断了这一具有政治意义的合作活动。福田在访美之前于13日强行在众议院通过为海上加油活动提供根据的法律，可以看成向美国表现友好合作的诚意，使密切合作的关系进一步得到加强。可以看出，福田在此次首脑会谈上表明将全力以赴尽早恢复印度洋上的海上加油活动。

此外，就对美国牛肉放宽进口规定问题，以及驻日美军驻扎经费的日方分担额缩减问题等，美国正不断向福田政府施压，这次两国首脑会晤，布什又重提出上述事项，并且还在白宫请福田吃烤牛排，福田也正面回应了。在这种情况下，日本媒体预测说，福田的此次访美之旅将成为“接受考验的首次外游”(《日本经济新闻》)、“灭火外交”(《读卖新闻》)。

福田在访美前反复强调：“日美关系是日本外交的基轴。”据悉，他将在与布什的会谈中强调“以日美同盟为基础的亚洲外交”，同时阐明“日本同亚洲的坚固关系有助于日美同盟”。

在 APEC 会议上，温家宝总理和时任日本首相小泉纯一郎的匆忙握手

其实为了日美关系顺利发展，也为了布什总统与福田首相的会谈卓有成效，美国国防部长盖茨提前到日本来摸底。作为亚洲之行的最后一站，日本是目前美国比较头疼的问题。日本国内的政治不稳定，以及美国对日本在亚洲战略作用的依赖，都使得问题更加复杂化。

特别是一场前所未有的政治僵局结束了日本对于反恐战争的“积极参与”，并且有可能引发日本在 2008 年春天提前举行大选。经过几个月的恶斗以及首相的突然辞职之后，福田康夫 10 月 29 日没能赢得国会批准一项反恐法案来延长日本支援在阿富汗盟军的活动，日本被迫在11月3日无限期地停止了在印度洋进行的充满争议的军事活动。

虽然福田政府称这次挫折不会对日美关系带来永久性的伤害，但是此事表明安倍晋三首相突然辞职之后留下的混乱还在持续着，并且预计会严重扰乱福田康夫的访美的计划。

行事是检验思维的结果。美国国防部长盖茨选择在这个关键时刻访问日本，无疑是希望给福田康夫带来一针"强心剂"，让日本这个美国在亚洲最重要的盟友继续执行自己的"全球反恐"战略和亚洲安全战略。

安全和利益对美国来说是首位的。为了强调自己在亚洲军事力量的存在，美国太平洋空军司令部11月2日宣布，美军针对朝鲜半岛和台湾海峡可能发生的军事冲突，正在太平洋司令部管辖地区增备轰炸机、军舰、潜艇等战略武器。顿感紧张的美国，太平洋司令部正在进行大规模的调整，包括在关岛和夏威夷基地增备军舰、潜艇和战略轰炸机，加强军事演习，建立坚固的同盟。美国军方称，朝鲜半岛和台湾海峡一旦发生军事冲突，这次调整将会起到加强军事战斗力和战略灵活性的作用。

美国海军最近计划到2009年将3艘新型弗吉尼亚级攻击型核潜艇"夏威夷"号、"得克萨斯"号和"北卡罗来纳"号部署到太平洋舰队，到2010年将目前在大西洋沿岸的6艘潜艇全部转移到太平洋地区，并将目前在太平洋和大西洋地区各部署一半数量的潜艇以太平洋60%、大西洋40%的比例重新分配。美国空军还计划到2008年将一部分F—22战斗机部署到关岛和冲绳。

自感危机的美国展开了很强的外交战略攻势，其目的在于对日本周边国家的政治军事摸底，以便在政治军事上作出有利于日美国同盟安全和利益的战略调整。2007年11月4日晚，美国国防部长盖茨抵达北京，对中国进行为期三天的访问。这是盖茨任美国国防部长以来首次访华。

盖茨在访问中国之后，还访问了韩国和日本。在短时间内集中访问东亚三个最主要国家，可见美国军方对这一地区的重视。果不其然，据韩国《朝鲜日报》报道，美国军方在盖茨动身的当天宣布，“为预防朝鲜半岛可能爆发军事冲突，美军将在太平洋加强部署”。

据美国国防部官员透露，盖茨此次访问中国，是希望看到中美军事热线能达成最终协议，而这一旨在化解双边危机的热线，兼具实质和象征性意义。美国资深国防官员表示，过去几年里，中美军事交流出现明显进步，但是，按照美国的要求有些问题仍存在一些“不透明”。这位官员还说，美方并非要掌握中国的机密或武器系统的细节，而是要了解“中方如何界定其全球角色，以及如何扮演其角色”，尤其是中国军力发展“对美国的影响”。

中美建立军事热线问题，由美国助理国防部长罗德曼在2006年6月第八次中美防务磋商会议正式提出。此后，中方积极回应，2007年4月美方并派出一支技术小组，到北京与解放军共同解决架线等技术问题。

美国大部分学者认为，美中双方如果能够以发展合作方法来建设性地处理双边和多边问题，将符合美国和中国的利益。其实醉翁之意不在酒。按照美国的意图，盖茨肯定会借这次机会跟中国军方加强沟通和交流。事实上人们已经看到了他有机会增进他同中国人民解放军领导人之间的相互了解。这将改善两国之间在重要军事领域的沟通。盖茨这次访问的主要意义就在于进行这次访问的事实本身以及他将进行的会晤，讨论议题也很显而易见。

据美国媒体报道，盖茨在启程前往中国访问前夕曾表示，他并不把中国看作是美国的军事威胁。多年研究美中关系的评论人士托马斯·维尔伯恩指出，美中关系发展到当前的水平，需要增加军事方面的互信，如果美国国防部长还把中国看成是一个军事威胁，那是错误的。盖茨对美中军事关系的评论是准确的。

与前任不同，盖茨对华军事政策更重“信任”。关于这位新国防部长对中国军事政策的态度，美国媒体分析认为，与他的前任国防部长拉姆斯菲尔德相比，盖茨对中国的立场要温和许多。虽然盖茨也例行公事地一再呼吁中国军费开支更加透明化，但是，盖茨在几次关于中国军事问题的表态中，他更多提到的是"信任"。

从盖茨的这次访问行程看，韩国是其亚洲之行的第二站，这也表现出美国方面目前对美韩军事关系的重视。

在近段时间以来，美国国防部的外部咨询机构和各智囊团，纷纷对目前的美韩同盟关系展开讨论。参与这些研究的美国外交专家表示，美国外交智囊团之所以在韩国即将举行大选之际重点研究美韩同盟，是因为他们认为目前两国同盟关系出现了严重的裂痕，而且他们都带有一种危机意识，认为这种关系不容再进一步受损。他们表示，应该以 12 月份韩国选出新总统为契机，对韩美同盟存在的理由和方向重新进行彻底的讨论。他们还指出，韩美同盟关系必须进行彻底的转换。

在此期间，美国媒体普遍认为，盖茨对韩国的访问无疑是要突出强调美韩军事同盟关系在当前时代背景下的重要性。

韩美同盟一度受到高度"尊重"。特别令美国人头痛的是，在过去风雨兼程的 10 年里，在金大中和卢武铉政府下遭到削弱，如今裂痕开始显现。美国的一些评论员认为，当两国新政府就任，应该重新评估同盟关系了。盖茨认为下一任韩国总统必须吸取前任的教训，尽最大努力重建更健康的韩美同盟。

韩国的《中央日报》发表文章称，下一任总统必须充分理解国家安全的新环境，并提出 21 世纪的韩美同盟战略构想。福田政府正在努力把自己改变成一个不仅可以防备战争，还可以发动战争的国家。福田政府正在加强其军事能力，以成为军事超级大国。韩国的下一任总统必须确保未来韩美同盟的设计可以调整适应国家安全环境的变化。

韩国将在 2012 年 4 月从美国手中接过战时作战指挥权，那么在移交作战指挥权之前的过渡阶段以及移交之后的时期，美韩—美日军事同盟关系向何处走，这不仅是美国必须面临的重要问题，也是福田政府所抓耳挠腮的问题。

历史与现实：为了友谊和合作

福田自走马上任以来，在许多公开场合都明确表态，要加强同中国的友好关系。他的外交战略似乎继承了田中角荣和他父亲福田赳夫等对中国友好的传统。多年来，在两国政府的主导下，中日民间做出的不懈努力，在两国邦交正常化中起到了至关重要的作用。田中角荣本人访华时也说过，他是沿着已经铺好的轨道来到中国的。民间交往的洪流使复交成为大势所趋，这在日本国外交史上也是没有先例的。

在中日邦交正常化之前，两国的民间交往已经相当频繁。20世纪前期，中国每年在天安门广场上搞庆祝活动，有一次周总理对日本客人说："你看红台（指观礼台）上你们日本朋友最多了。"虽然那时候中日之间没有直航，交通十分不便，可每年不仅有政界、经济界，还有大批日本青年、妇女、工人、文化科技等各界代表团辗转来中国访问，中国也有很多代表团访问日本。日本也成立了很多友好团体，比如日中友好协会、保卫世界和平委员会、友好议员联盟、日中文化交流协会等。他们都希望两国尽快建立外交关系。

中日民间友好交往可以追溯到更早的时候，早在1952年中国召开亚洲太平洋地区和平会议时，日本政府不允许组团参加，几位日本友好人士就曾冲破阻力冒着危险乘坐渔船来参会。

1972年9月25日中午，中华人民共和国的首都——北京晴空万里。日本首相田中走下飞机，他亲切地与周总理握手，所有爱好和平的人们都松了一口气，20多年的民间推动终于水到渠成。

战后日本政府与台湾当局签署了"日台条约"。如何处理台湾问题在《中日联合声明》中的表达方式和内容，成为中日邦交正常化谈判中的难点之一。

最终，中日双方充分运用政治智慧找到了一种折中的解决方法。《中日联合声明》前言中写明"日方在充分理解复交三原则的立场上谋求实现邦交正常化”。并在正文中写明“日本承认中华人民共和国是代表中国人民的唯一合法政府，日本充分理解与尊重台湾是中华人民共和国不可分割的一部分这一立场并坚持遵循《波茨坦公告》第八条”。有关废除“日台条约”的内容，则由日本外相大平正芳在签字仪式后的记者招待会上宣布。这一处理非常巧妙。

除了敏感的台湾问题，中日邦交正常化谈判中还有战争性质和责任的表述等诸多焦点问题，但最终都一一达成了一致。《中日联合声明》经过艰苦的谈判全部达成协议后，毛主席非常高兴地接见了田中角荣。本来会见大厅的气氛很严肃而又紧张，毛主席走上前来有点开玩笑地说：“你们吵完架了吗？”毛泽东的一句很平常而寓意深刻的话立即化解了紧张气氛，顿时双方打开话匣子便谈笑风生起来。台湾问题在中日关系中具有极强的敏感性和重要性。中日复交35年以来，尽管日本国内的左右两股势力一直都在争来斗去地进行较量，然而日本历任首相都充分认识中日关系的重要性，即使因不利因素的影响或风吹草动他们也都没有触动过“复交三原则”的底线。

特别是田中角荣上台后优先实现中日邦交正常化，克服了党内外的很多压力，甚至冒着政治与生命的风险，他的功绩已经载入中日关系的史册。

1978年，邓小平访问日本时受到福田康夫的热情友好的接待，他非常认真地考察了日本的工业发展情况，并发表了即席讲话，表示欢迎工业发达国家对中国的现代化进行合作。坐在新干线特快列车里，邓小平说：“很快，就像风一样，新干线推着我们跑，我们现在很需要跑。”邓小平在日本参观期间还指出，“我们要善于学习，要以现在国际上先进的技术、先进的管理方法作为我们发展的起点，首先承认我们的落后，老老实实承认落后才有希望”。1992年10月，日本明仁天皇和美智子皇后访华。这是历史上日本天皇首次访华。

1995年8月15日，村山首相在战后50周年之际代表日本政府就历史问题发表谈话，明确表示愿正视历史，承认侵略，对此表示深刻反省和道歉。

1998年11月25日，江泽民主席对日本进行正式访问，这是中国国家元首首次访问日本，宣布两国建立“致力于和平与发展的友好合作伙伴关系”。

从2001年到2006年，日本首相小泉纯一郎六次参拜靖国神社，中日领导人互访处于停滞状态，两国领导人只在多边场合见面。

2006年3月31日，胡锦涛主席会见日本日中友好七团体负责人，就发展中日关系发表重要讲话说，事实证明，中日和则两利，斗则俱损。发展中日睦邻友好合作关系符合两国人民的根本利益，也为亚洲及世界的和平、发展作出了重要贡献。他还着重强调，“只要日本领导人明确作出不再参拜供奉有甲级战犯的靖国神社的决断，我愿就改善和发展中日关系与日本领导人进行会晤和对话”。

近年来，中日关系经历了很多风雨波折。2006年8月底，日本自民党的总裁竞选正处于最后的关键时刻，日本舆论很看好安倍。中国国际文化交流中心组织一个代表团到日本举办文化交流活动。在此之前，中心的负责人在北京接待过安倍的夫人安倍昭惠女士。代表团在离开日本之前举办答谢宴会，邀请昭惠女士出席，没想到安倍先生后来自己也赶到会场。

出席宴会的许多日本朋友都是安倍的支持者，会议主持人提议高呼祝愿安倍竞选胜利的口号，没想到安倍主动提议应该喊“日中友好万岁”，然后他高高举起手臂，带领大家一起高喊了三声“日中友好万岁”。这是暗示他上台后将对改善中日关系有所作为的明显信号。

2006年10月，安倍晋三改变了日本历任首相上任后首访必是美国的惯例，开启了对华“破冰之旅”，体现了政治勇气和魄力，更体现了中日关系的重要性。日本首相安倍晋三进行访华“破冰之旅”。

2007年4月，温家宝总理进行访日“融冰之旅”。

特别引人注目的是，2006年10月8日到9日，刚刚当选的安倍晋三开启了访华“破冰之旅”，打破了持续5年的中日政治僵局，两国领导人就构筑战略互惠关系达成了共识。2007年4月11日至13日，温家宝总理访问日本，同安倍首相就构筑中日战略互惠关系的内涵达成重要共识，规划了双方合作领域。此次“融冰之旅”实现了两国领导人的互访,使中日关系有了新的良好开端,增强了人们对中日关系未来的信心。

4月12日,温家宝总理和日本首相安倍晋三共同出席了中日高层经济对话机制的启动仪式。温总理还在日本国会发表了题为“为了友谊与合作”的演讲。访问期间,温家宝还与日本明仁天皇进行了会面,邀请天皇及其他皇室成员出席2008年北京奥运会的开幕式。

在日本京都访问期间,温家宝来到京都西京棒球场,与当地的立命馆大学学生棒球队员一同打棒球。13日下午,温家宝来到京都岚山,向著名的周恩来诗碑献了鲜花。

温总理访日时,曾做客位于京都市西北郊的普通的农户长滨家,并亲手在院子里种上两棵西红柿苗。此后,长滨曾给温家宝写信,告知西红柿的成长状况,并收到了温家宝的亲笔回信。如今,在长滨一家的特别护理下,西红柿苗已经茁壮成长,并结出丰硕果实。

福田取代了安倍,以中国为代表的亚洲国家有何反响呢?2007年9月25日,外交部发言人姜瑜在例行记者会上表示,中国政府将一如既往坚持中日友好政策,推动中日关系向前发展。

福田康夫当选自民党新总裁。中国领导人对福田康夫即将出任日本新首相表示祝贺。中国政府愿继续在中日间三个重要政治文件的原则基础上,与日方共同努力,推进战略互惠关系,推动中日关系沿着健康、稳定的轨道向前发展。

中国外交部新闻发言人在谈及高层互访时说,保持两国高层交往势头是两国领导人达成的重要共识,中方愿与日方一道,认真落实这一共识。

2007年是中日邦交正常化35周年。中国人民对外友好协会和中日友好协会举行了形式多样的大型招待会,中国驻日使馆、日本驻华使馆也举行了纪念招待会。2007年被确定为“中日文化体育交流年”,还举行了日本民间文化节、万名中国游客访日和2万名日本游客访华等活动。

相信这些活动能够促进双方的人员往来,增进相互了解和国民的友好感情,对于推动两国关系的健康稳定发展必将发挥积极作用。

Prime Minister of JaPan
Yasuo Fukuda

附录
中日关系重要文件

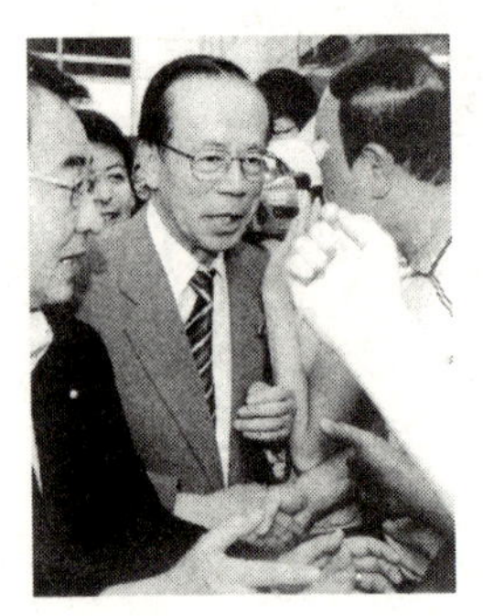

中华人民共和国政府和日本国政府联合声明

中华人民共和国和日本国和平友好条约

中日关于建立致力于和平与发展的友好合作伙伴关系的联合宣言

中日联合新闻公报(2006)

中日联合新闻公报(2007)

中华人民共和国政府和日本国政府联合声明

（1972年9月29日）

日本国内阁总理大臣田中角荣应中华人民共和国国务院总理周恩来的邀请，于1972年9月25日至9月30日访问了中华人民共和国。陪同田中角荣总理大臣的有大平正芳外务大臣、二阶堂进内阁官房长官以及其他政府官员。

1972年9月27日，毛泽东主席在中南海会见来访的日本首相田中角荣、外务大臣大平正芳。毛泽东主席于9月27日会见了田中角荣总理大臣。双方进行了认真、友好的谈话。

周恩来总理、姬鹏飞外交部长和田中角荣总理大臣、大平正芳外务大臣，始终在友好气氛中，以中日两国邦交正常化问题为中心，就两国间的各项问题，以及双方关心的其他问题，认真、坦率地交换了意见，同意发表两国政府的下述联合声明：

中日两国是一衣带水的邻邦，有着悠久的传统友好的历史。两国人民切望结束迄今存在于两国间的不正常状态。战争状态的结束，中日邦交的正常化，两国人民这种愿望的实现，将揭开两国关系史上新的一页。

日本方面痛感日本国过去由于战争给中国人民造成的重大损害的责任，表示深刻的反省。日本方面重申站在充分理解中华人民共和国政府提出的“复交三原则”的立场上，谋求实现日中邦交正常化这一见解。中国方面对此表示欢迎。

中日两国尽管社会制度不同，应该而且可以建立和平友好关系。两国邦交正常化，发展两国的睦邻友好关系，是符合两国人民利益的，也是对缓和亚洲紧张局势和维护世界和平的贡献。

（一）自本声明公布之日起，中华人民共和国和日本国之间迄今为止的不正常状态宣告结束。

（二）日本国政府承认中华人民共和国政府是中国的唯一合法政府。

田中角荣向毛泽东介绍自己的内阁成员

（三）中华人民共和国政府重申：台湾是中华人民共和国领土不可分割的一部分。日本国政府充分理解和尊重中国政府的这一立场，并坚持遵循波茨坦公告第八条的立场。

（四）中华人民共和国政府和日本国政府决定自1972年9月29日起建立外交关系。两国政府决定，按照国际法和国际惯例，在各自的首都为对方大使馆的建立和履行职务采取一切必要的措施，并尽快互换大使。

（五）中华人民共和国政府宣布：为了中日两国人民的友好，放弃对日本国的战争赔偿要求。

（六）中华人民共和国政府和日本国政府同意在互相尊重主权和领

土完整、互不侵犯、互不干涉内政、平等互利、和平共处各项原则的基础上，建立两国间持久的和平友好关系。根据上述原则和联合国宪章的原则，两国政府确认，在相互关系中，用和平手段解决一切争端，而不诉诸武力和武力威胁。

（七）中日邦交正常化，不是针对第三国的。两国任何一方都不应在亚洲和太平洋地区谋求霸权，每一方都反对任何其他国家或集团建立这种霸权的努力。

（八）中华人民共和国政府和日本国政府为了巩固和发展两国间的和平友好关系，同意进行以缔结和平友好条约为目的的谈判。

（九）中华人民共和国政府和日本国政府为进一步发展两国间的关系和扩大人员往来，根据需要并考虑到已有的民间协定，同意进行以缔结贸易、航海、航空、渔业等协定为目的的谈判。

中华人民共和国国务院总理　　日本国内阁总理大臣

周恩来（签字）　　田中角荣（签字）

中华人民共和国外交部长　　日本国外务大臣

姬鹏飞（签字）　　大平正芳（签字）

中华人民共和国和日本国
和平友好条约

（1978 年 8 月 12 日）

中华人民共和国和日本国满意地回顾了自 1972 年 9 月 29 日中华人民共和国政府和日本国政府在北京发表联合声明以来，两国政府和两国人民之间的友好关系在新的基础上获得很大的发展；确认上述联合声明是两国间和平友好关系的基础，联合声明所表明的各项原则应予严格遵守；确认联合国宪章的原则应予充分尊重；希望对亚洲和世界的和平与安定作出贡献；为了巩固和发展两国间的和平友好关系，决定缔结和平友好条约，为此各自委派全权代表如下：

中华人民共和国委派外交部长黄华；

日本国委派外务大臣园田直。

双方全权代表互相校阅全权证书，认为妥善后，达成协议如下：

第一条

一、缔约双方应在互相尊重主权和领土完整、互不侵犯、互不干涉内政、平等互利、和平共处各项原则的基础上，发展两国间持久的和平友好关系。

二、根据上述各项原则和联合国宪章的原则，缔约双方确认，在相互关系中，用和平手段解决一切争端，而不诉诸武力和武力威胁。

第二条

缔约双方表明：任何一方都不应在亚洲和太平洋地区或其他任何地区谋求霸权，并反对任何其他国家或国家集团建立这种霸权的努力。

第三条

缔约双方将本着睦邻友好的精神，按照平等互利和互不干涉内政的原则，为进一步发展两国之间的经济关系和文化关系，促进两国人民的往来而努力。

第四条

本条约不影响缔约各方同第三国关系的立场。

第五条

一、本条约须经批准，自在东京交换批准书之日起生效。本条约有效期为 10 年。10 年以后，在根据本条第二款的规定宣布终止以前，将继续有效。

二、缔约任何一方在最初 10 年期满时或在其后的任何时候，可以在一年以前，以书面预先通知缔约另一方，终止本条约。双方全权代表在本条约上签字盖章，以昭信守。本条约于 1978 年 8 月 12 日在北京签订，共两份，每份都用中文和日文写成，两种文本具有同等效力。

中华人民共和国全权代表　　日本国全权代表

黄　华（签字）　　园田直（签字）

中日关于建立致力于和平与发展的友好合作伙伴关系的联合宣言

（1998年11月26日）

应日本国政府邀请，中华人民共和国主席江泽民于1998年11月25日至30日对日本进行国事访问。这是中国国家主席首次访问日本，具有重要历史意义。江泽民主席会见了日本天皇明仁，并同小渊惠三内阁总理大臣就国际形势、地区问题和中日关系深入交换了意见，达成广泛共识。访问取得了圆满成功，双方发表联合宣言如下：

一

双方认为，冷战结束后，世界朝着建立国际新秩序正经历着重大变化。经济进一步全球化，相互依存关系加深，安全对话与合作不断取得进展，和平与发展仍是人类社会面临的首要课题。建立公正与合理的国际政治经济新秩序，谋求21世纪有一个更加巩固的国际和平环境，已成为国际社会的共同愿望。

双方确认，互相尊重主权和领土完整、互不侵犯、互不干涉内政、平等互利、和平共处以及《联合国宪章》的准则是处理国与国之间关系的基本准则。双方积极评价联合国在维护世界和平及促进世界经济和社会发展方面所作的努力，认为它应为建立和维护国际新秩序发挥重要作用。双方赞成对联合国包括安理会进行改革，以使联合国工作及其决策过程更好地体现全体成员国的共同愿望和集体意志。

双方主张，彻底销毁核武器，反对任何形式的核武器扩散。呼吁有关国家停止一切核试验和核军备竞赛，以利于亚洲地区和世界的和平与稳定。

双方认为，中日两国作为亚洲和世界有影响的国家，在维护和平，促进发展方面负有重要责任。双方将在国际政治、经济及全球性问题等领域加强协调与合作，为世界和平与发展及人类的进步事业作出积极贡献。

二

双方认为，冷战后，亚洲地区形势继续走向稳定，域内合作不断深入。确信亚洲地区在世界政治、经济和安全事务中的影响进一步增强，在未来世纪将起重要作用。

双方重申，维护地区和平、促进地区发展是两国坚定不移的基本方针，双方不在本地区谋求霸权，不行使武力或以武力相威胁，主张以和平手段解决一切纠纷。

双方对目前东亚金融危机及其给亚洲造成的困难表示极大关注。同时认识到本地区经济基础稳固，确信通过总结经验，进行合理调整与改革，加强域内及国际协调与合作，亚洲经济一定能够克服困难，继续向前发展。双方一致认为，应以积极姿态，迎接面临的各种挑战，为促进本地区经济的发展作出各自应有的努力。

双方认为，亚太地区主要国家之间的稳定关系对本地区的和平与稳定十分重要，双方将积极参与东盟地区论坛等地区内各种多边活动并开展协调与合作，支持一切有利于增进了解，加强信任的措施。

三

双方满意地回顾了中日邦交正常化以来两国关系在政治、经济、文化、人员往来等各个领域取得的长足发展。一致认为，在当前形势下，两国合作的重要性进一步增加，不断巩固和发展中日友好合作符合两国人民的根本利益，也将对亚太地区和世界的和平与发展作出积极贡献。双方确认中日关系对两国均为最重要的双边关系之一，并深刻认识到两国在和平与发展方面的作用与责任，宣布面向21世纪，建立致力于和平与发展的友好合作伙伴关系。

双方重申恪守1972年9月29日发表的《中华人民共和国政府和日本国政府联合声明》和1978年8月12日签署的《中华人民共和国和日本国和平友好条约》所阐述的各项原则，确认上述文件今后仍将是两国关系最为重要的基础。

双方一致认为，中日两国有着两千多年的友好交往历史和共同的文化背景，弘扬友好传统，进一步发展互利合作是两国人民的共同愿望。

双方认为，正视过去以及正确认识历史，是发展中日关系的重要基础。日方表示，遵守1972年的中日联合声明和1995年8月15日内阁总理大臣的谈话，痛感由于过去对中国的侵略给中国人民带来巨大灾难和损害的责任，对此表示深刻反省。中方希望日本汲取历史教训，坚持和平发展道路。在此基础上，两国发展长久友好关系。

双方一致认为，加强两国之间的人员往来，对增进相互理解，加强相互信任十分重要。

双方确认，两国领导人每年交替互访；在北京和东京建立中日政府间热线电话：加强两国各个层次和级别特别是肩负两国未来发展重任的青少年之间的交流。

双方认为，在平等互利基础上，建立长期稳定的经贸合作关系，进一步拓展在高新科技、信息、环保、农业、基础设施等领域的合作。日方表示，稳定、开放、发展的中国对亚太地区及世界的和平与发展具有重要意义，将继续向中国的经济建设提供合作与支持。中方对日方迄今向中国提供的经济合作表示感谢。日方重申继续支持中国为早日加入世界贸易组织所作的努力。

双方积极评价两国安全对话为增进相互了解发挥的有益作用，一致认为应进一步加强这一对话机制。

日方继续遵守日本在《中日联合声明》中表明的关于台湾问题的立场，重申中国只有一个。日本将继续只同台湾维持民间和地区性往来。

双方一致同意根据《中日联合声明》及《中日和平友好条约》的各项原则，本着求同存异的精神，最大限度地扩大共同利益，缩小分歧，通过友好协商，妥善处理两国间现存的和今后可能出现的问题、分歧和争议，避免因此干扰和阻碍两国友好关系的发展。

双方认为，中日建立致力于和平与发展的友好合作伙伴关系，将使两国关系进入新的发展阶段。这不仅需要两国政府，而且需要两国人民的广泛参与和不懈努力。双方坚信，两国人民携起手来，共同贯彻和发扬本宣言的精神，不仅有助于两国人民实现世代友好，而且将对亚太地区和世界和平与发展作出重要贡献。

中日联合新闻公报

一、应中华人民共和国国务院总理温家宝邀请，日本国内阁总理大臣安倍晋三于2006年10月8日至9日对中华人民共和国进行了正式访问。中华人民共和国主席胡锦涛、全国人民代表大会常务委员会委员长吴邦国和国务院总理温家宝分别与安倍晋三首相举行了会见和会谈。

二、中日双方一致认为，邦交正常化34年来，中日两国各领域的交流与合作不断拓展和深化，相互依存进一步加深，中日关系成为两国最重要的双边关系之一；推动中日关系健康稳定地持续发展，符合两国基本利益：共同为亚洲以及世界的和平、稳定与发展作出建设性贡献，是新时代赋予两国和两国关系的新的庄严责任。

三、双方同意，继续遵守《中日联合声明》、《中日和平友好条约》和《中日联合宣言》的各项原则，正视历史，面向未来，妥善处理影响两国关系发展的问题，让政治和经济两个车轮强力运转，把中日关系推向更高层次。双方同意，努力构筑基于共同战略利益的互惠关系，实现中日两国和平共处、世代友好、互利合作、共同发展的崇高目标。

四、双方认为，两国领导人之间的交往与对话对两国关系的健康发展具有重要意义。日方邀请中国领导人访问日本，中方对此表示感谢，并原则同意。双方同意通过外交渠道进行协商。双方同意两国领导人在国际会议场合经常举行会谈。

五、中方强调，中国的发展是和平的发展，中国将同包括日本在内的各国共同发展、共同繁荣。日方对中国走和平发展道路和中国改革开放以来的发展给包括日本在内的国际社会带来的巨大机遇给予积极评价。日方强调，日本战后60多年一直走作为和平国家的道路，今后将继续走作为和平国家的道路。中方对此表示积极评价。

六、双方确认，为使东海成为和平、合作、友好之海，应坚持对话协商，妥善解决有关分歧；加快东海问题磋商进程，坚持共同开发大方向，探讨双方都能接受的解决办法。

七、双方同意，在政治、经济、安全、社会、文化等领域促进各层次的交流与合作。

——以能源、环保、金融、信息通信技术、知识产权保护等领域为重点，深化互利合作。

——在经济领域推进部长级对话、相关部门之间的磋商和官民对话。

——以2007年中日邦交正常化35周年为契机，通过举办中日文化、体育交流年，大力开展两国人民尤其是青少年交流，增进两国人民之间的友好感情。

——通过中日安全对话和防务交流，增进安全领域互信。

——年内启动中日学术界共同历史研究。

八、双方同意，加强在国际和地区事务中的协调与合作。

双方对包括核试验问题在内朝鲜半岛最近的形势深表忧虑。双方确认，愿与有关各方一道，根据六方会谈共同声明推进六方会谈进程，通过对话与协商，共同合作致力于实现朝鲜半岛无核化，维护东北亚地区的和平与稳定。

双方确认，就东亚区域合作、中日韩合作加强协调，共同推进东亚一体化进程。

双方赞成对联合国包括安理会进行必要、合理的改革，愿就此加强对话。

九、日方对安倍晋三首相访华期间中方给予的热情友好接待表示感谢。

2006年10月8日

中日联合新闻公报

一、应日本国政府邀请，中华人民共和国国务院总理温家宝于2007年4月11日至13日对日本进行了正式访问。访日期间，温家宝总理与安倍晋三内阁总理大臣举行了会谈，还将会见明仁天皇，在日本国会发表演讲，并与日本各界人士进行广泛接触。

二、中日双方确认，将继续遵循《中日联合声明》、《中日和平友好条约》和《中日联合宣言》的各项原则。

三、双方决心正视历史，面向未来，共同开创两国关系的美好未来。关于台湾问题，日方表示坚持在《中日联合声明》中表明的立场。

四、双方再次确认，根据2006年10月安倍首相访华时双方发表的《中日联合新闻公报》，努力构筑"基于共同战略利益的互惠关系"（以下称战略互惠关系），实现中日两国和平共处、世代友好、互利合作、共同发展的崇高目标，并就构筑战略互惠关系达成以下共识：

（一）战略互惠关系的基本精神是：

中日两国共同为亚洲以及世界的和平、稳定与发展作出建设性贡献，是新时代赋予两国的庄严责任。基于这一认识，今后中日两国将全面发展在双边、地区及国际等各层次的互利合作，共同为两国、亚洲以及世界作出贡献，在此过程中相互获得利益并扩大共同利益，藉此推动两国关系发展到新的高度。

（二）战略互惠关系的基本内涵是：

1. 相互支持和平发展，增进政治互信。保持并加强两国高层往来。努力提高各自政策的透明度。扩大和深化两国政府、、议会、政党的交流与对话。

2. 深化互利合作，实现共同发展。加强在能源、环保、金融、信息通信技术、知识产权保护等领域的合作，充实和完善合作机制。

3. 加强防务对话与交流，共同致力于维护地区稳定。

4．加强人文交流，增进两国人民相互理解和友好感情。广泛开展两国青少年、媒体、友城、民间团体之间的交流。开展丰富多彩的文化交流。

5．加强协调与合作，共同应对地区及全球性课题。共同致力于维护东北亚和平与稳定，坚持通过对话和平解决朝鲜半岛核问题，实现朝鲜半岛无核化目标。双方赞成联合国包括安理会进行必要、合理的改革。支持东盟在东亚区域合作中发挥重要作用，共同在开放、透明、包容等三项原则基础上促进东亚区域合作。

五、双方决定为构筑战略互惠关系开展具体合作，达成以下成果：

（一）加强对话交流，增进相互理解

1．高层交往

安排两国领导人保持经常性往来，在国际会议场合继续举行经常性会晤。

2．中日经济高层对话机制

两国总理共同出席机制启动会议，启动了这一机制，分别提名曾培炎副总理和麻生太郎外相为机制共同主席，明确了机制构成和任务，确认了两国经济及经济合作对世界经济的重要性，并就今年年内在北京举行第一次会议达成一致。

3．外交当局对话

双方确认，两国外长就双边及共同关心的地区和国际问题保持密切合作，加强中日战略对话、中日安全对话、中日经济伙伴关系磋商、中日联合国改革问题磋商、中日非洲问题磋商、中日外交部发言人磋商等涉及广泛领域的各层次对话。

4．防务交流

中国国防部长应于今年秋季访日。双方就尽早实现中国海军军舰访日，其后日本海上自卫队军舰访华达成一致。加强两国防务当局联络机制，防止发生海上不测事态。

5．人员往来和青少年交流

中方同意开通虹桥机场与羽田机场之间的定期国际客运包机航

班。双方结合纪念中日邦交正常化35周年，共同实施日本向中国19个直航城市派遣总计2万人规模访问团计划。日方宣布将根据“21世纪东亚青少年交流计划”，今后5年大规模邀请中国高中生访日，中方对此表示欢迎。双方就双向实施两国青少年规模交流计划达成一致。

6. 文化交流

双方密切配合，确保中日文化体育交流年取得积极成果。双方就在对方首都互设文化中心达成一致。

（二）加强互利合作

1. 能源、环保合作

双方对发表《关于进一步加强环境保护合作的联合声明》表示欢迎。双方确认在认真致力于解决全球性环境问题的同时，就重点开展渤黄海区域和长江流域等重要水域水污染防治、建设循环型社会、防止大气污染、应对气候变化、防止海洋漂浮垃圾、防治酸雨及沙尘暴等合作达成一致。双方对举行第一次部长能源政策对话和发表关于加强两国在能源领域合作的联合声明表示欢迎，同意重点推进节能环保商务示范项目，加强两国在节能、煤炭、核能等能源领域以及亚洲地区节能多边框架内的合作。双方确认，支持中日民间绿化合作委员会的工作，进一步推进日本民间团体等在华植树造林合作事业，并在可持续森林经营方面开展合作。

2. 农业合作

双方就积极开展农业领域合作达成一致。中方表示同意进口符合中国检疫标准的日本大米，日方对此表示欢迎。双方将继续积极协商相互进出口农产品问题。

3. 朱鹮

中方同意向日本提供两只朱鹮，日方对此表示感谢。双方同意开展朱鹮保护合作。

4. 医药领域合作

双方同意推进以应对新型流感和癌症为重点的中日医学合作构想。天于癌症防治合作，日方表示将尽早派遣由官方和民间有关人员组成的代表团到中国交流，中方对此表示欢迎。

5．知识产权

双方同意，在相互尊重、互利共赢的基础上，加强知识产权领域的对话与合作，共同促进知识产权运用与保护水平的不断提高，以推动两国经济关系顺利发展。

6．中小企业博览会

日方同意应邀作为主宾国与中方共同主办将于9月在广州举办的中小企业博览会。

7．信息通信技术领域合作

双方同意，进一步加强和推动双方在下一代移动通信和下一代网络等信息通信领域的合作。

8．金融领域合作

双方同意，进一步加强在金融和金融监管领域的合作关系。

9．刑事司法领域合作

双方同意，作为加强中日在刑事司法领域合作关系的重要一环，将努力争取年内关于缔结中日刑事司法协助条约的谈判达成实质性共识。双方同意继续推进关于缔结中日引渡条约和被判刑人移管条约事项的磋商。

（三）地区和国际事务合作

1．联合国改革

双方同意就联合国改革问题加强对话与沟通，努力增加共识。中方愿意看到日本在国际事务中发挥更大的建设性作用。

2．六方会谈合作

双方再次确认，根据2005年9月19日六方会谈共同声明推进六方会谈进程，通过对话与协商，共同合作致力于实现朝鲜半岛无核化，维护东北亚地区的和平与稳定。双方一致认为，六方应共同努力，全面落实2007年2月13日六方会谈关于起步阶段行动的共同文件。日方就解决包括绑架问题在内的日朝间悬案、推进日朝邦交正常化谈判的方针作了说明。中方对日本国民有关人道主义关切表示理解和同情，希望这一问题早日得到解决，期待日朝关系取得进展，愿为此提供必要协助。

3．投资交流

双方同意，为尽早达成一个务实共赢的中日韩投资协议和制定中日韩改善商务环境行动计划作出努力。

4．经济合作

双方一致认为，将于2008年结束的日本对华日元贷款为中国经济建设和中日经济合作发挥了积极作用，中方对此表示感谢。双方同意就合作向第三国提供援助问题进行对话。

六、为妥善处理东海问题，双方达成以下共识：

（一）坚持使东海成为和平、合作、友好之海。

（二）作为最终划界前的临时性安排，在不损害双方关于海洋法诸问题立场的前提下，根据互惠原则进行共同开发。

（三）根据需要举行更高级别的磋商。

（四）在双方都能接受的较大海域进行共同开发。

（五）加快磋商进程，争取在今年秋天就共同开发具体方案向领导人报告。

七、双方对设立"处理日本遗弃在华化学武器日中联合机构"表示欢迎。为加快销毁进程，日方表示将根据中方提议引进移动式处理设备进行作业，中方对此表示欢迎。

八、中方对日方在温家宝总理访日期间所给予的热情友好接待表示感谢。

2007年4月11日在东京发表